LES IDÉES

PHILOSOPHIQUES, MORALES ET PÉDAGOGIQUES

DE

MADAME DE STAËL

MACON, PROTAT FRÈRES, IMPRIMEURS.

LES IDÉES

PHILOSOPHIQUES, MORALES ET PÉDAGOGIQUES

DE

MADAME DE STAËL

THÈSE POUR LE DOCTORAT ÈS LETTRES
DE L'UNIVERSITÉ DE LYON

PRÉSENTÉE PAR

Melle E. OLLION

> Ces livres où tout semble dit invitent encore à réfléchir, et ils ouvrent à l'esprit plus de routes que celui de l'auteur n'a eu le temps d'en parcourir.
> (Mme Necker de Saussure, *Notice sur Mme de Staël.*)

MACON
PROTAT FRÈRES, IMPRIMEURS

1910

INTRODUCTION

Le but de cette étude est d'extraire des œuvres de Mᵐᵉ de Staël les idées les plus importantes, celles qui forment en quelque sorte sa doctrine, et dont on peut suivre la fortune au cours de toute sa carrière d'écrivain.

Sans doute la plupart de ces idées ont été signalées par ses commentateurs, mais comme en passant, à propos de quelque étude sur sa vie, sa politique ou ses amis. Leur dispersion, « l'ordre naturel de leur naissance », dit Mᵐᵉ Necker de Saussure, les inégalités de la composition, qui semble parfois n'être qu'une conversation continuée, empêchent d'en apercevoir la suite.

Mais cette suite existe-t-elle ? Mᵐᵉ de Staël s'est-elle souciée en écrivant l'*Allemagne*, par exemple, de ce qu'elle avait dit dans le livre de l'*Influence des Passions* ou dans *Delphine* ? Non, sans doute, elle n'a exprimé que ses convictions du moment, et le travail de l'interprète consiste précisément à reconstituer le lien inconscient qui existe de l'un à l'autre de ses ouvrages, et donne, à tout le moins, un air de parenté à leurs doctrines diverses. N'a-t-on pas suivi la pensée de Wagner et celle de Ruskin en feuilletant leurs œuvres si étonnamment variées.

Regnault de Warins, dans un ouvrage sur *l'Esprit de M*^{me} *la baronne de Staël-Holstein*, publié un an après sa mort, se proposait, un peu emphatiquement, « de démêler par une analyse exacte les propositions primordiales sur lesquelles repose la doctrine de Mme de Staël, de rattacher à ces premiers chaînons les anneaux intermédiaires... que des écarts partiels séparent et désunissent... », mais ce travail est resté à faire.

Il est d'autant plus facile aujourd'hui d'entreprendre une tâche approchant de celle-ci, que nous sommes, semble-t-il, en possession de toute la pensée de Mme de Staël. Les publications récentes de ses Lettres, de son ouvrage *des Circonstances actuelles*, les travaux qui ont été faits sur sa politique et ses amis ont servi à la faire mieux connaître, et ont complété l'histoire de ses doctrines.

Nous croyons devoir exposer en premier lieu les idées de Mme de Staël sur la philosophie générale, parce que, si elle n'a pas pris soin d'établir un lien entre elles et sa morale, elle a du moins compris que ce lien existait.

Nous exposerons en second lieu ses différentes conceptions du bonheur et de la vertu, parce qu'elles complètent son étude du problème de la connaissance.

Quant à sa pédagogie, qu'elle intéresse l'individu ou la société, elle n'est souvent que le prolongement et l'application de sa morale, c'est pourquoi nous en parlerons en dernier lieu.

Pour que chaque partie de notre exposition ait une fidélité et une vérité historiques, nous avons été obligé de revenir en arrière à plusieurs reprises. L'ordre chronologique a le tort de trop morceler l'exposition et d'empêcher toute vue d'ensemble. L'ordre logique, s'il n'a pas ces inconvénients, fait souvent perdre de vue l'origine, l'évolution et l'enchaînement des idées. Au lieu d'employer l'un de ces ordres, à l'exclusion de l'autre, nous avons essayé, quand c'était possible, de les concilier, c'est-à-dire de suivre, dans chaque partie, la marche chronologique des idées, au point de vue qui nous importait.

Dans quelle mesure Mme de Staël a-t-elle conformé sa conduite à ses théories ? ceci n'intéressera pas notre étude ; mais à l'occasion, nous signalerons quelques désaccords entre ses actes et ses idées, ou quelque événement de sa vie, ayant contribué à la formation d'une doctrine.

En résumé, c'est un simple travail de synthèse que nous nous proposons ; il sera le résultat d'une lecture attentive des œuvres de Mme de Staël à un triple point de vue : philosophique, moral et pédagogique.

Nous adressons nos plus sincères remerciements à M. Chabot, professeur de Science de l'éducation à la

Faculté des Lettres de Lyon, et à M. F. Baldensperger, professeur de Littératures comparées à la même Faculté, qui ont bien voulu nous aider de leurs conseils et de leur information ; nous remercions également la Direction du Pestalozzianum de Zurich et M. Denise, bibliothécaire à la Bibliothèque Nationale, pour les renseignements qu'ils ont eu l'obligeance de nous envoyer.

LES IDÉES

PHILOSOPHIQUES, MORALES ET PÉDAGOGIQUES
DE MADAME DE STAEL

PREMIÈRE PARTIE
IDÉES PHILOSOPHIQUES

CHAPITRE PREMIER

INFLUENCE DE ROUSSEAU

Le parti de Voltaire et celui de Rousseau sont représentés dans le salon de Mme Necker. Préférence de Germaine Necker pour Rousseau. Pourquoi. — I. Ce que lui apprend Rousseau au point de vue philosophique : insuffisance de la raison pour nous donner la certitude — elle est dans le sentiment — insuffisance de la raison comme règle morale — sa puissance négative. — II. Dans les *Lettres sur Rousseau*, Mme de Staël admet le sentiment comme source de certitude. — Dans le livre de l'*Influence des Passions*, elle garde la même opinion, malgré une apparente contradiction.

On sait que la philosophie du xviiie siècle n'a pas été celle d'une école ou d'une élite d'initiés, mais celle de la nation tout entière. Il ne lui suffisait pas d'attirer à elle les penseurs, « elle n'existait qu'à condition de se répandre [1] » : les journaux, les romans,

---

1. L. Fontaine, *Le théâtre et la philosophie au XVIIIe siècle*, p. 6.

les théâtres furent ses propagateurs, mais surtout les salons, où s'unissait à l'amour du luxe et du plaisir le goût passionné des choses de l'esprit. Les gentilshommes élégants et courtois, habiles dans l'art des charades et des madrigaux, s'appelaient Voltaire, Buffon, Diderot, d'Holbach, d'Alembert, Condillac, etc..., les duchesses et les marquises guindées dans leurs flots de dentelles, lisaient la *Métaphysique et l'Essai sur les Mœurs*, inspiraient le *Traité des Sensations* à Condillac [1], à Diderot ses *Lettres sur les Aveugles et les Sourds-Muets* [2]. « Dans cette fête permanente que cette société brillante se donne à elle-même, la philosophie est une sorte d'opéra supérieur, où défilent et s'entrechoquent, tantôt en costume grave, tantôt sous un déguisement comique, toutes les grandes idées qui peuvent intéresser une tête pensante [3]. »

Cette remarque convient fort bien au salon de Mme Necker, un des plus brillants de ceux qui précédèrent la Révolution. Si nous cherchons quelles tendances philosophiques y dominaient, nous trouvons les deux grands courants du siècle, celui de Voltaire et celui de Rousseau.

« Diderot personnifiait avec éclat et avec bruit la coterie des encyclopédistes [4] », et avec lui Naigeon, d'Alembert, Raynal, Mme du Deffand, Buffon, Mlle de Lespinasse, etc..., si bien que la maison ne tarda pas à être comptée au nombre de celles où trônaient les philosophes, et qu'on s'en émut à Genève [5].

---

1. Mlle Ferrand.
2. Mlle Volland.
3. Taine, *Ancien régime*, p. 363.
4. D'Haussonville, *Le salon de Mme Necker*, I, 163.
5. Id., *ibid.*, I, 163 et suiv.

Quelles idées générales pouvait retirer de leur entretien un esprit attentif et éveillé comme celui de Germaine Necker ?

Une foi absolue dans la souveraineté de la raison, devenue l'autorité et le juge universels. La nouvelle puissance n'a plus « de domaine réservé », elle fait bon marché de la tradition, de l'expérience même, pour ne demander la vérité qu'à elle seule, c'est-à-dire à la connaissance rationnelle et scientifique.

De là, une autre croyance, inséparable de la philosophie du siècle : le progrès indéfini de l'humanité. Le passé n'offrant plus d'intérêt, on attend tout des vérités idéales édifiées par la seule raison : la régénération de la société, aussi bien que l'explication de l'homme et de sa destinée.

Culte de la raison, croyance au progrès, voilà ce qu'enseignaient à la future Mme de Staël, ces « amis athées » de sa mère, qui proposaient à l'un de ses dîners d'ériger une statue à Voltaire [1].

Mais le parti de Rousseau n'était pas moins largement représenté à l'hôtel Leblanc. Sans parler de la maîtresse de maison et de son mari [2], admirateurs enthousiastes du philosophe genevois, il suffit de nommer, parmi leurs hôtes habituels, la maréchale de Luxembourg, Grimm, Mme d'Houdetot, Galiani, B. de Saint-Pierre, auxquels il faut ajouter les amis de

---

[1]. Voir d'Haussonville, o. c., I, 149 et 165.
[2]. Necker lui écrivait le 10 février 1761 : « L'âme tendre, humaine et vertueuse de Julie vous a rapproché de moi..... Que de sublimités dans mille endroits de ces six volumes. Non de cette sublimité qui consiste à se percher dans les nues, mais de celle qui pousse les vertus journalières au plus haut point. » *J.-J. Rousseau, ses amis et ses ennemis*. Streckeisen Moultou, I, 333.

Suisse, Meister et Moultou, dont les lettres fréquentes combattent l'esprit encyclopédique.

A ceux-là les froides opérations de l'intelligence ne suffisent pas, ils y mêlent des impulsions sentimentales, un vague désir d'émotions, le besoin du lyrisme et de l'éloquence, tout en désirant de la même ardeur le règne des lumières et de la justice.

C'est à eux que vont surtout les préférences de la jeune Germaine, parce qu'elle sent en elle, avec une grande faculté d'abstraction et d'analyse, une âme tumultueuse et passionnée, une imagination romanesque, une sorte d'impuissance à regarder la réalité, sans y mêler quelque peu d'elle-même. En un mot, il y a des affinités entre sa nature et celle de Rousseau, c'est pourquoi elle le lit avec l'enthousiasme que montrent ses *Lettres*, c'est pourquoi aussi il aura la plus grande part dans la formation de ses idées. Et puisque ce sont celles qui touchent à la métaphysique que nous nous proposons d'examiner, il nous faut chercher d'abord celles qu'elle doit à son premier maître Rousseau ; nous verrons qu'elle n'a pas oublié non plus les leçons des encyclopédistes.

Elle a répété maintes fois qu'elle admirait en Rousseau le défenseur du sentiment aussi bien que de la vertu, l'interprète éloquent de tous les mouvements du cœur. Dès sa première préface des *Lettres sur Rousseau* (1788), elle déclare rendre un hommage public à celui « qui a su persuader par l'enthousiasme » ; or l'enthousiasme est pour elle le sentiment qui réunit tous les autres, la force impulsive de l'âme qui nous convainc et nous fait agir, et qu'elle opposera avec chaleur dans tous ses ouvrages aux abstractions de la pensée.

I

Rousseau lui a appris, en effet, que la science de la raison ou la philosophie, n'a pas plus servi à l'homme que les arts et les autres sciences, qu'elle a même été une cause de maux, en ce que les hommes ont déduit de certains faits des conséquences fausses auxquelles le nom de philosophes a donné crédit. « Ne les prendrait-on pas pour une troupe de charlatans criant chacun de son côté sur une place publique : Venez à moi, c'est moi seul qui ne trompe point [1]. »

Et cependant ils se contredisent tous les uns les autres : « l'un prétend qu'il n'y a point de corps et que tout est représentation, l'autre qu'il n'y a point d'autre substance que la matière, ni d'autre Dieu que le monde, ...celui-ci avance qu'il n'y a ni vertus, ni vices et que le bien et le mal sont des chimères, celui-là que les hommes sont des loups, et qu'ils peuvent se dévorer en sûreté de conscience [2]... »

Que reste-t-il donc de tous leurs raisonnements? Rien, qu'un immense orgueil, beaucoup de vanité et

---

1. Nous croyons utile de résumer très brièvement les principales idées philosophiques de Rousseau, surtout celles qui concernent la théorie de la connaissance. Parmi les ouvrages qui exposent plus ou moins complètement la philosophie de Rousseau, on peut citer outre le livre de Höffding : *Rousseau und seine Philosophie*, les articles de M. Espinas, *Revue internationale de l'Enseignement*, 1895-96. Il montre les nombreuses contradictions de Rousseau, et que sa doctrine n'est pas toujours l'expression de sa pensée.

M. Dumesnil, dans *L'Ame et l'Évolution de la Littérature*, consacre à Rousseau la 3ᵉ partie de son 1ᵉʳ vol., expose ses principales idées, analyse ses ouvrages et les réfute.

2. Œuv. compl., I, 18.

de confusion, « ils gâtent l'esprit de leurs concitoyens [1] ».

Est-ce au moins dans l'intérêt de la société qu'ils soutiennent chacun une opinion opposée? Nullement, c'est pour se faire remarquer, « les premiers philosophes enseignèrent la vertu ; leurs préceptes étant devenus trop communs, il fallut se distinguer en frayant des routes contraires, ainsi sont nés les systèmes absurdes de Diogène, Pyrrhon, Protagore, etc. [2]... »

Seraient-ils de bonne foi, qu'ils ont tort de prendre les déterminations de la raison pour l'expression de la vérité ; c'est là le principe fondamental, et pas assez remarqué, de la doctrine de Rousseau. La raison nous trompe, « nous n'avons que trop acquis le droit de la récuser [3] ».

En effet, la vérité est la conformité avec la réalité ; nos sensations sont vraies parce qu'elles résultent de l'action de l'objet sur nos organes ; à toutes correspond quelque chose hors de nous. Nos sensations ne nous trompent jamais, nos erreurs viennent de l'interprétation que nous en faisons. « Pourquoi est-ce que je me trompe, dit Rousseau, sur le rapport de deux bâtons ? l'un dis-je est le 1/3, l'autre le 1/4 ? Parce que c'est mon entendement qui juge les rapports et mêle ses erreurs à la vérité des sensations qui ne me montrent que les objets. Qu'on donne tel ou tel nom à cette force de mon esprit qui rapproche et compare mes sensations, qu'on l'appelle attention, méditation,

---

1. Œuv. compl., II, 42.
2. *Nouvelle Héloïse*. Œuvres compl., IV, 37.
3. *Rép. au roi de Pologne*. Œuv. compl., II, 258.

réflexion, comme on voudra ; toujours est-il vrai qu'elle est en moi et non dans les choses [1]. »

Autrement dit, l'acte essentiel de la raison est de juger, c'est-à-dire d'unir nos idées, mais ces relations n'existent que dans notre esprit, l'expérience nous en fournit l'occasion, rien ne répond dans les choses à la relation que nous mettons entre elles. « J'oserai donc prétendre à l'honneur de penser, mais..... je sais que la vérité est dans les choses, et non pas dans mon esprit qui les juge, et que moins je mets du mien dans les jugements que j'en porte, plus je suis sûr d'approcher de la vérité ; ainsi ma règle de me livrer au sentiment plus qu'à la raison est confirmée par la raison même [2]. »

Les idées abstraites et générales sont encore pour Rousseau la source des plus grandes erreurs des hommes, parce qu'elles ne reposent sur aucune réalité : « Jamais le jargon de la métaphysique n'a fait découvrir une seule vérité, et il a rempli la philosophie d'absurdités dont on a honte, sitôt qu'on les dépouille de leurs grands mots [3]. »

Impuissante à nous faire connaître la vérité, la raison l'est plus encore pour nous guider dans le chemin de la vertu. « On a beau vouloir établir la vertu par la raison seule, quelle solide base peut-on lui donner [4] ? » Les philosophes cherchent bien à la définir, ils disent, par exemple, « la vertu est l'amour de l'ordre » ; dans le fonds c'est un pur jeu de mots.

1. *Émile.* Œuv. compl., II, liv. IV, 242.
2. Id. *Ibid.*
3. *Nouvelle Héloïse.* Œuv. compl., IV, 245.
4. *Ibid.*, 263.

En effet, vouloir déterminer des règles morales qui résultent des rapports perçus entre des idées, c'est, d'après ce qui précède, se condamner à faire œuvre factice, sans valeur ; ce n'est donc pas la raison qui peut nous diriger moralement, c'est le sentiment : « Je n'ai qu'à me consulter sur ce que je veux faire ; tout ce que je sens être bien est bien, tout ce que je sens être mal est mal [1] ; » le meilleur casuiste est la conscience ; d'ailleurs, quand nous voulons étouffer sa voix, nous nous servons de la raison ; nous appelons à notre aide toutes les subtilités du raisonnement pour justifier un acte mauvais ; c'est grâce à elle que nous excusons l'égoïsme, l'amour-propre. On peut impunément égorger quelqu'un sous les fenêtres de celui qui raisonne, « il se bouche les oreilles pour ne rien entendre... c'est la canaille, ce sont les femmes des halles qui séparent les combattants et empêchent les honnêtes gens de s'entr'égorger [2]. »

Non seulement la raison rend les hommes égoïstes, mais elle les engage à mépriser leurs semblables, et en ce sens, elle est antisociale ; « elle relâche tous les liens d'estime et de bienveillance qui attachent l'homme à la société, et c'est peut-être le plus dangereux des maux qu'elle engendre... la famille, la patrie deviennent pour lui des mots vides de sens, il n'est ni parent, ni citoyen, ni homme, il est philosophe [3] ».

Que faire donc ? Sommes-nous faits, comme le

---

1. Œuv. compl., II, 257.
2. *Discours sur l'origine...* Œuv. compl., I, 100. « La raison amollit les corps et les âmes », IV, 104. « Elle nous laisse, comme un faux brave à l'approche des passions », IV, lettre X, 145.
3. *Préface de Narcisse.* Œuv. compl., V, 105.

demande Rousseau, pour mourir sur les bords du puits où la vérité s'est retirée ? Nous savons déjà que non, il suffit de nous fier au sentiment plus qu'à la raison. Quand tous les philosophes du monde prouveraient que j'ai tort, dit le vicaire savoyard à Emile [1], si vous sentez que j'ai raison, je n'en veux pas davantage.

Il y a en chacun de nous un instinct qui nous avertit sûrement de ce qui est vrai et de ce qui est bien, et qui est supérieur à toutes les opérations de la raison [2]. Et qu'on ne dise pas que cet instinct peut s'acquérir par la réflexion, ce serait l'abaisser étrangement. Cette opinion, soutenue par quelques philosophes, semble si absurde à Rousseau qu'elle ne vaut pas la peine d'être réfutée [3]. « O vertu, science sublime des âmes simples... tes principes ne sont-ils pas gravés dans tous les cœurs ? et ne suffit-il pas pour apprendre tes lois de rentrer en soi-même et d'écouter la voix de sa conscience dans le silence des passions ? Voilà la véritable philosophie, sachons nous en contenter [4]. »

Ainsi Rousseau conseille de négliger tout ce qui est indifférent pour la morale, et ne sert à rien dans la conduite de la vie [5]. Il retient seulement deux choses dont la vérité est évidente : qu'il est, et que la vérité est, non pas en lui, mais dans les choses, indépendamment de toutes les relations qu'il établit entre elles.

---

1. Œuv. compl., II, liv. IV, 261.
2. La conscience est le vrai guide de l'homme, elle est à l'âme ce que l'instinct est au corps. Œuv. compl., II, 258.
3. Voir Œuv. compl., II, 258 et suiv.
4. *Discours sur les Arts et les Sciences.* Œuv. compl., I, 20.
5. Il ne faut pas nous tourmenter à éclaircir des vérités qui ne mènent à rien d'utile pour la pratique. Œuv. compl., II, 240.

Est-ce à dire que la raison n'ait aucun rôle, et que Rousseau ne lui accorde aucune valeur ? Comment la Providence aurait-elle pu nous donner une faculté inutile, et même nuisible ? Si Rousseau a constaté les limites de la raison et les abus qu'elle peut engendrer, il a reconnu également ses avantages. Il semble même au lecteur inattentif qu'il se soit contredit dans des affirmations comme celle-ci : « La raison seule nous apprend à connaître le bien et le mal. La conscience qui nous fait aimer l'un et haïr l'autre, quoique indépendante de la raison, ne peut donc se développer sans elle. Avant l'âge de raison nous faisons le bien et le mal sans le connaître, il n'y a point de moralité dans nos actions, quoiqu'il y en ait quelquefois dans le sentiment des actions d'autrui par rapport à nous [1]. »

La contradiction n'est qu'apparente. En effet, le sentiment est aveugle de soi ; pour qu'il soit moral, il faut qu'il soit éclairé, c'est-à-dire que la raison lui fasse apercevoir son objet [2]. Le sentiment qui n'est pas éclairé par la raison n'est pas supérieur à l'instinct ; c'est la raison sensitive que les enfants partagent avec les animaux [3]. Pour être conscient de lui-même, il faut que le sentiment aperçoive son objet. Ce n'est pas à dire qu'en lui montrant cet objet la raison ait porté sur lui aucun jugement de valeur ; elle n'a qu'un rôle d'indicatrice. Elle montre la condition

---

1. *Emile.* Œuv. compl., II, 36.
2. La conscience ne se développe et n'agit qu'avec les lumières de l'homme. Ce n'est que par ses lumières qu'il parvient à connaître l'ordre, et ce n'est que quand il le connaît que sa conscience le porte à l'aimer. La conscience est donc nulle dans l'homme qui n'a rien comparé et qui n'a point vu ces rapports. Œuv. compl., III, p. 65.
3. Voir la comparaison avec les chats. Œuv. compl., II, p. 94.

et le but de l'action, mais n'en fait pas la moralité ; celle-ci est le rapport du sentiment à l'objet que la raison nous a fait apercevoir.

A ce premier rôle, la raison joint, dans tous les grands sentiments de la vie, celui de modérateur [1]. Seule, la passion nous emporte et nous illusionne ; elle rend l'homme faible. Si l'on a pris soin de développer progressivement la raison dans l'individu, de la lui faire aimer, « elle lui défendra de vouloir ce qu'il ne peut pas obtenir [2]. »

« Elle est le frein de la force [3] », de la force physique aussi bien que de la passion. Ainsi, en religion, elle est le préservatif de l'intolérance et du fanatisme.

Il y a deux parties dans la religion : les dogmes et la morale ; si la raison n'a point sa place dans les premiers, il faudra recourir à la force pour les faire accepter, or la tolérance est nécessaire à la paix sociale ; Rousseau, se souvenant peut-être de Locke [4], a montré maintes fois la nécessité d'opposer la raison aux emportements de la pensée livrée à un obscur dogmatisme [5].

Cependant, même dans les questions religieuses, il n'accorde pas à la raison une valeur suffisante pour

---

1. Et c'est pourquoi Rousseau fait à la raison une place importante dans l'éducation. Il recommande de ne pas en dégoûter les enfants (V. *Emile*, II, Manière de développer la raison chez les enfants).
2. *Emile*, liv. V. Œuv. compl., II, 417.
3. *Ibid.*, p. 57.
4. *Lettres sur la Tolérance.*
5. *Lettre à Mr de Beaumont.* Œuv. compl., III, 89.
« On a toujours vu les hommes enclins à persécuter en proportion de l'incertitude et de l'impénétrabilité, des objets pour lesquels ils persécutent. » G. Lyon, *Enseignement et Religion*, chap. III, p. 178.

nous montrer des vérités que nous tenons pourtant comme certaines, par exemple, l'existence de Dieu et de ses perfections. Nous l'appliquons inutilement à des idées qui dépassent notre portée ; nous n'en serions ni plus éclairés, ni plus convaincus, si nous n'avions au fond du cœur un instinct secret qui nous avertit plus sûrement de ce qui est que les plus subtils raisonnements. « En vain me suis-je appliqué à découvrir les attributs de la Divinité, sa bonté, sa justice et ses autres perfections, je les affirme sans les comprendre, et dans le fond c'est n'affirmer rien. J'ai beau me dire, Dieu est ainsi, je le sens, je me le prouve, je n'en conçois pas mieux comment Dieu peut être ainsi [1]. » Il ne reste donc qu'à s'abandonner au sens intime qui ne trompe pas.

Ainsi la raison apparaît en toute circonstance à Rousseau comme une puissance négative ; elle se borne à montrer au sentiment les limites qu'il ne saurait franchir sans nuire au bonheur de l'homme. Chez l'individu, elle le conduit jusqu'au seuil de ce qui la dépasse, et comme il s'aperçoit qu'elle est incapable de lui donner certaines certitudes, il ne lui demande que de se rendre compte de son impuissance.

Dans une nation, elle empêche les troubles et les guerres civiles qui pourraient naître de convictions qu'elle n'aurait point contrôlées, elle montre surtout que personne ne peut imposer aux autres des opinions dont il ne peut se garantir la certitude [2].

1. *Émile.* Œuv. compl., II, 257.
2. Rousseau ne contredit pas ses affirmations précédentes au sujet du peu de valeur de la raison, en disant qu'elle empêche les troubles sociaux. Pour lui elle ne nous unit pas, elle nous met d'accord.

Enfin « la seule raison n'est point active, elle retient quelquefois, rarement elle excite, et jamais elle n'a rien fait de grand [1]. » Il ne faut donc rien lui demander en dehors de son rôle.

II

Avant même d'avoir pu se rendre compte de son opinion, Mme de Staël, entraînée par son admiration pour Rousseau, accordait plus de valeur au sentiment qu'à la raison dans la recherche de la vérité.

En 1788, elle loue Rousseau de consulter l'instinct naturel, et de consacrer toute la force de la réflexion à prouver la vérité de cet instinct [2]. « La philosophie, ajoute-t-elle, rejette ces persuasions involontaires qui ne sont point nées du calcul et de la méditation abstraite. Mais que j'aime mieux celui qui leur prête l'appui de son génie, tâche de les fortifier en moi, et loin d'opposer ma raison à mon cœur, cherche à les réunir pour faire pencher la balance et cesser le combat [3]. »

Elle ne voit d'abord en Rousseau que le défenseur du sentiment, et non point l'adversaire de la raison. Élève des encyclopédistes, elle ne peut oublier leurs leçons ; cependant Rousseau l'a déjà convaincue. Elle sait qu'il existe deux sortes de vérités : celles que la pensée seule (c'est-à-dire le raisonnement) peut

---

1. Œuv. compl., II, 294.
2. *Lettres sur Rousseau.* Œuv. compl., I, 63.
3. Œuv. compl., I. Lettre III, 64. Remarquons cette tendance d'esprit à la conciliation qui apparaîtra dans tous les ouvrages de Mme de Staël, et s'affirmera surtout dans l'*Allemagne*.

atteindre, et les vérités de sentiment, « ces vérités que l'âme doit saisir »; elle déclare que son choix est fait; elle s'abandonnera au sentiment plus qu'à la raison, ne se servant de celle-ci que pour se convaincre de la nécessité de l'abdiquer en temps voulu [1]. « Je crois au lieu de penser (synonyme pour elle de raisonner), j'adopte au lieu de réfléchir, mais cependant je n'ai sacrifié mon jugement qu'après en avoir fait un plus noble usage... je me suis livrée à la foi pour m'épargner la peine d'un raisonnement qui la justifierait toujours [2]. »

Ce n'est là pourtant qu'une manière de voir toute personnelle, qu'elle ne juge pas à propos de généraliser, de crainte d'égarer la multitude; et déjà on pressent la part que fera plus tard Mme de Staël à la raison dans l'organisation sociale de ses rêves. « Je ne vous demande pas ce sentiment aveugle dont j'ai fait ma lumière, dit-elle aux futurs représentants des États généraux; ne vous défiez point de la raison... n'effacez point le sceau de raison et de paix que le destin veut apposer sur votre Constitution [3]. »

Il semble bien que dès 1793 [4], désabusée par l'expérience, elle ait changé d'avis, et qu'elle ait voulu donner à la raison une place plus prépondérante; malgré cela, c'est le contraire qui ressort du livre, elle ne contredit en rien ses précédentes affirmations [5]. Elle avoue « que les profondeurs de l'âme sont difficiles à

---

1. Ce qui montre qu'elle avait très bien compris Rousseau.
2. *Lettres sur Rousseau.* Œuv. compl., I, 71.
3. *Ibid.*, Lettre IV, 72.
4. Date de composition du livre *de l'Influence des Passions*.
5. Et nous le verrons plus clairement encore en étudiant cet ouvrage au point de vue moral.

sonder », et qu'en essayant de la livrer à la pensée, elle n'est pas sûre d'avoir réussi [1]. C'est toujours le sentiment, l'exaltation, l'enthousiasme qui sont glorifiés ; ce sont les caractères qui en sont capables qui goûtent le plus de jouissances, parce qu'ils sont plus près de la vérité ; et s'ils pouvaient ne pas redouter les hasards de la vie, s'ils n'avaient pas besoin du modérateur de Rousseau, ils pourraient triompher « au sein de la félicité de tous les systèmes de la raison. »

Pas plus que Rousseau, elle ne lui accorde d'être un guide moral, mais plutôt un instrument de discorde « il n'y a rien de plus divisant au monde que le raisonnement » ; un corrupteur de la conscience : « on peut marcher au crime par la métaphysique... le raisonnement seul conduit aux pires excès. »

1. *De l'Influence des Passions.* Œuv. compl., III, 173.

CHAPITRE II

INFLUENCE DES IDÉOLOGUES

I. Les connaissances philosophiques de Mme de Staël sont complétées par ses amis. — Le livre *de la Littérature* — opinion de l'auteur sur la valeur de la raison — elle cherche à constituer une nouvelle métaphysique fondée sur l'expérience — même idée chez de Gérando. — II. Relations entre Mme de Staël et Charles de Villers — livre de celui-ci sur la philosophie de Kant — Mme de Staël défend ses opinions contre Villers. — III. Résumé de ses idées sur le problème de la connaissance avant l'*Allemagne*.

I

De 1793 à 1800, les connaissances philosophiques de Mme de Staël se sont complétées. Elle a lu les philosophes à la mode, Condillac surtout, Locke, dont les émigrés lettrés aimaient à s'informer [1]; ses amis l'ont tenue un peu au courant des idées allemandes, Humboldt [2], C. Jordan, Lezay, Chênedollé, B. Constant, qui avaient séjourné en Allemagne et fréquenté plus ou moins les Universités; elle s'est liée avec de

---

1. Elle passa quatre mois dans les environs de Londres, pendant l'hiver de 1793. — Mme de Staël pouvait lire l'*Essai* dans le texte, puisqu'elle parlait assez bien l'anglais; mais on ne peut préciser exactement à quel moment elle l'a connu; c'est certainement avant son voyage en Angleterre.
2. Il la rencontre à Paris en janvier 1797, et constate que la philosophie et l'érudition lui manquent. V. Lady Blennerhasset, *Mme de Staël et son temps*, III, 10.

Gérando [1] qui deviendra pour ses études un guide précieux, et l'entretiendra de métaphysique; enfin elle a lu, si non la *Critique de la Raison pure*, du moins les articles écrits par Charles de Villers dans le *Spectateur du Nord* sur la philosophie de Kant [2]. Mais ces dernières lectures ne l'impressionnent guère [3]; son esprit n'est pas encore assez fort pour juger par lui-même, elle voit le nouveau système d'un point de vue français, avec la formation des idéologues; elle se méfie du Kantisme qui pourrait être un de ces nouveaux systèmes « dont on veut faire une secte [4] », et Kant lui paraît seulement un esprit « ingénieux. »

Cependant sa réflexion s'est exercée sur les grands problèmes de la philosophie; celui de la connaissance en particulier, s'est posé plus nettement à son esprit. On voit, en parcourant le livre *de la Littérature*,

1. Aux environs de 1800. Voir les *Lettres inédites de M*^me *de Staël*, publiées par de Gérando, p. 30.
2. Le 11 mars 1800, Baudus écrit à Villers que Pougens a prêté à Mme de Staël la *Critique de la Raison pure* (v. Wittmer, C. de *Villers*, chap. IV, p. 137), et il ajoute : « Vous voilà avec Kant entre les mains d'une femme célèbre qui a des prétentions en métaphysique, comme en beaucoup d'autres genres. » Ce qui prouverait que les articles de Villers faisaient parti de l'envoi.
On peut supposer que Mme de Staël connut, avant cette date, la *Raison pratique*; elle semble y faire allusion dans l'*Essai sur les Fictions* (1795). « Il y a des philosophes austères qui condamnent toutes les émotions et veulent que l'empire de la morale s'exerce par le seul énoncé de ses devoirs; mais rien n'est moins adapté à la nature de l'homme en général ». Œuv. compl., II, p. 70. Elle peut aussi faire allusion aux stoïciens; cependant B. Constant avait pu lui parler de la morale kantienne puisqu'il revenait d'Allemagne.
3. Si elle a lu la *Critique*, ce n'était pas dans le texte, parce qu'elle ne connaissait pas encore l'allemand.
4. « Tout ce qu'il peut y avoir d'ingénieux dans l'esprit de Kant, et d'élevé dans ses principes, ne serait pas, je crois, une objection suffisante contre ce que je viens de dire sur l'esprit de secte. » Œuv. compl., IV, 362, note.

qu'elle le résout toujours dans le même sens que Rousseau, mais d'une façon plus complète et plus personnelle, et surtout qu'elle en entrevoit mieux les conséquences morales et sociales.

Tandis que dans ses *Lettres*, elle expliquait, presque timidement, qu'elle s'était livrée au sentiment, et que peut-être son exemple n'était pas à suivre, elle affirme en 1800 que pour tous « c'est marcher vers la vérité que de suivre l'impulsion qui précède toute espèce de raisonnement. » ; — que « le sentiment ne peut errer en lui-même »... « les seules erreurs possibles sont les conséquences que l'argumentation tire du sentiment [1] » ; par conséquent, il est dangereux de demander à la raison plus qu'elle ne peut donner, et surtout de ne pas contrôler ses déductions. Or, nous avons deux moyens de le faire : « la preuve des combinaisons de l'esprit est dans l'expérience et le sentiment... le raisonnement analyse ce qui est [2]. » C'est donc l'expérience qui juge la raison ; c'est en effet par elle que nous contrôlons nos déductions, et si elle ne les confirme pas, nous les réputons fausses ; le raisonnement détermine seulement les conditions de l'expérience. De là son insuffisance comme règle de conduite. Mme de Staël en fait tout de suite l'application à la politique [3], en développant son axiome de 1796, « on peut marcher au crime par la métaphysique. » Le raisonnement peut être très bon en effet, en temps qu'enchaînement des idées, bien construit et en formes, et nous égarer, car ce qui importe, c'est l'ob-

---

1. *De la Littérature*. Œuv. compl., IV, de la philosophie, 319.
2. *Ibid.*, p. 532.
3. Voir Œuv. compl., IV, ch. vi.

jet de ses déductions ; s'il est confus, elles peuvent contredire le vrai, c'est-à-dire le sentiment : ainsi le fanatisme a fait commettre d'horribles excès en religion et en politique, mais c'était à cause de la fausseté des raisonnements, et non des sentiments remués qui restent vrais dans tous les cas.

Ici se dessine déjà en Mme de Staël une tendance pragmatiste qui s'affirmera de plus en plus. La science lui apparaît sans valeur considérée en dehors de toute application pratique ; cultivée pour elle-même, elle alimente une vaine curiosité ; elle vaut dans le seul cas où elle nous fait découvrir des vérités que l'expérience peut confirmer. Mme de Staël réclame donc, avec insistance et clarté, une nouvelle philosophie qui unisse le calcul et la morale, c'est-à-dire qui soit fondée sur l'expérience ; elle s'éloigne de Rousseau pour se rapprocher de ceux qui veulent bien rester sur le terrain positif, mais sans renoncer comme lui à la métaphysique [1]. « Il faut, dit-elle, appliquer la philosophie des sciences positives [2] à la philosophie des idées intellectuelles [3]. »

Le philosophe procédera donc de la même manière que le savant ; il enregistrera les manifestations des passions chez les individus, les changements de l'opinion publique, les crimes, les bonnes actions, etc.., de même que le physicien enregistre les phénomènes naturels, sans même en prévoir l'interprétation ; puis il imaginera des lois qui réunissent ces faits, et permettent d'en prévoir le retour, « tout comme les joueurs prévoient le retour d'un dé ».

1. Cabanis, D. de Tracy, De Gérando.
2. Elle veut dire la méthode des sciences positives.
3. Œuv. compl., IV, 515.

Ainsi sera constituée une sorte de métaphysique expérimentale, fondée sur l'observation, une métaphysique à l'abri des contradictions de la vie. Et tandis qu'elle était inutile dans l'ancienne philosophie, à cause de son isolement, elle deviendra l'auxiliaire indispensable de ceux qui conduisent les hommes [1], puisqu'elle leur fournira, non plus un enchaînement d'idées abstraites, mais des principes certains déduits de l'expérience [2].

De plus, la preuve de ces principes se fera facilement à l'aide de la morale, seule base invariable et vraie : « La morale est la nature des choses dans l'ordre intellectuel; et comme dans l'ordre physique le calcul part de la nature des choses et ne peut y apporter aucun changement, il doit, dans l'ordre intellectuel, partir de la même donnée, c'est-à-dire de la morale [3]. »

Cette théorie, très précise dans le livre de la *Littérature* [4] était déjà indiquée dans celui des *Circonstances actuelles* composé l'année précédente. C'est sur la philosophie, entendue comme nous venons de le dire,

---

[1]. Nous retrouverons l'application de cette métaphysique pratique dans la *Pédagogie sociale* de Mme de Staël.

[2]. Cela fait penser aux doctrines de certains moralistes contemporains (Lévy-Bruhl et Durkheim). Le savant extrait de l'expérience les lois des phénomènes, et d'après ces lois l'ingénieur construit des machines ; de même le moraliste et le sociologue tirent de l'observation certaines généralités dont il sera loisible à l'Etat ou à l'individu de s'inspirer pour parvenir au bien et au bonheur. V. aussi *Morale sociale*, recueil de leçons professées au Collège libre des sciences sociales. F. de Roberty, p. 277 et suiv.

[3]. Mme de Staël se souvient évidemment ici de Montesquieu pour lequel les lois sont les rapports naturels qui dérivent de la nature des choses ; presque dans les mêmes termes elle explique que la morale est le fondement de la loi.

[4]. C'est pour cela que nous en avons parlé d'abord.

que compte Mme de Staël pour fonder la République, unir les partis nés de 93, réparer le passé. L'ancienne philosophie (celle de l'Encyclopédie) a causé la Révolution en mettant « une métaphysique du vague » au service des factieux ; les penseurs devront refaire une lente révolution en procédant en sens inverse, c'est-à-dire en partant de l'observation [1]. Le chapitre de la Puissance de la Raison [2], celui des Devoirs politiques (p. 233), de l'Usage du Pouvoir (133), sont éclairés par ces idées. Elles ne sont pas personnelles à Mme de Staël. Les philosophes de la Révolution les avaient aperçues plus ou moins nettement, entre autres Condorcet dont Mme de Staël se réclame [3]. Il semble bien que la paternité en revienne à Locke, qui a désiré une science de la morale aussi précise que possible, et que son désir ait évolué en France avec sa doctrine. Mme de Staël ne le dit-elle pas : « La philosophie des Anglais est scientifique, c'est-à-dire que les écrivains appliquent aux idées morales le genre d'abstraction, de calcul et de développement dont les savants se servent pour parvenir aux découvertes et les expliquer..., et encore : « l'esprit de calcul qui régularise, dans leur application les combinaisons abstraites, la moralité qui est la plus expérimentale de toutes les idées humaines... ont toujours ramené les philosophes anglais à des résultats pratiques [4]. »

Si Mme de Staël n'est pas complètement originale en

1. Voir le chapitre des Ecrivains, p. 183 et *passim*.
2. Le développement ne répond pas au titre.
3. Ouvrage des *Probabilités* ; le titre exact est : *Tableau général de la science qui a pour objet l'application du calcul aux sciences politiques et morales.* OEuv. compl., t. I.
4. *De la Littérature.* OEuv. compl., IV, 325 et 327.

essayant de les imiter, elle a su du moins faire siennes leurs théories, avec la préoccupation d'unir les leçons de Rousseau à celles des encyclopédistes. Elle n'a pas pu se résigner à laisser à la raison un simple rôle de modérateur des passions et de gardien de l'ordre social [1] ; elle avait besoin de croire en elle, d'en faire une puissance active, utile à la marche progressive de l'humanité. Elle ne lui a pas demandé la lumière que le sentiment seul peut donner, mais, comme nos modernes « d'être une aptitude à nous guider à travers l'expérience [2] ». Et ce qui reste de l'esprit encyclopédique [3] dans cette conception, c'est la méthode scientifique appliquée aux idées morales, c'est aussi le besoin de simplifier, de généraliser, de refaire un monde nouveau à l'aide de lois. « Si les lois sont bonnes, disait Diderot [4], les mœurs seront bonnes, si les lois sont mauvaises, les mœurs seront mauvaises. » Mme de Staël indique le moyen de faire ces lois.

Les mêmes préoccupations se rencontrent, avec quelques divergences, chez son guide intellectuel d'alors, de Gérando. Sans faire à l'expérience une place aussi grande, il cherche à « rétablir quelques communications entre ce monde intellectuel qu'habitait la métaphysique, et ce monde social que parcourent les sciences positives [5] » ; il assigne comme but à la philosophie de « concilier la morale et les lumières » ; mais les lumières ou le progrès de la rai-

---

1. « Jamais elle ne doutera de la raison, ni ne la répudiera comme Rousseau. » Lanson, *Manuel de Littérature*, p. 864.
2. Boutroux, *Science et Religion*, p. 271.
3. Et un peu de l'esprit anglais.
4. Supplément au voyage de Bougainville.
5. *Histoire comparée des systèmes de philosophie*. Introduction.

son, il l'entend à peu près de la même façon que Locke [1], Condillac, Condorcet, qu'il cite constamment avec éloges, tout en cherchant à se séparer d'eux [2]. Mme de Staël s'en méfie davantage, cependant son but est bien celui de son ami et des idéologues de son temps : créer une philosophie nouvelle qui intéresse l'âme tout entière, parce que l'Encyclopédie l'a mutilée, « constituer les sciences morales à l'image des sciences mathématiques et physiques... et même constituer une métaphysique nouvelle qui aurait pour solide appui la connaissance des phénomènes et de leurs lois les plus générales comme les plus particulières. [3] »

II

On sait que depuis 1801 les connaissances philosophiques de Mme de Staël furent complétées par Charles de Villers [4]; elle lut son ouvrage sur *Les Principes fondamentaux de la Philosophie transcendentale*, échangea ses vues avec lui dans une intéressante correspondance, enfin, à partir de cette époque, son attention fut particulièrement attirée vers la philosophie allemande.

Entre tous, Villers se trouvait être un iniateur autorisé. Sans doute le kantisme n'était pas aussi inconnu

---

1. Il approuve sa méthode, mais le trouve trop sensualiste.
2. Surtout dans son Mémoire sur les signes du langage.
3. Picavet, *Les Idéologues*, 579.
4. Par la lecture de son livre sur Kant. Ses relations directes avec Villers datent de 1802.

en France qu'il le croyait [1], mais il était dans des conditions particulièrement favorables pour l'approfondir. Il fréquentait à Hambourg des philosophes admirateurs ou adversaires de Kant [2], il avait les loisirs nécessaires pour se livrer à ses recherches favorites, et enfin il était soutenu dans ses travaux par un grand amour pour sa patrie d'adoption, par un désir sincère de répandre en France la philosophie qu'il admirait. Il se proposait surtout de faire connaître « la tendance générale de l'école critique, quel but elle s'est proposé et quel chemin elle s'est frayé pour y parvenir [3] » ; il s'adressait, non pas aux penseurs, comme on appelait alors les spécialistes, mais à la nation, ou plutôt à cette partie intelligente du grand public qui, sans approfondir les questions philosophiques, veut cependant les connaître et les examiner. *La philosophie de Kant* se compose d'un résumé des deux Critiques, suivant le plan de Kant, avec quelques explications pour éclairer le lecteur. La terminologie compliquée du philosophe allemand est presque supprimée et remplacée par les mots usuels de la langue française, ce qui ne nuit pas d'ailleurs à la fidélité d'interprétation [4]. A la fin de son ouvrage, Villers indique, en dix articles, ce qui lui a paru le

---

1. J'ai le périlleux avantage, écrit-il à Jacobi, d'être le seul interprète qui se soit présenté jusqu'ici — 25 novembre 1799 — Isler. *Briefe an.* Ch. de Villers, p. 146. Or il y avait longtemps que la Décade philosophique et d'autres journaux ou écrivains avaient signalé l'importance du kantisme. V. Picavet, Traduction de la *Critique de la Raison pure.* Introduction.
2. Tels que Eichhorn, Bardili, Reinhold et surtout Jacobi.
3. *Exposition des Principes fondamentaux*, etc., p. LXV.
4. On peut trouver une analyse plus détaillée de l'ouvrage de Villers dans Wittmer. *C. de Villers*, p. 86 et suiv.

plus important, et ce qu'il veut faire retenir de la célèbre doctrine.

De plus, son livre est une œuvre de combat contre le matérialisme du xviii⁰ siècle ; il insiste sur tout ce qui peut le réfuter, il lui semble qu'il n'abaissera jamais assez l'orgueilleuse confiance des philosophes dans le progrès des lumières [1], il veut que Kant ait été préoccupé d'exalter le sentiment aux dépens de la raison [2]. Le matérialisme a causé tous les maux de la Révolution, le criticisme est la seule doctrine qu'on puisse lui opposer victorieusement.

Cette préoccupation de réfuter un adversaire nuit à l'exposition de Villers qui eût gagné à être plus calme, plus impersonnelle ; il a trop considéré le matérialisme d'un point de vue dogmatique ; il n'a pas assez compris que la doctrine critique domine à la fois le matérialisme et le spiritualisme [3], mais cette infidélité devait faire une partie de son succès, en particulier auprès de Mme de Staël.

Ce livre fut presque une révélation pour elle ; sans doute elle avait lu les Critiques, mais en se les faisant

---

1. Principalement art. VII, et p. 156, 279, 297... Contre Condillac.
2. Si Villers est l'auteur de la VIII⁰ lettre westphalienne où Kritik der reinen Vernunft a été traduit par : Critique de la saine raison, on comprend mieux les tendances de son exposition. Sans doute celles qu'indique le contresens se sont modifiées en 1801, et cependant on reconnaît bien les traces de leur orientation première, tout idéaliste. M. Baldensperger (*Revue critique d'histoire et de littérature*, 3 décembre 1908) reproche justement à M. Wittmer de n'avoir pas éclairci cette question dans sa biographie de Villers.
3. Elle entend constituer un point de vue supérieur d'où elle soit à même d'apprécier la vérité et l'erreur relatives ; elle est une méthode et non un système. Weber, *Histoire de la philosophie européenne*, p. 433.

commenter par son entourage peu favorable à Kant ; par Benjamin Constant qui n'admirait pas plus sa morale que sa métaphysique [1], par de Gérando qui s'apprêtait à le dénoncer comme empiriste et idéaliste [2], par de Humboldt, Lezay, Chênedollé, plus littérateurs que philosophes. Aucun d'eux ne lui avait fait entrevoir, comme Villers, la portée de la nouvelle doctrine, et le profit qu'on en pouvait tirer au point de vue moral et politique.

Elle fut gagnée d'abord par l'enthousiasme du jeune prosélyte : « Ce que votre ouvrage m'a surtout prouvé, c'est qu'il était impossible d'avoir un esprit plus étendu et un sentiment de ce qui est moral et vrai, plus vif, plus animé [3]. »

Avoir le sentiment de ce qui est moral, c'est détester le matérialisme ; elle aussi lui avait attribué tous les maux de la nation et désirait le détruire ; elle poursuivait dans ses théoriciens les apôtres du crime. « Je suis absolument d'accord avec vous, écrit-elle à Villers, sur les conséquences que vous tirez du système qui fait tout dépendre des sensations ; il a beau se présenter comme purement métaphysique, il a des conséquences qui dégradent l'âme au lieu de l'élever, et comme vous l'avez dit d'une manière si spirituelle et si juste, la morale fondée sur l'intérêt en est dérivée [4]. »

---

1. « A dîner j'ai eu une conversation métaphysique avec Platner sur Kant, Fichte et Schelling. Je ne trouve chez aucun des trois l'idéalisme complet, tel que je le conçois »(*Journal de B. Constant*, p. 14).
2. *Histoire comparée des systèmes de philosophie*, III, 335 et suiv.
3. Isler, o. c., 268. Coppet, 1ᵉʳ août 1802.
4. Id., p. 269. Ce qui ne l'empêchera pas de faire aussi ses réserves sur les conséquences morales de la doctrine, en particulier pour l'individu.

Pour ce qui concerne la doctrine elle-même, Mme de Staël se tient sur une prudente réserve et ne se prononce pas sur sa valeur. Elle ne veut pas abandonner Locke, dont elle vient de dire qu'il est entré « dans la route de la démonstration géométrique, et cette méthode présente seule des progrès réguliers et sans bornes [1] ». Ce qui l'intéresse, c'est d'arriver à constituer une science morale qui puisse avoir la même certitude que les mathématiques, et Locke a montré le chemin pour y parvenir [2]. Devançant les interprètes modernes [3], elle cherche à concilier des doctrines que Villers voudrait opposer. Ce n'est d'ailleurs qu'impression vague ; elle ne se rend pas compte évidemment des moyens de cette conciliation, elle n'aperçoit pas comment Locke est déjà engagé dans la voie du criticisme, et veut plutôt additionner les deux doctrines que les fondre : « Locke a très bien vu d'où viennent les idées, Kant cherche à découvrir quelle est en nous la faculté qui les reçoit. Il me paraît impossible de n'avoir pas le sentiment qu'il existe en nous une puissance qui modifie ce que les sensations lui transmettent [4]. » Les recherches des deux philosophes se superposent donc pour ainsi dire.

Tout en se défendant de vouloir juger Kant, elle fait à Villers l'objection classique qui réduit à un non-

---

1. *De la Littérature.* Œuv. compl., IV, 519.
2. « L'analyse et l'enchaînement des idées dans un ordre mathématique a cet avantage inappréciable qu'il éloigne des esprits jusqu'à l'idée même de l'opposition... Depuis Locke l'on ne parle plus des idées innées, on est convenu que toutes les idées viennent des sens. » Œuv. compl., IV p. 526.
3. A Riehl, *Der philosophische Kritizismus*, vol. I, p. 1 à 100, et H. Ollion : *La philosophie générale de John Locke*. Conclusion.
4. Isler, *o c.*, p. 269.

sens le problème critique : « Pouvons-nous nous regarder penser sans briser cette unité qui constitue véritablement l'existence intellectuelle ? » C'est celle que l'on faisait autour d'elle [1], aussi ne la prend-elle pas à son compte, elle approuve même en principe la tentative de Kant, et s'indigne de la voir autant décrier : « Je trouve absurde de mépriser les efforts d'un homme de génie qui cherche à se connaître, voulût-il s'approcher des barrières que l'esprit humain ne franchit pas [2]. » Elle semble craindre que cette nouvelle philosophie condamne les efforts de son siècle vers la liberté, et prie Villers de faire des distinctions dans ses attaques contre les matérialistes [3] ; elle craint surtout de voir abandonner cette « méthode géométrique » dont elle attend de si grands résultats, et trouve que Condillac « a parfaitement raisonné dans la branche de la métaphysique. » Sans doute elle voit en lui un disciple de Locke qui a su mettre de l'ordre dans les idées de son maître, et présenter les choses d'une façon plus systématique. Elle fait bien remarquer que cet ordre n'est qu'artificiel, qu'on aurait pu le construire autrement, mais ce qui importe, c'est la méthode suivie.

Villers ne s'intéresse pas à toutes les réflexions de Mme de Staël, il se contente de contester l'entente possible entre Locke et Kant : « Il faudrait du moins

---

1. Par exemple De Gérando dans son *Mémoire sur la génération des connaissances humaines*, Destutt de Tracy dans ses *Discours sur la philosophie de Kant* aux séances des 7 et 30 floréal, an X.
2. C'est cette tentative, plutôt que le système lui-même qu'elle défend à cette époque contre les adversaires de Kant.
3. De distinguer de la philosophie des encyclopédistes « celle de Rousseau, de Montesquieu, et même de Voltaire en son bon temps ».

qu'un des deux partis fît de bien grands pas pour se rapprocher de l'autre, et en conscience, ce n'est pas à Kant qui a passé pas de peu le corps de Locke pour aller en avant que l'on pourrait proposer de rétrograder [1] ». C'est que Villers était plus au courant que sa correspondante, non de la doctrine de l'*Essai*, mais des critiques qu'on lui adressait alors ; l'une n'avait lu que les textes et jugeait de bonne foi, l'autre était un homme informé [2].

Mme de Staël réserve donc toute sa liberté d'opinion ; il ne faut pas prendre pour une adhésion à la nouvelle doctrine ses compliments à l'interprète. Trois mois plus tard [3], tout en continuant sa correspondance avec Villers, elle écrit à de Gérando une remarquable lettre dans laquelle elle fait une sorte de profession de foi philosophique ; elle ne veut pas s'attacher à une doctrine plutôt qu'à une autre, mais sauver le spiritualisme [4], parce qu'il répond mieux aux aspirations de notre nature. Elle lui avoue ce qu'elle n'oserait pas dire à Villers, trop enthousiasmé pour son kantisme, qu'elle « n'en aime point les formes, les catégories, le néologisme », etc., mais ce qui est d'accord avec ses « impressions intérieures [5] », c'est-à-dire ce qui sauvegarde l'immortalité de l'âme, et l'autonomie de la conscience [6]. Son ami ne va-t-il pas l'accuser d'être

---

1. 1er août 1802. Isler, o. c., p. 272.
2. M. Wittmer, o. c., p. 161, donne au contraire cette petite discussion comme preuve que Mme de Staël était « mauvaise métaphysicienne », mais cette opinion, au moins dans ce cas, est difficile à soutenir.
3. 31 octobre 1802.
4. De Gérando, *Lettres inédites de Mme de Staël*, p. 52-53.
5. C'est-à-dire ses sentiments.
6. « Le système de Kant m'offre une lueur de plus sur l'immortalité,

idéaliste et de faire cause commune avec Villers contre la philosophie des sensations ? elle s'en défend d'avance. « Je tiens pour intolérants ceux qui douteraient de ma philosophie parce que j'aurais aimé, dans ce que Villers nous a donné de la philosophie de Kant, ce qui est plus favorable aux nobles espérances d'une vie future. » Or sa philosophie, à cette époque, ressemble beaucoup à celle de de Gérando, en ce qu'elle désire comme lui utiliser le sentiment et la raison dans la recherche de la vérité, mais sans être tout à fait d'accord avec lui sur les moyens de cette utilisation. Qui me donnera des talents qui répondent à mon zèle, lui écrivait le philosophe[1], ...comme je ferais sentir l'étroite et céleste alliance de la raison et du sentiment, et il se plaignait que « cette pauvre métaphysique » ait des ennemis bien ardents et qu'on ne distingue pas « la chose de son abus » Mme de Staël ne tient pas autant à la réhabilitation de la métaphysique ; Cabanis ne vient-il pas d'ailleurs de s'en servir pour tout ramener au matérialisme[2] : « Dans ce travail, écrit-elle à De Gérando, on est toujours sur les bornes que la Providence a marquées aux facultés de l'homme, un essai de plus pourrait briser la tête[3]. » Elle tient surtout à ce qu'aucune de nos facultés ne soit « muti-

et j'aime mieux cette lueur que toutes les clartés matérielles..... La conscience ne nous vient point uniquement d'aucune idée, qui ait passé par les sens. Quand tous les hommes l'ont appelée une voix intérieure, un autre soi-même, c'est qu'ils sentaient bien que ses impressions n'étaient pas de la nature des autres impressions. »

1. 2 octobre 1801.
2. *Rapports du physique et du moral*, 1802. Gérando en parle dans une lettre à Mme de Staël pour déplorer la doctrine matérialiste développée dans l'ouvrage, o. c., p. 46.
3. 30 juin 1802.

lée », mais, ajoute-t-elle, « je ne m'astreins pas à tel ou tel système comme le seul qui mérite le nom de philosophie », et cet éclectisme n'est point pour déplaire à son ami [1].

III

Si nous essayons de résumer les idées de Mme de Staël avant son premier voyage en Allemagne, elles nous semblent à peu près les mêmes que celles des idéologues spiritualistes. Plus résolument qu'eux cependant, elle abandonne la métaphysique et dédaigne ses prétentions. Elle propose de lui substituer une science positive basée sur l'observation ; elle fait la part de l'empirisme en partant de l'expérience et de la réalité, de l'idéalisme, en reconnaissant déjà, sans pouvoir l'expliquer comme elle le fera plus tard, que la réalité accessible à la connaissance humaine n'est, en dernière analyse, que phénoménale. Si Mme de Staël était entrée plus avant dans sa démonstration, elle n'aurait fait que présenter des arguments déjà employés, en particulier ceux de la théorie des sensations de de Gérando, qui est encore un disciple attardé de Locke et de Condillac [2].

---

[1]. « Je crois que presque tout a été dit en philosophie, et que ce ne serait pas une gloire médiocre, lors même qu'on n'y ajouterait rien, de recueillir les vérités éparses, de les dégager des erreurs qui les entourent, de les disposer dans un ordre convenable », etc. *Histoire comparée des systèmes de philosophie*. Introduction.

[2]. Elle écrit le 23 octobre 1802 à Camille Jordan : « Je lis l'ouvrage de De Gérando qui me frappe de vérité et de clarté. » Il s'agit de la *Génération des connaissances humaines*, mémoire composé pour l'Académie de Berlin. Évidemment l'influence philosophique de De Gérando est la première que subit Mme de Staël à cette époque.

CHAPITRE III

« DE L'ALLEMAGNE »

I. L'information philosophique de Mme de Staël se complète en Allemagne — ses fréquentations, ses lectures — elle ne s'intéresse en métaphysique qu'au problème de la connaissance — pourquoi. II. Elle passe en revue la philosophie anglaise — la trouve trop scientifique ; la philosophie française, trop superficielle — le persiflage. — III. Elle explique la philosophie de Kant qui la satisfait — pourquoi — Kant unit la philosophie idéaliste et la philosophie expérimentale. — IV. Opinion de Mme de Staël sur Fichte, Schelling, Jacobi — en quoi elle se sépare de ce dernier.

I

L'entrevue de Metz avec Charles de Villers[1], et surtout le séjour à Weimar, allaient faire évoluer les idées de Mme de Staël sur le problème de la connaissance. Elle allait être renseignée par les penseurs eux-mêmes, et acquérir à leur contact des connaissances bien supérieures à toute science livresque. Comment dire qu'elle « ne parle de la philosophie que par ouï-dire » et « imagine plus qu'elle n'analyse [2] », alors qu'elle peut écrire : « Depuis que je suis à Weimar, je passe ma vie avec Gœthe, Schiller et Wieland [3] »,

---

1. Du 26 octobre au 8 novembre 1803.
2. A. Sorel, *Madame de Staël*, p. 175.
3. A Ch. de Villers, Weimar, 28 décembre 1893. — Isler, o. c., p. 297.

que, très soucieuse de se renseigner directement sur les systèmes, elle a des entrevues avec Jacobi [1], Fichte, Schelling etc... et les interroge, parfois avec une piquante indiscrétion [2]. Ensuite elle réfléchit, compare les systèmes entre eux, les juge, et voit ce qu'elle en veut retenir ; puis elle demande à ses amis de la renseigner et de discuter avec elle : « Il faudra, quand nous nous reverrons, mon cher Gérando, que vous m'aidiez dans une partie de l'ouvrage que je compte faire sur l'Allemagne. J'ai étudié, et j'étudie encore les nouveaux systèmes de philosophie et d'esthétique de Kant, Schelling [3], Schlegel..., et j'en veux donner une analyse ; mais auparavant il faut que je lise ce que vous avez écrit sur cela. Ce n'est pas de la métaphysique que je prétends faire ; mais pour donner une idée du caractère des Allemands et de l'esprit qui distingue leur littérature, il faut donner une idée simple et populaire de leurs systèmes philosophiques [4]. »

Ce travail de préparation devait se continuer pendant six années encore, avec le même souci d'information exacte, et une complète indépendance d'esprit.

---

1. Jacobi m'a écrit pour me demander de lui donner rendez-vous dans quelque ville d'Allemagne ; il m'offre Hambourg, je lui proposerai Brunswick (à Ch. de Villers), Isler, o. c., 296.

2. Voir l'entrevue avec Fichte. Lady Blennerhasset, III, p. 95 : Joret met en doute l'authenticité de l'anecdote. V. son art. Mme de Staël et Berlin, *Revue d'histoire littéraire de la France*, 1902.

3. Boettiger écrivait à Gœthe à la fin de janvier 1804 que Mme de Staël était activement occupée de la traduction de l'esthétique de Schelling dont elle semblait se tirer à merveille, et lui demandait de jeter pour elle sur le papier des notes sur le système de Schelling, transporté du monde de la philosophie dans le monde de l'intelligence (cité par Lady Blennerhasset, t. III, 50).

4. Weimar, 26 février 1804. De Gérando, o. c., p. 62.

Au nombre des lectures qui ont initié Mme de Staël à la philosophie allemande, il faut distinguer l'ouvrage d'Ancillon, *Mélanges de littérature et de philosophie* [1], qu'elle citera avec éloges et dont elle s'inspirera quelquefois. Ancillon était un esprit terne, débonnaire, sans grande originalité, qui savait ménager tous les partis, et que le baron de Stein avait surnommé « le bon homme ». Il joignait à ces qualités de la piété et des idées élevées [2]. Le ton de son exposition était tout différent de celui de Villers. Il établissait avec calme un parallèle entre la philosophie allemande et la philosophie française, celle-ci basée sur l'expérience et celle-là sur la raison pure, sans se préoccuper d'autre chose que de servir d'interprète philosophique entre les deux nations [3].

1. Deux vol. in-8°, Paris, 1809.
2. Ancillon (1766-1837) était venu en France en 1789. Plus tard il fut distingué par Henri de Prusse, frère du grand Frédéric à Rheinsberg. Comme le prince visitait le temple de la ville, il entendit par hasard le jeune pasteur qui faisait un discours pour une cérémonie nuptiale. Charmé de l'onction et de la piété de ses paroles, il s'intéressa à lui, le nomma ministre à l'église française réformée de Berlin, puis professeur à l'Académie militaire et royale de la même ville.
Pendant ses voyages à Paris il connut B. Constant. On lit dans le Journal de celui-ci, p. 140 : « Dîné chez de Gérando, avec Ancillon, homme d'esprit. »
Mme de Staël le vit en Allemagne. V. Joret, Mme de Staël et Berlin. *Revue d'histoire littéraire de la France*, 1902.
3. Il établit un parallèle entre les deux nations, « l'une qui saisit fortement le monde extérieur est susceptible de recevoir des impressions profondes de tous les objets sensibles et réagit sur eux avec énergie, nation active et brillante ; l'autre qui se refuse au monde extérieur autant que possible, et dont les penseurs d'élite s'engageront par un acte de leur volonté dans les galeries souterraines de l'âme, se replieront sur eux-mêmes, nation plus admirable qu'admirée (*Mélanges de philosophie et de littérature*. Introduction). On voit qu'Ancillon sait ménager l'amour-propre des Français mieux que Ch. de Villers.

Il n'insiste, ni sur l'opposition possible entre le matérialisme et le criticisme, ni sur le côté moral de la nouvelle doctrine, et regrette l'idéalisme transcendantal des successeurs de Kant. — Aucun renseignement ne sera perdu pour Mme de Staël ; elle les enregistre, en parle avec ses amis ; « on s'occupe beaucoup ici de la métaphysique allemande, » écrit Mme Récamier à Mme de Gérando en juillet 1810 [1] ; Mme de Staël, de son côté, pouvait écrire à Meister : « Je suis effrayée moi-même de tout ce que j'ai travaillé pour mon ouvrage [2]. »

Suivons donc dans *l'Allemagne* le fruit de ce travail, au point de vue qui nous intéresse ; nous verrons ce que l'auteur a modifié de ses anciennes convictions, et ce qu'elle en a gardé.

Avec plus de force encore qu'en 1788, elle s'élève contre les prétentions des métaphysiciens ; leur science est vaine et n'atteint pas la vérité, elle ne nous renseigne sur aucun des grands problèmes qu'elle soulève. « On ne peut nier qu'une telle recherche, quelque sublime qu'elle soit dans son principe, ne nous fasse sentir à chaque pas notre impuissance, et le découragement suit les efforts qui ne peuvent atteindre à un résultat [3]. »

Et chacun de se débattre comme il peut dans ce labyrinthe, en essayant d'avoir raison contre son prochain ; c'est la troupe de charlatans de Rousseau et le champ de bataille de Kant. Mme de Staël ne s'en souvient-elle pas en disant : « Dès qu'on est capable de

---

1. 27 juillet 1810. De Gérando, o. c., p. 16.
2. 25 mai 1810. Eug. Ritter, o. c., p. 83.
3. *Allemagne*. Œuv. compl., XI, 165.

réflexion, on résout, ou plutôt on croit résoudre à sa manière les questions philosophiques qui peuvent expliquer la destinée humaine... Chaque homme a sa philosophie, comme sa poétique, comme son amour [1]. » Et cela en soi est indifférent, c'est même une gymnastique salutaire pour l'esprit qui s'habitue à l'abstraction, et acquiert des qualités qu'il pourra ensuite employer plus utilement ; par exemple, il deviendra plus capable de s'analyser lui-même (p. 217). Ainsi on exerce les écoliers en leur faisant chercher d'abord des problèmes sans solution pratique, pour leur donner de la précision et de la justesse d'esprit, et le développement ainsi acquis leur sert dans la vie [2]. Et peut-être ces recherches oiseuses de la métaphysique nous mettront-elles sur le chemin de quelque vérité utile. « Il en est de la métaphysique comme de l'alchimie; en cherchant la pierre philosophale, en s'attardant à découvrir l'impossible, on rencontre des vérités qui nous seraient restées inconnues [3]. »

La certitude sera donc d'un autre ordre ; c'est au sentiment qu'il faut la demander, « il n'y a que lui qui puisse porter la conviction au delà des limites de la raison humaine » (223). Même s'il la contredit, il n'y a pas d'hésitation possible; c'est du côté du sens intime « supérieur à l'entendement » qu'est l'évidence et la conviction ; « raisonnez sur la liberté de l'homme, et vous n'y croirez pas ; mettez la main sur votre conscience, et vous n'en pourrez douter. » Dans les questions analogues à celle-ci, le sentiment est presque

---

1. *Allemagne.* OEuv. compl., XI, 217.
2. *Ibid.*
3. *Ibid.*, XI, 218.

toujours en opposition avec le raisonnement, « afin que l'homme apprenne que ce qu'il appelle l'incroyable dans l'ordre des choses terrestres, est peut-être la vérité suprême sous des rapports universels [1]. » Rousseau disait de même à son élève : « Quand tous les philosophes du monde prouveraient que j'ai tort, si vous sentez que j'ai raison, je n'en veux pas davantage [2]. »

Ainsi la connaissance des philosophes allemands, l'expérience de vingt-deux ans de vie et d'étude, n'ont fait que ramener Mme de Staël aux enseignements de Rousseau : « Au delà de ses limites la métaphysique ne peut rien nous apprendre, et c'est au sentiment que l'on doit attribuer la prescience et la conviction de tout ce qui sort du monde visible » (236); c'est aussi la conclusion de Pascal : « Tout notre raisonnement se réduit à céder au sentiment. »

Cependant, Mme de Staël ne se désintéressera pas de la métaphysique, du moins de la partie de cette science dont on peut tirer des conséquences pratiques, du problème de la connaissance [3].

Nous n'avons pas le droit de dédaigner une étude, même si elle ne nous renseigne pas directement, quand « l'utilité suprême, l'utilité morale y est intéressée [4] » (171). C'est donc de ce point de vue spécial qu'elle

1. OEuv. compl., XI, 220.
2. *Emile*. OEuv. compl., II, 261.
3. Pour elle, comme pour les philosophes d'alors, la critique fait partie de la métaphysique.
4. Elle écrivait à Jacobi, le 31 mars 1804 : « Fichte me trouve ici un peu femme de ménage, quand je m'informe de l'influence de sa métaphysique sur la morale, et le mot d'utilité lui paraît singulièrement prosaïque... » (cité par Joret. *R. d'histoire littéraire de la France*, 1902).

passe en revue, dans de substantiels chapitres, les principaux systèmes parus depuis Bacon jusqu'au criticisme, en indiquant leurs caractères propres et leur filiation. On n'aurait pas pu trouver, à l'époque où ces pages furent écrites, d'histoire de la philosophie où les vues soient plus nettes, où les idées originales des grands penseurs et leur influence réciproque soient indiquées d'une façon plus suggestive, ni dans un meilleur style.

Toutefois il faut restreindre ces éloges, puisque ce sont moins les doctrines elles-mêmes qu'elle juge que leurs conséquences et leur tendance générale ; « elle doit toujours être comptée pour beaucoup dans le jugement que nous portons sur la vérité de cette doctrine, car en théorie, le vrai et le bon sont inséparables [1]. »

II

En Angleterre, Mme de Staël reconnaît que l'influence de Bacon « ce géant de la pensée », a été prépondérante, et qu'elle a donné à toute la philosophie du xviie siècle la direction scientifique dans laquelle elle a marché depuis. Et cependant, il ne faut pas en faire le père du matérialisme, et cette remarque très juste devait être vérifiée plus tard : « On a compris sa doctrine d'une manière plus absolue qu'il ne l'avait présentée lui-même » (179), et ainsi il a ouvert la voie à Hobbes et à Locke. A Hobbes, qui ne mérite aucune

---

[1] Œuv. compl., XI, 188.

considération, puisqu'il est un des fondateurs du sensualisme grossier [1], à Locke, auquel Mme de Staël adresse des reproches que nous n'aurions pas trouvés sous sa plume en 1800 ; elle l'accuse « d'avoir terni l'originalité naturelle des Anglais » ; d'avoir été une des principales causes de l'immoralité « dont on s'est fait une théorie pour mieux en assurer la pratique » ; ses arguments lui inspirent « une répugnance morale » ; il est en contradiction avec lui-même, puisqu'il se sert pour prouver ses convictions religieuses « de raisonnements qui sortent tous de la sphère de l'expérience » ; enfin, la tendance de sa doctrine est condamnable, à cause des conséquences corruptrices que l'on a tirées de sa métaphysique.

Cette fois, Villers et les Allemands ont convaincu Mme de Staël, elle n'espère plus rien de la philosophie expérimentale. Elle est plus sympathique aux Écossais [2] qu'elle félicite « d'étudier les opérations de notre entendement avec une rare sagacité », mais en remarquant l'insuffisance de leur théorie ; elle admet bien quelque chose dû à l'expérience dans la formation de nos idées, mais aussi une faculté qui les reçoit, et elle veut sauvegarder l'autonomie de la volonté ; « ce n'est point assez d'observer le développement de nos facultés, il faut remonter à leur source, afin de se rendre compte de la nature et de l'indépendance de la volonté de l'homme » ; cette remarque est d'une kantiste.

Mme de Staël est beaucoup plus sévère encore pour la France que pour l'Angleterre ; elle ne rend pas

---

1. « Il a dit que l'âme était soumise à la nécessité, comme la société au despotisme ».
2. Smith, Reid, Dugald Stewart.

pleine justice à notre xviie siècle, à Descartes en particulier qui lui semble bien inférieur à Bacon. Nos philosophes du xviiie siècle n'ont que le médiocre mérite d'avoir déduit certains principes des théories anglaises, « alors les lumières se sont changées en incendie ».

On a l'impression que les critiques de Villers au sujet de Condillac l'ont influencée, et qu'elle est plus frappée par l'insuffisance de sa métaphysique, que par les résultats qu'elle attendait de sa méthode ; elle condamne la première, comme insuffisante théoriquement et funeste historiquement, et lui préfère les théories plus parfaites de nos facultés faites par Smith, Th. Reid, Stewart, etc.

Les Français n'ont donc pas l'esprit scientifique des Anglais ; ils sont simplement plus logiques en allant jusqu'au bout de leurs déductions. Mais ce qui leur appartient en propre, et ce qu'ils ont ajouté aux doctrines matérialistes, pour les rendre plus désastreuses, c'est l'esprit moqueur, ou le don de ridiculiser les grands sentiments et tout ce qui dépasse l'évidence, et ceci est une manière de doctrine philosophique. Voltaire a mis à la mode le persiflage qui glace le cœur et tourne en ridicule les actions les plus respectables, « il nous affranchit de la pitié envers les autres en nous y faisant renoncer pour nous-mêmes ».

Mme de Staël avait déjà dénoncé dans son livre *de la Littérature* la moquerie française [1], en laissant deviner, par son observation indignée, qu'elle en connaissait les ravages. Elle a découvert dans *l'Allemagne*, la

---

1. Œuv. compl., IV, 2e partie, ch. i. *De l'état des lumières en France depuis la Révolution.*

raison d'être de ce défaut d'esprit : « C'est la métaphysique qui rapporte toutes nos idées à nos sensations », et c'est un témoignage de plus à porter contre elle.

Cette rapide enquête sur les philosophies anglaise et française sert d'introduction à l'exposé de la philosophie allemande dont Mᵐᵉ de Staël a hâte de nous entretenir, puisque l'Allemagne est la seule nation préservée du matérialisme.

III

Elle montre d'abord comment le tempérament allemand disposait la nation aux méditations profondes et à la réflexion, puis, la direction donnée à toute la philosophie du siècle par Leibnitz qui n'a pas assez tenu compte « de la persuasion intime, seule base de ce qui est supérieur à l'entendement. »

Kant allait rencontrer des difficultés fatales au développement de la philosophie. « Au moment où parut la *Critique de la Raison pure*, il n'existait que deux systèmes sur l'entendement humain parmi les penseurs : l'un, celui de Locke, attribuait toutes nos idées à nos sensations ; l'autre, celui de Descartes et de Leibnitz s'attachait à démontrer la spiritualité et l'activité de l'âme, le libre arbitre, enfin toute la doctrine idéaliste ; mais ces deux philosophes appuyaient la doctrine sur des preuves purement spéculatives [1]. » Ces preuves étaient insuffisantes, et la bataille était

1. Œuv. compl., XI, 228 et suiv.

chaude dans le champ de la métaphysique. Kant, rejetant toutes les preuves spéculatives, fonda au contraire les certitudes d'ordre moral et métaphysique sur des faits donnés par la conscience. Il démontra d'abord que la connaissance rationnelle n'était pas adéquate à son objet, qu'il n'y a même d'objet que lorsque les données tout à fait indéterminées de l'expérience sensible ont été soumises aux formes de nos facultés perceptives (espace et temps), et à celles de l'entendement (catégories, principes). Mme de Staël note fort justement ce qu'on appelle dans la philosophie allemande idées subjectives, celles qui naissent de la nature de notre intelligence et de ses facultés, et idées objectives celles qui sont excitées par les sensations. Que de malentendus entre les kantistes et leurs adversaires causés par l'oubli de cette remarque.

Elle aborde la question des jugements synthétiques à priori, et écarte la fausse interprétation de ceux qui ont cru que Kant admettait des connaissances innées; elle montre que la *Critique de la Raison pure* n'établit pas autre chose que le célèbre axiome : « nihil est in intellectu, quod non prius fuerit in sensu, nisi ipse intellectus. » Kant croit « que l'expérience ne serait qu'un chaos sans les lois de l'entendement, mais que les lois de l'entendement n'ont pour objet que les éléments donnés par l'expérience [1]. » Cette doctrine réserve donc sa place à l'intuition sensible dans la constitution de la géométrie. Mais les objets métaphysiques ne sont pas en dehors de la connaissance rationnelle, « c'est au sentiment que l'on doit attribuer la

---

1. Œuv. compl., XI, 236.

prescience et la conviction de tout ce qui sort du monde visible » (236).

En résumé : les conditions de la connaissance sont dans l'esprit et non dans les choses, comme le prétendaient les sensualistes ; l'esprit impose ses lois aux objets bien loin d'en recevoir d'eux. C'est lui qui crée la science en organisant à sa manière, relativement à lui, les données de l'expérience.

Cette solution du problème de la connaissance est bien la plus satisfaisante que Mme de Staël ait rencontrée jusqu'à présent ; elle y donne son assentiment. Kant lui apparaît comme le conciliateur rêvé qui a mis la force du raisonnement au service de la morale, et qui a « rallié l'évidence du cœur à celle de l'entendement. » Il ne détruit pas la philosophie expérimentale, il déplace seulement son champ d'observation, en remplaçant les sensations extérieures par le sens intime. L'expérience garde un rôle important, ce qui donne satisfaction aux partisans de la méthode scientifique (et à Mme de Staël elle-même qui ne l'a pas complètement condamnée). Kant ne contredit pas non plus les idéalistes, puisqu'il fait dépendre du sentiment seul la croyance aux vérités transcendantes et les soustrait à l'expérience, et par là il les met à l'abri de la discussion qui naît toujours des arguments métaphysiques, incapables de nous renseigner sur les questions qu'ils soulèvent. Mme de Staël ne s'embarrasse donc pas de la contradiction kantienne ; au contraire, Kant lui semble avoir remis chaque chose à sa place, il a conclu « toutes les grandes alliances intellectuelles, a fait de l'âme un seul foyer où toutes les facultés sont d'accord entre elles. » La raison reconnaît ses limites et le sentiment reprend ses droits, tout en laissant à la raison son autonomie. Ce dualisme philosophique n'est qu'un moyen pour faire l'union entre toutes les puissances de notre âme et les mieux pénétrer.

Cette idée de faire du kantisme une sorte de trait d'union entre le matérialisme et l'idéalisme paraît personnelle à Mme de Staël. Villers n'y avait pas songé en le présentant comme une machine de guerre contre les philosophes du xviiie siècle, ni B. Constant qui accuse Kant d'inconséquence [1], ni de Gérando, ni même Ancillon, malgré ses tendances conciliatrices [2]. Quant à Schlegel, il est difficile de dire de quelle manière il a influencé l'opinion de Mme de Staël. B. Constant le représente comme un partisan entêté de la nouvelle philosophie [3]. S'il désigne par ce nom l'ensemble des systèmes allemands, il est fort probable que les tendances philosophiques de Schlegel étaient plutôt idéalistes [4]. De plus, à l'époque où Mme de

---

1. « Je lis une leçon de Schlegel sur la philosophie de Kant. Celle de Schelling est certainement plus conséquente et je l'adopte volontiers dans tout ce qui regarde la métaphysique et la morale » (*Journal intime*, p. 61).

2. « La philosophie critique part d'un fait primitif, elle admet avec une entière confiance, et même sans examen préalable deux données qui lui sont fournies dans la représentation, la dualité primitive du sujet et de l'objet » (*Mélanges de littérature et de philosophie*, II, 151-152). On ne peut appeler conciliation la tendance qu'a l'auteur à rattacher tous les systèmes à un problème fondamental, celui de l'existence.

3. De Schelling en particulier. « Schlegel est un des disciples ou, pour mieux dire, un des coryphées de Schelling. Il a d'ailleurs une terminologie si particulière à l'usage de la nouvelle philosophie allemande qu'il est difficile de le comprendre sans être initié à ce système » (*Journal*, p. 30).

4. B. Constant dit encore, p. 61 : « Je lis une leçon de Schlegel sur la philosophie de Kant. » Cette leçon, qui serait évidemment inté-

Staël composait *l'Allemagne*, le courant mystique traversait Coppet, et Schlegel était un des premiers convertis ; il devait être peu disposé à chercher un rapprochement entre le passé qu'il abandonnait et une doctrine qui ne lui suffisait plus.

IV

Après Kant, les philosophes auxquels s'intéresse le plus Mme de Staël, sont Fichte, Schelling et Jacobi. Elle étudie, suivant son plan, les tendances de chacun que l'on peut, d'après elle, résumer ainsi : Fichte, en simplifiant le problème ne l'a pas éclairci, il supprime au contraire l'accord établi par Kant en sacrifiant le sentiment à l'idée. Il réduit le moi identique à contempler les variations successives du moi modifié, et absorbe dans ces abstractions la nature, l'amour, la poésie, les arts ; il perd le contact avec la réalité, et cela est presque aussi funeste à l'âme que de ne pas s'élever au-dessus d'elle. Qu'est-ce qu'une philosophie qui n'intéresse pas l'être tout entier ? « Si les objets que nous voyons et les êtres que nous aimons ne sont rien que l'œuvre de nos idées, c'est l'homme lui-même qu'on peut considérer alors comme le grand célibataire des mondes [1] » ; une telle métaphysique mène à l'abîme, il faut la reléguer au rang des sciences bonnes à exercer la puissance d'attention et d'analyse ; l'activité de l'esprit ainsi développée pourra s'appli-

---

ressante pour déterminer les idées de Schlegel, ne figure pas dans ses œuvres complètes et n'a pas dû être imprimée.

1. *Allemagne*. Œuv. compl., XI, 266.

quer ensuite plus utilement. La supériorité de la doctrine de Fichte sur la philosophie expérimentale qui elle aussi, pourrait-on dire, habitue à l'observation, c'est de faire de nous-mêmes les objets de cette observation et de nous ramener insensiblement à l'étude de l'âme, la seule utile [1].

7. Schelling ne donne encore que « des explications ingénieuses » sur la formation de nos idées. Loin de maintenir l'union établie par Kant, il détruit l'individu en l'absorbant dans l'infini ; or, nous répugnons à sacrifier les intérêts de notre moi particulier, il est de sa nature d'être complété, non amoindri [2]. Schelling n'explique aucun des mystères fermés à tous les hommes, il ne fait que reculer les difficultés en croyant les résoudre, et il est permis de sourire en voyant l'étrange solution qu'il donne à notre destinée et de l'énigme de l'univers, « on répand sur les choses l'obscurité qui précéda la création, mais non la lumière qui l'a suivie... Ces écrits, si difficiles à comprendre, prêtent, quelque sérieux qu'on soit, à la plaisanterie, car il y a toujours des méprises dans les ténèbres » (274). Mme de Staël s'en sort du moins avec esprit, et non sans avoir vu que Schelling était sur le chemin

---

1. Lady Blennerhasset dit, à propos de la rencontre de Mme de Staël avec Fichte, t. III, p. 93 : « Qu'elle a avoué que Fichte lui était resté à peu près inintelligible », et elle renvoie le lecteur à une lettre de Bonstetten à Friderik Brun. Coppet, 11 juin 1804, I, p. 218. Il n'est pas question d'un tel aveu dans cette lettre. Bonstetten raconte seulement que Mme de Staël s'amusait à contredire Schlegel : « elle persiflait Fichte en présence de Schlegel, mais bientôt elle fut obligée de se taire... » (Sit persiflirte Fichte in Schlegels Gegenwart, aber bald me sit schweigen).

2. « Qui ne voudrait renaître mère ou fille, et comment serait-on soi, si on ne ressentait les mêmes amitiés. »

du spinozisme et par là du matérialisme [1]. Cependant cette philosophie lui est plus sympathique que celle des Français, parce que ses conséquences immédiates sont meilleures ; elle éclaire au moins certaines questions, charme l'imagination en s'intéressant aux sciences et aux arts, et entraîne une certaine élévation morale quand elle conseille de cultiver la partie de notre âme qui ne doit pas périr.

Mme de Staël ne semble connaître Jacobi que comme moraliste, et se contente de dire brièvement que ses écrits sur la métaphysique sont très estimés en Allemagne ; cependant elle est plus au courant qu'elle ne le paraît de la doctrine de ce philosophe, et même d'accord avec lui sur plus d'un point en ce qui concerne sa théorie de la connaissance, d'autant plus qu'elle est souvent inspirée de celle de Rousseau [2]. C'est bien en dernier ressort, par le sentiment que, pour Mme de Staël, comme pour Jacobi, nous atteignons ce qui est ; les démonstrations de la raison nous en éloignent en nous faisant enchaîner des propositions qui ne reposent sur rien de réel. Jacobi aurait pu signer cette phrase de *l'Allemagne* : « Le sentiment seul nous révèle l'infini, sans nous l'expliquer [3]. »

Mais Mme de Staël n'a pas commis la confusion de Jacobi entre le sentiment et la raison [4], elle ne les

---

1. Il est à remarquer que cette opinion n'est pas partagée par son entourage, en particulier par B. Constant bien plus favorable à Schelling qu'à Kant.
2. « Sa théorie de la croyance, c'est le défi de Rousseau jeté à toute la philosophie des lumières » (Levy-Bruhl., o. c.).
3. OEuv. compl., XI, 273.
4. On sait que Jacobi, ainsi que l'a fait remarquer M. Levy-Bruhl (*Jacobi*, p. 56), après la *Critique de la Raison pure* a donné au mot raison un sens tout à fait différent de celui de ses ouvrages de la

substitue jamais l'un à l'autre. La raison reste pour elle, comme pour Kant, la faculté qui organise les idées, et c'est bien le sentiment ou l'intuition qui reste la source unique du savoir. La raison n'a qu'une fonction logique et régulatrice, de sorte que, comme Kant, elle l'exclut de la région supra sensible, mais lui garde sa valeur théorique ; et de plus, il ne lui semble pas, comme à Jacobi, que cette confiance restreinte dans le raisonnement doive nécessairement aboutir à des conclusions « qui contredisent les affirmations spontanées et irrésistibles du cœur humain¹ » ; nous avons vu, au contraire, qu'elle a trouvé dans le kantisme la philosophie modèle, celle qui « confirme par la raison ce que le sentiment nous révèle » (XI, 248) ou mieux, « qui retourne au sentiment par la raison. »

première période (Alwill, Woldemar, Lettre sur Spinoza) ; c'est elle qui devient « révélatrice infaillible de l'absolu en nous », et qui a pris la place du sentiment.
1. Voir Levy-Bruhl, o. c., 195 et suiv.

CHAPITRE IV

UTILISATION DU KANTISME

I. Mme de Staël a montré comment la nouvelle philosophie pouvait être utile — en littérature — la nature sera représentée dans ses rapports avec l'âme — condamnation du naturalisme — supériorité du roman sur les autres genres, parce qu'il étudie l'âme — abolition des règles. — II. Séparation du beau et de l'utile. — III. Le Kantisme et les sciences — comment il peut être utile à leur développement — condamnation de la spécialisation. — IV. Le Kantisme et l'esprit national — comment il est insuffisant pour former une nation.

I

Le chapitre sur Kant, dit Lady Blennerhasset, est traité avec tout le soin possible, comme étant de beaucoup le plus important du livre [1]. Mme de Staël s'y rend compte en effet de la valeur du grand philosophe, elle prophétise l'immense développement de sa doctrine, comprend sa richesse et ce qu'elle contient d'impérissable ; « on pourrait extraire des idées de Kant, dit-elle, une foule d'idées brillantes sur tous les sujets, et peut-être même, est-ce de cette doctrine seule qu'il est possible de tirer maintenant des aperçus originaux et nouveaux [2] » ; les chapitres suivants sont consacrés à le montrer. Mme de Staël indique ingé-

---

1. Ouv. cité, III, 508.
2. *Allemagne*, XI, 252.

nieusement comment on peut utiliser le criticisme, elle y rattache ce qu'il y a de doctrines éparses dans son livre de *l'Allemagne*, ce qu'elle a vu chez nos voisins d'Outre-Rhin, ce qu'elle désire pour la France, et si l'on doit juger d'une doctrine d'après ses conséquences pratiques, il faudra convenir qu'aucune n'intéresse un si grand nombre de connaissances humaines.

La littérature et les arts trouvent en lui de nouveaux éléments de progrès, voici comment :

Si c'est l'esprit qui organise, relativement à lui, les données de l'expérience sensible, si les conditions de la connaissance sont en lui et non plus dans les choses, la pensée prend, dans les œuvres d'art, une place prépondérante. Ce n'est plus la nature qui devient leur principal objet, c'est le beau idéal entrevu par ces puissances intimes de notre âme que les objets réels ne peuvent satisfaire. La nature ne sera représentée que dans ses rapports avec l'âme humaine, façonnée par elle de mille manières suivant les sentiments qui agitent le poète ou les caprices de son imagination. L'âme sombre des chantres du nord se mêlera à leurs descriptions pour les faire douces et mélancoliques, ou bien violentes et tourmentées, ou plus souvent encore terribles et fantastiques comme leurs craintes superstitieuses.

Que les effets esthétiques, produits par cette maîtrise absolue de l'âme sur les choses, soient souvent contestables, Mme de Staël a trop de goût pour ne pas le remarquer [1], « les idées ingénieuses qui dérivent des théories font illusion sur la véritable nature du

---

[1]. « Les écrivains ne donnent pas toujours aux ouvrages de l'art cette lucidité frappante qui leur est si nécessaire » (*Allemagne*, XI, 293).

talent... »; mais elle ne s'en plaint pas, parce que l'on ne pourrait soumettre les littératures du Nord aux règles que se sont imposées celles du Midi, parce que la liberté est leur besoin le plus impérieux, et que ce principe idéaliste est infiniment supérieur à la pitoyable idéologie des encyclopédistes. La source du plaisir esthétique est en nous quelque chose d'inné et d'indéfinissable, c'est d'elle que les peintres et les poètes doivent s'inspirer. L'idéalisation est donc nécessaire, même dans les arts d'imitation qui s'adressent à la vue. Le plaisir qu'ils nous donnent n'est pas celui d'une imitation plus ou moins exacte, il a sa source dans notre âme et dans celle de l'artiste. Son habileté dans la pratique de son art n'est qu'un facteur, non le plus important, de l'impression esthétique.

C'est la condamnation du naturalisme qui fait de la conformité avec le réel le but suprême de l'art, et interdit à l'artiste de mêler ses sentiments à l'œuvre qu'il étudie. Pour le naturaliste, tous les objets ont une égale valeur, puisque « l'art est une représentation [1] », notre opinion d'un jour n'empêchera pas les choses d'être ce qu'elles sont et ce qu'elles étaient avant nous... nous ne devons donc employer tous les moyens de l'art qu'à les faire ressemblantes et vraies. « L'imitation, ou mieux encore la reproduction de la nature, tel doit être l'objet de l'art, la soumission au modèle, tel en est le moyen et l'anéantissement de la personnalité de l'artiste dans la vérité de sa création, tel en sera le triomphe [2]. »

Mme de Staël est évidemment fort éloignée de ce

---

1. Flaubert.
2. Brunetière, *Manuel de l'Histoire de la Littérature*, p. 488.

point de vue ; l'esthétique de Kant la ramène vers l'étude de l'âme comme étant la vraie source de l'inspiration artistique, et confirme les idées qu'elle exposait en 1796 dans l'*Essai sur les Fictions*, où elle entrevoyait déjà l'âme comme la source et le sujet véritable de l'art.

Ces idées n'avaient pas seulement le mérite d'être curieuses, comme on l'a dit, mais claires et profondes ; elles montrent aussi combien Mme de Staël était préparée à recevoir une doctrine intéressant avant tout l'individu. Elle avait accordé peu d'intérêt aux fictions allégoriques ou merveilleuses, parce que « le vrai n'en est pas l'origine [1] ». Elle entendait ici par le vrai des sentiments vécus, éprouvés réellement par l'âme. Les fictions les plus propres à atteindre la beauté littéraire étaient alors les romans, parce qu'ils peuvent, dans une analyse faite à loisir, représenter exactement la vie, et si l'auteur a soin de disposer les choses de façon que, tout en restant vraisemblable, son livre mette en lumière quelque vérité morale, il aura sur ses lecteurs une influence d'autant plus grande, que le roman aura été à la fois mieux inventé et mieux imité, c'est-à-dire qu'il réunira les deux procédés de l'art véritable, l'imitation et l'idéalisation [2].

Par là, le roman devient supérieur au théâtre dont les exigences s'opposent à l'étude détaillée de nos sentiments habituels ; à l'histoire, soumise à la seule obligation d'être vraie et qui ne représente pas toujours la nature humaine par son meilleur côté. Les romans et

1. OEuv. compl., II, 181.
2. Werther est pour Mme de Staël le modèle par excellence ; *Delphine* et *Corinne* deviendront des essais dans le même genre.

les poëmes historiques deviennent un genre faux, parce que « la fiction détruit la moralité de l'histoire [1] » qui ne doit pas mentir, et l'histoire nuit à la liberté de la fiction [2].

Il faut remarquer cependant que, dans les sujets mythologiques, comme dans les sujets historiques, l'intérêt que nous prenons aux héros est indépendant de ce qu'il y a de feint chez eux ; c'est au contraire par ce qu'ils ont d'humain et de semblable à nous qu'ils nous intéressent ; « ce qu'on admire dans le Satan de Milton, c'est un homme, ce qui reste d'Achille, c'est son caractère, ce qu'on veut oublier dans la passion de Renaud pour Armide, c'est la magie qui se mêle aux attraits qui l'ont fait naître [3]. »

De même, ce qui intéresse dans la nature, c'est encore l'homme. Il en fait le cadre de ses sentiments il l'organise et l'étudie par rapport à lui. Elle n'est pas comme le voudraient certains mystiques, « l'image corporelle de la Divinité [4] », elle ne nous gouverne pas d'après des principes inconnus, mais il existe entre elle et nous des harmonies mystérieuses et inexpliquées. « La contemplation de la nature accable la pensée, on se sent avec elle des rapports qui ne tiennent ni au bien ni au mal qu'elle peut nous faire ; mais son âme invisible vient chercher la nôtre dans notre sein et

---

1. OEuv. compl., II, 181.
2. La même idée est répétée dans l'*Allemagne*, ce qui prouve la constance d'opinion de Mme de Staël, et qu'elle ne fait bien que retrouver dans la philosophie idéaliste la confirmation de ses propres théories. « On a voulu donner plus d'importance à ce genre (le roman) en y mêlant la poésie, l'histoire et la philosophie, il me semble que c'est le dénaturer. » OEuv. compl., XI, 83.
3. OEuv. compl., II, 182.
. *Allemagne*. OEuv. compl., XI, 504.

s'entretient avec nous (512) » ; nous cherchons en elle, en un mot, le reflet de nos sentiments et nous la faisons à notre image; Mme de Staël est bien près de la formule « un paysage est un état d'âme ».

Cependant, antérieurement à nos dispositions naturelles, les spectacles de la nature portent en eux une puissance d'affecter nos âmes de multiples manières : la joie naît avec la lumière, les montagnes imposent la gravité, « on dit même que sur les côtes de l'Asie où l'atmosphère est pure, on entend quelquefois le soir une harmonie plaintive et douce que la nature semble adresser à l'homme pour lui apprendre qu'elle respire, qu'elle aime et qu'elle souffre » (515).

Mais tandis que le matérialiste se contente de noter ses sensations, et de prendre plaisir à la diffusion de son moi à travers les choses [1], l'âme, ramenée par la philosophie idéaliste à l'étude d'elle-même et de son perfectionnement moral, voit dans les objets physiques un intérêt nouveau, elle les comprend, « non seulement d'après les lois de la nature », mais d'après les lois philosophiques et religieuses « dont la contemplation la plus attentive ne pourra jamais connaître toute l'étendue » (520).

Mme de Staël indique l'application de cette théorie chez les poètes allemands, en particulier chez Novalis et Schubert, sans voir assez que ce dernier surtout, se

---

[1]. « Tu aimes comme moi à te laisser envahir par la vie qui s'exhale d'un coin de paysage, jusqu'à perdre pendant quelques minutes la conscience de ton être individuel. Dans ces secondes de dissolvantes rêveries, il semble que l'âme s'en aille du corps, qu'elle devienne eau courante avec la rivière, flot dormant avec les lacs, feuillage frémissant avec la ramure des arbres ». (P. Bourget, *Etudes et Portraits*, t. II, p. 195).

rapproche du naturalisme [1]; chez les musiciens qui composent trop d'après leurs pensées, pas assez d'après l'inspiration, « Haydn nuit à son talent par son esprit même »; d'une manière générale, le souci de la théorie nuit au mouvement artistique de l'Allemagne qui pourrait tirer un meilleur parti des tendances idéalistes de la nation.

Mme de Staël tire des conséquences intéressantes des principes esthétiques dont nous venons de parler. Si l'âme seule est le but et le principe de l'art, chaque auteur, trouvant en lui les principes de son esthétique, peut s'affranchir des règles conventionnelles « qui ne sont que des lisières pour empêcher les enfants de tomber » (294). Le sentiment du beau, uni à l'enthousiasme, doit nous élever indéfiniment dans la sphère de l'art vers l'idéal, cette insaisissable limite des œuvres humaines [2]. Ce principe idéaliste et relativiste du progrès dans les arts, renverse les bornes imposées à l'esprit, fait justice des préjugés acceptés par la société sous l'autorité des pédants, et rend au génie la liberté de son essor.

Affranchi de toute tradition tyrannique, l'artiste fera naître le beau idéal de l'application du sentiment de l'infini aux beaux-arts. Le beau idéal se distingue de l'agréable qui est « renfermé dans la sphère des sensations, et soumis à la différence des goûts. » Le

---

1. Voir *Allemagne*. Œuv. compl., XI, 268, 269 et suiv.
2. Ces réflexions, si elles gardent pour nous tout leur intérêt rétrospectif, étaient aussi actuelles en 1813 qu'elles l'auraient été placées dans le livre *de la Littérature*, alors que la poésie se mourait dans l'étroitesse des règles qu'elle s'était imposées, et que les poètes, le plus souvent spécialisés dans un genre déterminé, ne pouvaient mettre en œuvre qu'une parcelle de leur génie.

beau entraîne « l'assentiment universel ». Il ne faut pas non plus le définir comme la perfection, parce que nous devrions pour le reconnaître porter « une sorte de jugement pareil à celui qui fonde l'estime », le beau rentrerait alors dans la sphère de l'entendement. Il a, au contraire, la sienne propre, où il faut le laisser : « l'enthousiasme que le beau doit inspirer ne tient ni aux sensations, ni au jugement ; c'est une disposition innée comme le sentiment du devoir, et les notions nécessaires de l'entendement » (245).

II

Mme de Staël retient aussi, pour l'appliquer à la littérature, la séparation que la philosophie kantienne établit entre la beauté et l'utilité. L'utile doit être aussi étranger au sentiment du beau qu'à celui de l'obligation ; l'utilité, même morale, n'est à aucun titre un élément de la beauté. Elle lui est même, en un certain sens, opposée. En effet, l'utile est limité par nos besoins, par les réalités ; au contraire, l'horizon du beau, comme celui du bien, s'ouvre à l'infini. Donner à l'œuvre d'art un but d'utilité morale serait détourner l'art de l'idéal qu'il doit poursuivre ; « Kant, en séparant le beau de l'utile prouve clairement qu'il n'est pas dans la nature des beaux-arts de donner des leçons..... dès qu'on a pour objet de mettre en évidence un précepte de morale, la libre impression que produisent les chefs-d'œuvre de l'art est nécessairement détruite [1] ».

1. Œuv. compl., XI, 289.

Il ne faudrait pas conclure de là que, d'après Kant, ce qui est utile ne puisse avoir de valeur morale. Il veut simplement dire que les choses utiles ou morales, comme telles n'ont point de valeur esthétique. L'admiration doit être fondée « sur un désintéressement absolu ». Enfin, il a voulu « donner la préférence aux sentiments qui rendent le vice impossible, sur les leçons qui servent à le corriger [1] » (290).

Mme de Staël ajoute à ces idées générales des remarques dans le goût de Bernardin de Saint-Pierre, comme celles-ci : « Si l'utilité avait le premier rang dans la nature, ne revêtirait-elle pas de plus de charmes les plantes nutritives que les roses qui ne sont que belles » Puis des remarques qui resteront dans la poétique du romantisme et du naturalisme, par exemple : « La vie elle-même est conçue d'une manière toute poétique, et ce n'est point d'ordinaire parce que le coupable est puni et l'homme vertueux récompensé qu'elle fait sur nous impression morale, c'est parce qu'elle développe dans notre âme l'indignation contre le coupable et l'enthousiasme pour l'homme vertueux. » Donc la leçon et même la thèse sont anti-esthétiques. Mais l'impression doit être « saine et généreuse » ; c'est toute la contrainte que peuvent souffrir le génie des artistes et l'enthousiasme de leurs admirateurs.

Mme de Staël n'abandonne donc pas, comme on pourrait le croire, ses idées de 1788 et 96 sur l'art littéraire, elle les place, au contraire, sous l'autorité de Kant. Elle avait défini le roman, « une grande idée

---

[1]. C'est peut-être dans le même sens que Luther, persuadé que la foi entraînait la pratique de toutes les vertus, écrivait : « Pèche fortement, mais crois plus fortement encore. »

morale mise en action et rendue dramatique [1] », elle a répété plusieurs fois que la moralité intéressait les romans ; mais, on peut exiger que l'impression soit morale tout en condamnant la thèse et la leçon directe, et en effet, on ne recherche que l'impression, parce que c'est en elle précisément que réside la beauté ; c'est une création de l'esprit, c'est-à-dire qu'elle n'existe que par rapport à lui ; il se produit en face de l'œuvre d'art une synthèse opérée par l'esprit, et il faut pour cela certaines conditions ; le rôle de l'artiste est donc d'organiser les conditions de cette synthèse. Si Mme de Staël place la moralité au-dessus de la beauté, c'est parce qu'elle la juge plus utile à l'ordre social par exemple, mais ce n'est là qu'un jugement de valeur qu'elle ne justifie pas [2].

III

Il n'est pas indifférent, même au point de vue du progrès scientifique, d'adopter une philosophie plutôt qu'une autre. Les partisans de la philosophie expérimentale ne voient dans la nature qu'action et réaction mécanique des phénomènes les uns sur les autres, et n'y intéressent que leurs facultés d'observation. Il se produit alors une sorte de division dans l'âme ; absorbée dans sa spécialité étroite, elle perd de vue les relations qui existent entre toutes les sciences, elle n'a plus devant elle qu'une machine savamment construite,

---

1. *Lettres sur J.-J. Rousseau.* Œuv. compl., I, p. 24.
2. Il est intéressant de rapprocher de ces idées, celles de M. P. Gautier (*Le sens de l'Art.* Préface par E. Boutroux. Paris, 1907).

dont elle veut connaître les rouages, et ferme les yeux aux synthèses possibles des hautes méditations.

Les savants idéalistes au contraire, mettent plus de leur âme entière dans leur étude. Ils croient à sa puissance et s'efforcent d'abord de la développer par une vaste culture générale ; Gœthe, Kant, sont, à la fois, poètes, mathématiciens, philosophes ; « ils n'interrogent pas la nature au hasard, d'après le cours accidentel des expériences ; mais ils prédisent par la pensée ce que l'observation doit confirmer » (300). Il existe, en d'autres termes, comme une marche en avant de l'imagination « la prêtresse de la nature » ; elle prophétise des merveilles dont l'expérience arrive quelquefois à confirmer l'existence, et favorise les découvertes ; ainsi, même dans les sciences exactes, c'est le sentiment qui nous rapproche le plus de la vérité, nous la créons en nous, nous l'y trouvons. Dans le langage mathématique on exprime les relations des phénomènes, c'est-à-dire que l'esprit conçoit et n'a de réalité qu'en lui et par lui ; ces relations sont l'œuvre de la raison. Les hypothèses sont créées par l'imagination, or, elles portent sur les causes des phénomènes, c'est-à-dire sur quelque chose de réel en soi, et c'est par les hypothèses que nous atteindrions la réalité en soi, si cela était possible. Or, la philosophie de Kant est précisément celle dans laquelle les relations intelligibles sont l'œuvre de l'entendement et de « sa constitution subjective » (subjektiver Beschaffenheit).

Dans l'hypothèse empirique, nous retrouvons une parcelle de la vérité dans les expériences que nous contrôlons ; dans l'autre, elle résulte de l'activité de l'esprit, ce n'est plus lui qui tourne autour des choses, mais bien, selon l'expression de Kant, les choses qui tournent autour de l'esprit. D'où la nécessité pour les savants de se rencontrer dans une science centrale, et de fortifier l'esprit qui met partout des principes de vérité, et l'on comprend que l'isolement des sciences, et même la spécialisation absolue, ne puisse convenir aux partisans de l'idéalisme.

Cette vue sur les rapports de la philosophie et des sciences semble assez originale, si on la compare à celle des contemporains de Mme de Staël ; non pas que la question ne les ait pas préoccupés, mais ils cherchaient à assigner à la pensée philosophique un domaine propre : « Filles ou sœurs de la métaphysique, les sciences se sont de plus en plus dérobées aux questions qui relèvent plus spécialement de la métaphysique ; elles ont supprimé les recherches manifestement chimériques, et fait appel aux procédés et aux résultats de celles d'entre elles qui avaient rencontré évidence et clarté. Elles renoncent à éclaircir l'origine des notions dont elles partent et se bornent à exiger l'accord avec lui-même de l'esprit qui travaille sur des propositions universelles et nécessaire [1]. »

C'est contre cette séparation que proteste Mme de Staël. Elle a vu plus clairement, et autrement que de Gérando, de Tracy et les autres idéologues de son temps, la filiation réelle de la métaphysique et de toutes les autres sciences. Sans doute elle abandonne, elle aussi, la partie de l'ancienne métaphysique qui s'attache à « connaître le secret de l'Univers », parce

---

[1] Picavet, *Les Idéologues*, p. 574.

que c'est chercher l'insoluble, mais tout ce qui intéresse l'homme lui-même, la manière dont il pense, ne peut être indifférent, même aux sciences exactes : « On dira que la physique ne peut être que matérialiste ; j'ose ne pas être de cet avis. Le principe de l'existence est comme un intermédiaire entre le corps et l'âme, dont la puissance ne saurait être calculée, mais ne peut être niée sans méconnaître ce qui constitue la nature animée, et sans réduire les lois purement au ␣␣␣nisme. »

IV

Le chapitre qui traite de l'influence de la philosophie sur le caractère allemand et sur celui des nations en général, a été souvent reproché à Mme de Staël. Elle n'a pas su prévoir le réveil de 1813, l'unité allemande qui se préparait précisément, dit-on, à l'aide des philosophes tels que Kant et Fichte. Elle-même reconnaît [1] que les événements ont démenti ses théories. Nous devons donc répéter à notre tour que Mme de Staël s'est trompée, que la philosophie allemande a eu sa part dans la formation de l'esprit nouveau [2] ; mais s'est-elle trompée aussi radicalement qu'on le pense en général ? Il semble, au contraire, que malgré les faits, l'idée générale de son chapitre « la philosophie

---

1. Dans une note de son livre (édition 1813).
2. Heureuse la nation qui a pu trouver une ressource suprême dans la mâle et forte doctrine d'un Kant, et y puiser avec le respect de soi un victorieux effort (Levy Bruhl, *L'Allemagne depuis Leibnitz*, p. 254).

allemande est insuffisante pour former une nation », reste vraie ; c'est l'action, le contact avec la vie matérielle qui révèle l'homme à lui-même. Mme de Staël aurait pu reprendre son chapitre, pour montrer que la patrie allemande serait restée longtemps encore « une âme sans corps », si le fait n'était venu au-devant de l'idée, qu'elle avait eu raison de montrer que l'intérêt trop exclusif pour les spéculations abstraites, éloignait des gouvernants l'esprit de décision [1] et ne créait pas un intérêt général pour la masse, qui a besoin d'unité de direction.

Si l'on peut montrer dans la Révolution française la conséquence des doctrines philosophiques du XVIIIe siècle, on a tort de vouloir faire de la révolution allemande l'œuvre de Kant et de Fichte. C'est, au contraire, parce que la force est venue les arracher à leurs vagues méditations que les Allemands ont pris conscience d'eux-mêmes. Fichte oublie sa philosophie quand il prononce ses Discours à la nation, et que reste-t-il du criticisme dans les chants guerriers des Kœrner ou des Arndt? Ils se sont souvenus seulement, avec Mme de Staël, qu' « il faut combattre pour la cause de l'éternité, mais avec les armes du temps », et que la meilleure philosophie pour le peuple est celle de l'action.

---

1. N'attribue-t-on pas l'impuissance guerrière de la nation chinoise au trop grand nombre de lettrés qui ont en mains le gouvernement ?

Ancillon aussi, dans ses *Mélanges de littérature et de philosophie*, avait représenté la nation allemande comme rêveuse, méditative, éloignée de l'action. V. sa préface.

CHAPITRE V

COMMENT Mme DE STAEL COMPREND LE KANTISME

I. Sans entrer dans le détail — ce qui rappelle la doctrine de Rousseau : relativité de la connaissance ; réfutation du matérialisme. — II. Elle voit en lui un conciliateur du sensualisme et de l'idéalisme. — Justesse des vues de Mme de Staël sur la tendance générale de la philosophie allemande. — III. Résumé.

I

Il y a tant de discussions sur la véritable interprétation de la doctrine de Kant, que l'on ne pourrait, sans témérité, dire que Mme de Staël l'a comprise. Il est même certain qu'elle n'en a pas approfondi toutes les théories et que, dans le détail, elles ne l'ont point intéressée. Il lui aurait fallu, pour les pénétrer toutes, beaucoup plus de culture scientifique [1].

Ajoutons qu'une étude minutieuse ne lui paraissait pas nécessaire pour le but qu'elle se proposait, d'indiquer « l'esprit général de la philosophie de Kant », pour expliquer ensuite son influence sur la littérature et les arts. Elle en sait cependant beaucoup plus qu'elle ne veut le laisser paraître, mais elle s'est

---

[1]. Pour savoir, par exemple, à quel propos se posait le problème des jugements synthétiques *a priori*.

rendu compte que le grand public ne la suivrait pas, si elle ne l'intéressait aux idées générales. Villers venait d'échouer pour avoir été trop technique [1], elle évitait le même écueil [2]. Elle a saisi admirablement ce que comprend tout lecteur de bonne volonté qui, sans préjugé pourtant, et avec une préparation suffisante, entreprend de gravir « ce mont Athos taillé en philosophie », comme Michelet appelait le kantisme.

La préparation suffisante, elle l'avait, non seulement, ainsi que nous l'avons vu, par ses études, par ses conversations avec les philosophes français et allemands, mais par sa tournure d'esprit : « Elle entrait dans l'Allemagne poussée par un vif désir d'échapper au monde de la force brutale, du calcul froid, et aussi de la légèreté moqueuse [3]. » Son naturel indépendant et passionné l'avait prédisposée à être disciple de Rousseau ; par lui, elle devait le devenir de Kant. On sait, en effet, que les emprunts du philosophe allemand à Rousseau sont nombreux, dans le détail, comme dans l'inspiration générale ; aussi Mme de Staël a-t-elle saisi surtout dans le kantisme, ce qui ne contredisait pas son premier maître ; tout d'abord la relativité de la connaissance : « Il reconnut les bornes que les mystères éternels imposent à l'esprit humain, et ce qui sera nouveau peut-être pour ceux qui n'ont fait

---

[1]. S'il a voulu s'adresser aux hommes superficiels, dit de Gérando, son analyse est beaucoup trop obscure ; s'il a voulu s'adresser aux penseurs, elle est beaucoup trop insuffisante (cité par Picavet. *La philosophie en France*, p. XXIII).

[2]. « Ce qu'il y a de superficiel dans l'*Allemagne*, explique en partie son succès en France ». P. Gautier, Art. sur C. de Villers, *R. des Deux Mondes*, 15 mars 1900.

[3]. Faguet, *Politiques et moralistes du XIXe siècle*, p. 152.

qu'entendre parler de Kant, c'est qu'il n'y a point eu, sous plusieurs rapports, de philosophe plus opposé à la métaphysique [1] » ; c'est alors la certitude morale qui devient, avec lui, le fondement même de toute certitude ; la certitude scientifique étant d'un autre ordre, Mme de Staël prévoit que la philosophie de Kant, comme celle de Rousseau, aboutira au développement et à l'application de la loi morale, avec la conscience comme fondement de toute vérité, et que c'est encore le principe fondamental de la doctrine de Rousseau, l'autonomie de la personne morale, que Kant modifie et précise « en défendant la spontanéité du moi contre les entreprises dogmatiques des savants, aussi bien que des métaphysiciens [2]. »

Sans doute l'influence de Rousseau est surtout sensible dans la *Critique de la Raison pratique*, mais il a aussi préparé indirectement la première Critique, car si le sentiment seul atteint la réalité, comme le dit Rousseau, la raison n'en atteint plus que les apparences ; les deux critiques ne font que développer ces principes. Il n'y a de science que de ce qui est mathématique, donc si la science exprime les lois des choses telles qu'elles sont en soi, il n'y a point de place dans le monde réel pour l'action de la liberté. Le résultat de la *Critique de la Raison pure* est que le déterminisme et les mathématiques sont des exigences de l'esprit. Quant aux lois des choses, si elles en ont indépendamment de notre pensée, elles sont incon-

---

1. *Allemagne*. Œuv. compl., XI, 230.
2. Nolen, Les maîtres de Kant (*Revue Philosophique*).
« Les lois de l'entendement n'ont pour objet que les éléments donnés par l'expérience » (*Allemagne*, Œuv. compl., XI, 236).

naissables. Le monde soumis au déterminisme n'est qu'un monde d'apparences (phénoménal), la liberté dans son action atteint la réalité même, et son action ne trouble pas l'ordre des apparences ; Kant l'appelle nouménale, puisqu'elle est exigée par la raison comme le seul principe suffisant d'explication de certains faits : la spontanéité de l'esprit, principe du déterminisme et le sentiment de la responsabilité ; la liberté « est la clé de voûte des deux Critiques ».

Mme de Staël l'entrevoit, bien que confusément : « N'est-ce pas une belle idée à un philosophe que d'interdire à la science même qu'il professe, l'entrée du sanctuaire, et d'employer toute la force de l'abstraction à prouver qu'il y a des régions dont elle doit être bannie » ; c'est-à-dire que tout en voyant la force et la portée du mécanisme scientifique, Kant voit le moyen d'en concilier la vérité relative avec la certitude absolue du devoir.

Mais ce que Mme de Staël retrouve chez Kant avec le plus de plaisir, c'est la réfutation du matérialisme qu'elle avait toujours combattu : « La partie polémique des ouvrages de Kant, dit-elle, celle dans laquelle il attaque la philosophie matérialiste, serait à elle seule un chef-d'œuvre [1]. » Il y a longtemps que Mme de Staël cherchait à opposer aux survivants de l'Encyclopédie une philosophie nouvelle ; tout entière à la joie de sa trouvaille, elle fait une place trop grande aux préoccupations polémistes de Kant, mais la faute en revient à

---

[1]. OEuv. compl., XI, p. 249. « Cette philosophie (le matérialisme) a jeté de si profondes racines, il en est résulté tant d'irréligion et d'égoïsme, qu'on devrait regarder comme les bienfaiteurs de leur pays ceux qui n'auraient fait que combattre ce système. »

Ch. de Villers qui avait sans cesse opposé Kant à Condillac, et aimait, au nom de la philosophie allemande, à batailler contre « les petits littérateurs parisiens, classe d'hommes qu'il déteste profondément [1] ». Mieux que lui toutefois, elle se rend compte que le criticisme est une méthode plutôt qu'un système, puisqu'elle montre comment on peut l'appliquer aux sciences, à la littérature, à la politique, et qu'elle attend beaucoup de cette application : « Peut-être même est-ce de cette doctrine seule, qu'il est possible de tirer maintenant des aperçus ingénieux et nouveaux, car le point de vue matérialiste en toutes choses n'offre plus rien d'intéressant ni d'original. » (p. 252).

Mais il n'y a pas que le point de vue idéaliste dans la nouvelle doctrine, Mme de Staël l'a vu plus clairement que Villers, elle a même défendu Kant, à ce sujet, contre les accusations de ses adversaires qui lui reprochaient de « n'avoir fait que répéter les arguments des anciens idéalistes... Ce reproche n'est pas fondé ; il y a non seulement des idées nouvelles, mais un caractère particulier dans la doctrine de Kant » (248).

Et cette remarque fait honneur à l'indépendance d'esprit de son auteur, puisque de Gérando son ami, philosophe de profession, avait accusé Kant d'idéalisme [2].

Pour Mme de Staël nous savons que la philosophie critique ne domine pas à la fois l'idéalisme et le matérialisme, mais les concilie [3], et cette conciliation lui

---

1. Isler, o. c., p. 273.
2. *Hist. comparée des systèmes de philosophie*, t. III, ch. XII, 517.
3. « Kant qui semblait appelé à conclure toutes les grandes alliances

était chère. Rousseau avait trop humilié la raison pour rabattre l'orgueil encyclopédique, elle l'avait suivi, presque à regret, dans ses conclusions, elle avait désiré pour l'esprit des lois immuables dont les déductions soient toujours en harmonie avec les convictions intimes de la conscience. Kant rend au moins un rôle actif à la raison [1], sans lui faire franchir les limites « de la mystérieuse inconnue cachée sous les phénomènes sensibles. »

Avec plus de réflexion encore, Mme de Staël aurait compris que le vrai but du criticisme était de n'être ni sensualiste, ni idéaliste, mais de remonter au delà des doctrines traditionnelles pour se constituer un point de vue supérieur, d'où il soit à même d'apprécier la vérité et l'erreur relatives. Mais c'est là une situation provisoire de l'esprit, et qui ne pouvait satisfaire le besoin de certitude de Mme de Staël : c'est pourquoi le lien commun des deux critiques lui apparaît, plutôt que les limites qui les séparent.

Au surplus, ce qui lui importait surtout, c'était de montrer la tendance générale de la philosophie allemande, et le profit qu'aurait la France à l'étudier. Elle reprenait pour son compte la tentative de Villers [2] et mieux avisée que lui, elle évitait les leçons directes, les exposés minutieux, la sécheresse de style. Elle était volontairement superficielle, ce qui ne veut pas

---

intellectuelles, a fait de l'âme un seul foyer où toutes les facultés sont d'accord entre elles. » XI, 249.

1. Mme de Staël aime à constater que par là il est encore du XVIIIe siècle : « il est dans la nature de l'homme, d'entrer toujours en composition avec l'esprit de son temps, lors même qu'il veut le combattre » (249).

2. Et celle d'Ancillon qui avait passé inaperçue.

dire inexacte. Elle voulait, nous l'avons dit, donner une vue d'ensemble de la nouvelle philosophie, et comme le remarque M. Faguet, « du premier coup les grandes lignes ont été saisies et marquées d'un trait vigoureux [1] » ; elle a un don merveilleux pour saisir et résumer les idées générales.

On ne saurait lui reprocher d'avoir vu la tendance idéaliste dominer l'Allemagne pensante. Elle a très bien compris la filiation des principaux systèmes allemands, et comment les successeurs de Kant « se sont partagé le domaine qu'il avait reconnu pour divisé. » Le grand philosophe avait évidemment ouvert la porte à l'idéalisme [2], puisqu'il confirme la liberté absolue du moi noumène ; or celui-ci n'existe ni dans l'espace, ni dans le temps, il est indépendant ; de même Dieu est distinct du moi empirique et phénoménal, mais il ne saurait être autre chose que le moi absolu et intelligible, sans quoi il y aurait deux absolus. Le monisme du moi, était donc bien la conséquence de la *Critique de la Raison pure*.

De même encore, en accordant à l'intelligence l'intuition immédiate et totale des choses (Critique du jugement), il indiquait à Schelling sa méthode philosophique. Hegel procède aussi de la théorie de l'absolu laissé de côté par Kant [3]. Enfin c'est « de ce fruit défendu » que se sont emparés les disciples plus ou moins fidèles de Kant, pour s'engager de plus en plus dans une métaphysique subtile et rêveuse.

1. *Politiques et moralistes du XIXe siècle*, 152.
2. Ancillon avait aussi montré comment (o. c., p. 70 à 127).
3. Mme de Staël ne parle pas de Hegel ; elle aurait pu le faire puisque la *Phénoménologie de l'Esprit* avait paru en 1807, mais elle n'avait pas encore pénétré dans le grand public.

Que ce fait ait été d'accord avec les désirs de Mme de Staël, cela est vrai sans doute, mais n'enlève rien à la justesse de ses vues ; l'état de la philosophie était ce qu'elle l'a vu. Elle paraît confondre les systèmes, elle les rapproche seulement [1] : « La direction générale de ces opinions est toujours la même : affranchir l'âme de l'influence des objets extérieurs, placer l'empire de nous en nous-mêmes [2]. »

III

Nous verrons quelles conséquences elle tirera de là en morale ; comment l'individu lui apparaîtra le principe de tout perfectionnement, le centre vers lequel doivent converger nos préoccupations politiques et religieuses. Pour le moment, il nous suffisait de montrer

---

1. Ancillon avait jugé ce rapprochement impossible, et s'était efforcé d'opposer les nouveaux systèmes à celui de Kant. « L'on ne peut concilier la philosophie critique et les nouveaux systèmes, il faut opter ; ou les principes de la philosophie critique sont vrais et démontrés et les nouveaux systèmes n'ont point d'objet réel, ou l'un de ces systèmes est vrai, ce qui supposerait que son auteur eût réfuté victorieusement et renversé de fond en comble, au préalable, la philosophie critique, travail qu'aucun n'a même essayé » (o. c., II, 156-157).

2. *Allemagne*. Œuv. compl., XI, 285.

Mme de Staël désigne souvent sous le nom de nouvelle philosophie celle de Kant et de ses disciples, ou mieux elle confond sous cette dénomination assez vague tous les systèmes qui se présentent à la suite de celui de Kant comme des ruptures avec le passé ou même le présent. La philosophie idéaliste allemande fournit à ses yeux un ensemble opposé à la philosophie française. Il n'en faudrait pas conclure, comme on le fait trop souvent, que de cet ensemble, elle ne distingue pas les divers éléments. On avait aussi au xviie siècle appelé nouvelle philosophie, toute philosophie qui, rompant avec la scolastique, s'inspirait de Descartes et de Bacon.

que les idées métaphysiques, et en particulier le problème de la connaissance, ont intéressé Mme de Staël dès sa jeunesse, qu'elle l'a résolu d'abord dans le même sens que Rousseau, en accordant au sentiment seul de pouvoir nous donner la certitude. Puis, sous l'influence des idéologues, de de Gérando surtout, et parce qu'elle avait connu les encyclopédistes, elle a désiré une métaphysique nouvelle, née de l'expérience, qui intéresserait l'âme tout entière et serait construite d'après la méthode expérimentale apprise à nos philosophes par les Anglais. Enfin, après les leçons de Ch. de Villers, son séjour à Weimar, et ses études personnelles sur les systèmes allemands, la *Critique de la Raison pure* la satisfait complètement ; elle abandonne les idées qui la rattachaient encore à Locke et à Condillac et montre, par le parti qu'on en peut tirer, la supériorité de la nouvelle doctrine sur le matérialisme. Elle voit, non pas uniquement, mais surtout chez Kant, le sauveur de l'idéalisme, en quoi elle a raison, si on considère, ainsi qu'elle le fait, la direction que ses plus illustres disciples ont suivie. Enfin elle comprend aussi dans la doctrine de Kant ce qui lui rappelle celle de Rousseau, qu'elle n'a jamais oubliée.

DEUXIÈME PARTIE
LES IDÉES MORALES ET RELIGIEUSES

CHAPITRE VI

LE BONHEUR DANS L'AMOUR

I. Comment les idées morales de Mme de Staël complètent ses idées philosophiques. — Son programme dans les *Lettres sur Rousseau*. — Le bonheur dans l'amour. — L'amour rend vertueux — comment. — II. Idées de Rousseau sur le bonheur ; elles diffèrent de celles de Mme de Staël — idées de Necker sur le même sujet. — III. Question du suicide — elle était encore d'actualité — comment Mme de Staël la résout.

I

« Je demandais un jour à Fichte, dit Mme de Staël, une des plus fortes têtes pensantes de l'Allemagne, s'il pouvait me dire sa morale plutôt que sa métaphysique. L'une dépend de l'autre, me répondit-il, et ce mot était plein de profondeur [1]. » Retenons-le, à notre tour, en nous occupant des idées morales de Mme de Staël; non pas qu'elle se soit souciée de les mettre

---

1. *Allemagne*. OEuv. compl., XI, 168.

d'accord avec ses opinions métaphysiques, mais elles forment le complément nécessaire des idées que nous venons d'étudier. — Certaines natures ne livrent guère au hasard des événements et de leurs impressions la direction de leur vie ; elles la rattachent à quelques principes généraux que leur fournissent les philosophies ou les religions et qui inspirent leurs manières d'être ou les justifient. Pas plus que la morale publique, la morale individuelle n'est un fait isolé ; elle naît de théories qui la dépassent et que chacun invoque au dedans de soi, avant ou après l'action.

L'importante question du fondement de la loi morale, à laquelle nous nous attacherons surtout, a suivi les étapes « de la continuité ascendante du développement intérieur » de Mme de Staël. A la période orageuse de sa vie, au temps de sa croyance philosophique au sentiment, des *Lettres sur Rousseau* à *Delphine*, elle ne verra pas d'opposition entre la nature et la moralité, le bonheur et la vertu, elle se réclamera des droits du cœur. Au temps de *Corinne* et de *l'Allemagne*, son désir d'être heureuse sera, sinon moins ardent, au moins plus raisonné ; le malheur, Kant et les Allemands, lui auront fait apercevoir le conflit qui existe souvent entre la vertu et le bonheur, la loi naturelle et la loi morale ; elle cherchera pour celle-ci une base plus solide que l'instinct sentimental et se réclamera de la « nouvelle philosophie ». Enfin, elle trouvera dans l'union de plus en plus complète de ses idées religieuses et de ses idées morales, l'apaisement intellectuel et la paix intérieure. Mais, avant d'en arriver là, elle cherchera, en se trompant parfois, le chemin de la vérité, en demandant à la vie plus qu'elle ne peut donner ; de là vient que ses théories morales, formées par la vie elle-même, autant que par l'étude, gardent bien des inconséquences et des solutions contestables ; de là vient aussi la difficulté de les exposer d'après un plan méthodique. Il faut en suivre l'évolution, ou mieux le progrès, à travers les multiples ouvrages de Mme de Staël, en se rappelant chemin faisant, sous quelles influences elles se sont formées.

Comment faut-il s'orienter dans la vie pour être heureuse ? Comment faut-il en même temps pratiquer le bien, vers lequel nous sollicitent notre conscience et nos meilleures aspirations ? Telles sont les questions qui intéressent déjà Mme de Staël dans les *Lettres sur Rousseau*. « Elle n'avait pas encore été atteinte par l'orage quand elle les composa, dit Mme Necker de Saussure, et l'admiration émue qui les anime laisse déjà entrevoir un moraliste », « presque un programme de vie, » ajoute Sorel [1]. Ce court programme se résume en quelques mots [2] : le bonheur, pour une femme, n'existe pas hors d'un mariage d'amour avec un héros de son choix ; elle doit trouver en lui « un ami dont toutes les perspectives sont en commun avec vous, y compris celle de la tombe » ; sinon, le sort d'une femme est fini quand elle n'a pas épousé celui qu'elle aime ; « la société n'a laissé qu'un espoir dans leur destinée ; quand le lot est tiré et qu'on a perdu, tout est dit. »

Cette opinion ne date pas de 1788 ; elle exprime

---

1. *Madame de Staël*, p. 23.
2. Il se déduit surtout des trois premières lettres.

des idées mûries depuis longtemps ; c'est dans l'adolescence de Mlle Necker qu'il faudrait en rechercher la formation. Il est impossible de déterminer à quel âge elle a commencé à rêver d'un mariage idéal qui ferait à lui seul la félicité de toute sa vie [1]. Rappelons seulement que ce n'étaient pas ses relations habituelles [2] qui avaient pu faire naître cette idée, que le salon de Madame Necker, tout en étant à beaucoup d'égards un modèle, n'en reflétait pas moins l'esprit du xviiie siècle, et l'on sait quel cas il a fait des sentiments de famille. Si elle n'avait eu sous les yeux que l'exemple de ses amis mondains, il est probable que la jeune fille se serait fait une autre idée du mariage et du bonheur qu'il peut donner. L'entente qui régnait entre ses parents lui ouvrit d'autres horizons : « Ce n'était pas une des moindres singularités de l'époque, dit Sainte-Beuve, que cette sorte d'autel au bon et pudique mariage, dressé en plein Paris et au milieu de la secte des philosophes par les époux Necker [3]. » Mais en pratiquant des vertus étrangères à son siècle, Mme Necker ne le rappelle-t-elle pas par ce qu'elle met de romanesque dans ses affections ? Ses allures réservées ne cachent-elles pas une âme singulièrement passionnée [4] ? Elle aime comme une élève de Rousseau dont elle a subi l'influence profonde, comme une fille de ce pays de Vaud où l'on apprenait de bonne heure

---

1. Il semble qu'elle ait toujours été jeune, dit Mme Necker de Saussure, et qu'elle n'ait jamais été enfant.
2. Par exemple Diderot, la maréchale de Luxembourg, d'Alembert, Mesdames de Boufflers et du Deffand.
3. *Causeries du Lundi*, IV, 249.
4. Voir d'Haussonville, *Salon de Mme Necker*, en particulier ses lettres à Gibbon, Moultou et Buffon.

à mépriser la frivolité et à être vrai jusque dans l'exaltation. « J'ai tout sacrifié à ma chimère, écrit-elle dans son journal, à la pensée que Necker peut l'aimer moins ; j'ai réuni toutes mes forces sur un seul point, il me manque et je tombe dans l'abîme [1]. » Moins de deux ans après avoir lu ces lignes, la future Mme de Staël écrit aussi dans son journal : « Une femme ne doit rien avoir à elle, et trouver toutes ses jouissances dans ce qu'elle aime [2] », et nous pourrions multiplier ces exemples. En exerçant la raison de sa fille, Mme Necker ne lui a-t-elle pas appris à aimer avec passion et à se convaincre qu'on ne saurait être heureuse en aimant autrement [3] ?

Plus encore que la vue de ses parents, ses lectures firent naître son culte romanesque pour l'élu de ses rêves. Il y aurait beaucoup à dire sur ses livres préférés, les romans qui, avec une intention morale incontestable, entretiennent dans l'âme une troublante exaltation [4]. De ces lectures, dira-t-elle plus tard, « ce qui reste, c'est la toute-puissance du cœur [5] ». C'est en effet ce qu'elle en a retenu. Elle a voulu connaître ce sentiment « qui s'empare de toute la vie, et fait à lui seul le sort de chaque instant du jour [6] »,

---

1. « Sa sensibilité est véritable, remarque Sainte-Beuve ; elle est puisée aux sources morales les plus pures » (*Causeries du Lundi*, IV, p. 254).

2. D'Haussonville, o. c., II, 49.

3. Cette sorte d'influence a été subie très inconsciemment par Mme de Staël. Nous reviendrons sur son éducation à propos de ses idées pédagogiques et nous verrons que sa mère lui apparaissait comme étant la raison même, qu'elle a retenu surtout, pour les transmettre à ses enfants, ses conseils sur la nécessité de ne pas se livrer au sentiment.

4. *La Nouvelle Héloïse* est le modèle du genre.

5. *Essai sur les Fictions*. Œuv. compl., II, 274.

6. *Mirza*. Œuv. compl., XVII, 174.

et elle a conclu que le véritable amour méconnu tue ou rend fou, qu'il n'y a pas de milieu entre le néant et la possession de l'objet aimé. Il suffit de lire les compositions écrites avant sa vingtième année pour se rendre compte de cette conviction [1].

Sans s'inquiéter de la vraisemblance, elle s'intéresse aux personnages chez lesquels elle retrouve le plus de sa propre psychologie, elle remplace par les noms de ses amis ceux des héros de fictions ; en vivant par la pensée avec les types les plus exaltés des romans « sensibles », en fréquentant des gens « transportés » comme l'étaient ceux de la haute société à la fin du xviiie siècle, elle s'est fait de l'exaltation du sentiment une habitude et un besoin.

Aussi était-elle admirablement préparée à comprendre Rousseau et à s'inspirer de ses théories morales, non moins que de ses idées philosophiques. Il lui fait entendre un langage en harmonie avec ses goûts, lui parle de la passion vraie, inconnue dans le milieu blasé où elle vit [2], et surtout l'aide à raisonner la conception qu'elle s'est faite du bonheur. Il lui

---

1. La sauvagesse Mirza se perce d'une flèche devant l'infidèle Ximeo. — Pauline expire en pensant que son mari peut l'aimer moins. — Adèle et Théodore meurent l'un pour l'autre afin de se prouver leur tendresse. « Sophie est une pièce toute d'amour où l'ignorance des sentiments qu'elle exprime put sembler à des yeux sévères ne pas s'étendre jusqu'à l'auteur » (Mme Necker de Saussure). — Et Sophie est peut-être Melle Necker elle-même qui s'était éprise du comte Guibert.

2. Rue du Bac, au début de son mariage, elle menait une vie fort mondaine. V. par exemple Geffroy, *Gustave III et la cour de France*, t. II, p. 35, une lettre dans laquelle elle raconte l'emploi de son temps. — De plus son mariage commençait à lui causer quelques déceptions. Il y a des demi-aveux dans les *Lettres sur Rousseau*, par exemple à propos des jeunes filles, lettre II.

apprend que le sentiment dont les philosophes se raillent, et qui bouillonne en elle, est la source de toute vérité, de tout bien, le vrai guide de l'homme, que ses décisions seules importent pour le bonheur et la vertu, qu'essayer de les établir par la raison c'est faire œuvre vaine ; la raison ne produit qu'ignorance dans l'esprit et sécheresse dans le cœur ; c'est pourquoi nous avons vu Mme de Staël déclarer : « Je me suis livrée à la foi pour m'épargner la peine d'un raisonnement qui la justifierait toujours [1]. »

Se livrer à la foi, c'est abandonner les questions qui dépassent notre compréhension et n'intéressent pas le cœur, et chercher, d'après lui, la route du bonheur et de la vertu. Pour les femmes elle est unique : aimer. Mme de Staël ne semble s'intéresser qu'à son sexe, parce qu'elle se sent plus de compétence pour en parler, et par modestie ; elle est trop jeune pour avoir l'air de s'adresser à tout le public ; plus tard elle généralisera ses théories ; elles ont déjà plus de portée qu'elle ne paraît leur en donner.

C'est avec enthousiasme qu'il faut s'abandonner à l'objet de sa tendresse ; aimer sans ressentir les transports de Mme Necker et de Julie, c'est ignorer ce qui fait l'enchantement de la vie et la valeur des femmes, car « c'est par l'âme seule qu'elles sont distinguées ».

Ce n'est pas assez d'aimer avec enthousiasme, il faut encore aimer avec admiration. Madame de Staël a fait à l'amour-estime une place plus grande que Rousseau et que ses contemporaines [2]. « Rien ne doit désu-

---

1. *Lettres sur Rousseau.* OEuv. compl., I, 71.
2. Mme du Deffand, Melle de Lespinasse, Mme Geoffrin, « son cœur

nir que le manque d'estime, faisait-elle dire à Sophie [1]. Elle le répète en 1788 [2]. Pour elle le cœur ne peut se donner qu'en s'élevant, et de fait ceux qu'elle a le plus aimés sont en même temps ceux qu'elle a le plus admirés. Elle s'est trompée moins souvent sur la valeur intellectuelle des hommes que sur leur valeur morale [3]. Elle ne connaît pas l'étroite jalousie que la supériorité inspire quelquefois, elle la recherche, chez l'homme surtout, ce qui explique peut-être ce besoin de « tourner autour des gens en place » qui lui a été reproché [4]. Malgré la virilité de son intelligence, elle veut être guidée, et Rousseau a encouragé cette tendance de sa nature, en lui montrant ce que doit être ce « guide fort et doux [5] ».

L'amour fait d'enthousiasme et d'admiration, non seulement nous rend heureux, mais vertueux. Elle assimile l'amour à une sorte de religion naturelle dont le but, comme celui de toutes les religions, est de porter les hommes à la vertu. « Peut-être que dans les

n'est que savoir-vivre » (de Goncourt, *Portraits du XVIIIe s.*, 136). — « La voracité d'affections de Melle de Lespinasse la prédispose à aimer tout ce qui lui apporte une sensation nouvelle » (de Ségur, *Revue des Deux Mondes*, juillet 1905).

1. Œuv. compl., XVII, 29.
2. « Qu'importe aux femmes qu'on leur ravisse le faux honneur de gouverner celui qu'elles aiment. Il leur est plus doux de sentir sa supériorité, de l'admirer, de le croire mille fois au-dessus d'elles. » Œuv. compl., I, 21.
3. Nous pensons surtout à Narbonne, Talleyrand, Constant, Schlegel.
4. Gautier, *Mme de Staël et Napoléon*, p. 393, et de Frénilly, *Souvenirs* [publiés par Chuquet], 15.
5. C'est pour ne l'avoir pas trouvé qu'elle n'a jamais été tout à fait heureuse ; en aimant elle remplissait le rôle d'homme-femme dont se plaignait B. Constant, parce qu'elle unissait seule toutes les supériorités.

premiers temps, dit-elle, les hommes ne connaissaient d'autres vertus que celles qui naissent de l'amour. L'amour peut quelquefois donner toutes celles que la religion et la morale prescrivent [1]. »

L'amour a plusieurs manières de rendre vertueux : par entraînement, quand l'objet de son culte est vertueux, bientôt on le devient soi-même, un suffit pour qu'il y en ait deux (p. 27). En détachant l'âme d'elle-même ; il agit alors comme la religion dont le but est de nous faire rapporter tout à Dieu, et peu à peu il produit les mêmes effets qu'elle. « L'abandon de soi, ce mépris pour tout ce que la vanité fait chercher, prépare l'âme à la vertu. Quand on s'est accoutumé à ne mettre de valeur à soi qu'à cause d'un autre... on ne peut plus se reprendre et la pitié succède à l'amour » (28). Et non seulement la pitié, mais toutes les vertus, « la bienfaisance, la douceur, la bonté, semblent aussi appartenir à l'amour »

En somme, il élargit le cœur et tue l'égoïsme, et n'aurait-il pas ces salutaires conséquences, que l'on pourrait encore se livrer à lui, parce qu' « on est vertueux quand on aime ce qu'on doit aimer, involontairement on fait ce que le devoir ordonne ».

N'est-ce pas ainsi qu'agit toute religion ? Elle dilate d'abord le cœur en lui faisant un devoir de rendre un culte à Dieu ; l'âme prend insensiblement l'habitude de ne pas agir pour elle seule, et la pratique de la bienfaisance et des autres vertus sociales lui devient facile. Mme de Staël gardera cette idée ; elle montrera avec plus de force et d'éloquence [2] que l'amour est une

1. OEuv. compl., I, 27.
2. Dans le livre de *l'Influence des Passions* et dans *Delphine*.

source de vertus ; mais il importait de signaler déjà la formation de cette opinion.

Aimez, vous serez heureux et vertueux en même temps, c'est, semble-t-il, toute la doctrine morale de Mme de Staël en 1788. On dirait que les notions de vertu, devoir, bonheur, se confondent dans l'esprit de la jeune femme. Plus tard, elle se demandera quels peuvent être les rapports du malheur et de la vertu, de la religion et du malheur ; en attendant elle concilie tout. Le bonheur consiste à aimer, le devoir ne saurait contrarier l'inclination naturelle de l'homme sans le rendre pervers en même temps que malheureux. « Le but de la vertu, c'est le bonheur des hommes, faisait-elle dire à Sophie dès 1786 [1]. »

Cette morale tout utilitaire renferme pourtant une tendance désintéressée, qui se développera avec les années. C'est hors d'elle-même que Mme de Staël cherche le bonheur, non dans la satisfaction de ses propres désirs. Sans doute il y a un point de contact entre son égoïsme et son désintéressement, son bonheur contient celui des autres ; mais tandis qu'une nature uniquement utilitaire, comme celle d'un Bentham par exemple, contribuera au bonheur d'autrui dans la mesure où il intéresse le sien, un cœur généreux, comme celui de Mme de Staël, se donnera d'abord, sans calculer d'avance le bénéfice qu'il en retirera.

---

[1]. Œuv. compl., XVII, 251.

II

Il faut remarquer que ces idées qu'elle semble déduire de la lecture de Rousseau diffèrent sensiblement de celles du philosophe genevois; elle « maintient l'indépendance de son esprit, et sème ses pensées à profusion », comme l'a remarqué Mme Necker de Saussure. Sans doute elle reste l'élève de Rousseau en glorifiant le mariage, puisqu'il l'a proclamé « la plus sainte des institutions, le plus saint des contrats [1] »; il a montré qu'il peut suffire au bonheur des hommes et a prêché le respect du foyer conjugal; mais il est loin de faire de l'amour dans le mariage la condition du bonheur.

Le bonheur est pour lui l'inconnu, et peut-être l'impossible; s'il existe, c'est plutôt dans l'honnête médiocrité [2] comme le voulaient les anciens. Si le mariage rend heureux, l'amour enthousiaste et admirateur que proclame Mme de Staël n'en est donc pas cause. « Ce qui m'a longtemps abusée... dit Julie, c'est la pensée que l'amour est nécessaire pour former un heureux mariage... c'est une erreur; l'honnêteté, la vertu, de certaines convenances, moins de conditions et d'âge que de caractère et d'humeur, suffisent entre deux époux, ce qui n'empêche pas qu'il résulte de

---

1. Œuv. compl., II, 237.
2. « Nous ne savons ce que c'est que le bonheur ou le malheur absolu. Tout est mêlé dans cette vie, on n'y goûte aucun sentiment pur... Le plus heureux est celui qui souffre le moins de peine... La route du vrai bonheur c'est de mettre en parfaite égalité la puissance et la volonté. » Œuv. compl., II, 46.

cette union un attachement très tendre, qui pour n'être pas précisément de l'amour n'en est pas moins durable [1]. »

Enfin l'amour, s'il peut quelquefois favoriser la vertu, est en général une cause d'erreur, un sentiment dangereux, une source de passions mauvaises [2]. Sans doute « le véritable amour sera toujours honoré des hommes ; bien que ses emportements nous égarent, bien qu'il n'exclue pas les qualités odieuses, il en suppose toujours d'estimables... mais la préférence qu'on accorde, on veut l'obtenir... de là les premiers regards sur ses semblables, les premières comparaisons avec eux ; de là l'émulation, les rivalités, la jalousie [3]... »

L'amour est donc tout autre chose que le bonheur et la vertu, puisqu'il engendre les querelles et l'égoïsme. Même s'il rendait heureux, il ne favoriserait pas la vertu, car « l'infortune seule attendrit, les gens heureux sont toujours durs [4] ».

La vertu, pour Rousseau, consiste non pas, comme pour Mme de Staël, à s'oublier, mais à se dominer. L'homme vertueux se console lui-même et loin de suivre l'inclination comme une alliée du devoir, il lui résiste pour n'écouter que sa raison et sa conscience [5]. La vertu conduit à l'apaisement du cœur, à la modération en toutes choses, en un mot à cet heureux équi-

---

1. *Nouvelle Héloïse.* Œuv. compl., IV. Toute la dernière partie du roman n'est d'ailleurs que le développement de cette idée.
2. Œuv. compl., IV, v. p. 82 et suiv.
3. *Ibid.*, IV, 84.
4. Œuv. compl., X, 280.
5. « C'est une erreur de distinguer les passions permises et défendues pour se livrer aux unes et se refuser aux autres. Toutes sont bonnes, quand on en reste le maître; toutes sont mauvaises quand on s'y laisse assujettir. » Œuv. compl., II, 417.

libre entre ce que nous sommes et ce que nous pouvons désirer et obtenir, et c'est pour cela qu'elle conduit aussi au bonheur ; les prédications multiples de Julie ne cessent de nous l'apprendre [1].

Quels que soient les effets produits par les doctrines de Rousseau, on ne peut nier qu'il se soit fait l'apôtre de la vertu, et c'est par son intention morale, autant que par son talent incomparable pour peindre la passion que Mme de Staël a été séduite. « Il a voulu faire une passion de la vertu, dit-elle », et comme il parle avec la même éloquence de la passion et de la vertu, elle est attirée par les charmes de l'un et de l'autre, et transforme insensiblement la passion en vertu. La théorie lui voile les sophismes ; d'ailleurs elle tenait un peu de Rousseau l'esprit d'utopie qui s'enivre de l'idée, et passe du bien au mal sans que l'un gâte l'autre [2]. Rousseau est resté pour elle, comme il l'avait été pour ses parents, un professeur de vertu, et c'est à ce titre qu'il a eu toute sa confiance. « Comment ne pas admirer son amour pour la vertu », s'écrie-t-elle ! et encore : « Pardonnons à Rousseau si à la fin de cette lecture on se sent plus animé d'amour pour la vertu [3] ».

En plaçant la vertu dans le bonheur, Mme de Staël ne s'élève pas encore à la hauteur morale de son maître, c'est sans doute parce qu'elle s'en rend compte qu'elle l'admire, tout en échappant partiellement à son influence.

---

1. « La route du bonheur n'est tout entière ni dans l'objet désiré, ni dans le cœur qui le possède, mais dans le rapport de l'un et de l'autre. » Œuv. compl., IV, 217.

2. *La Nouvelle Héloïse* en particulier n'est que la théorie de la vertu jointe à la pratique du vice (Beaudoin, *Vie de J.-J. Rousseau*, I, 508).

3. *Lettres sur Rousseau.* Œuv. compl., I, 25.

Ce qui peut étonner, c'est de la voir en même temps échapper à celle de son père. Necker venait de faire paraître [1] son livre de *l'Importance des opinions religieuses* qui avait obtenu un certain succès [2]. Il y consacre tout un chapitre [3] à montrer l'influence de la vertu sur le bonheur, et l'on retrouve bien plus dans son ouvrage que dans celui de sa fille les idées de Rousseau ; celle-ci, par exemple, qui semble avoir échappé à Mme de Staël, que notre bonheur est en partie dans l'opinion des autres, et que la vertu nous rend indépendants par la modération et les sentiments qu'elle nous suggère [4]. Et cette autre encore, que si la vertu ne donne pas tout de suite le bonheur, elle nous apprend au moins à en jouir ; « c'est à sentir le prix du bonheur qui est le plus à notre portée qu'elle nous invite sans cesse. »

En résumé, Rousseau a été un maître pour Mme de Staël, au point de vue moral, c'est-à-dire qu'il lui a donné des leçons et proposé des modèles ; il n'a pas peint son idéal de bonheur, la femme heureuse par l'amour de celui qu'elle a choisi. Ce n'est ni par l'opinion qu'il avait des femmes, ni par le tableau de leurs vertus, qu'il a su lui plaire, mais parce qu'il a distingué leurs droits. « Il croit à l'amour, et fait dépendre tout son sort des femmes [5]. » Il leur accorde le gouvernement par la douceur, leur donne le pouvoir du ministre dans l'Etat, de l'œil dans la vie organique ;

---

1. En mars 1788.
2. Voir dans la *Correspondance de Grimm*, t. I, l'article sur le livre de Necker.
3. Le VIe.
4. P. 189-190. *Comp. avec Rousseau*. Œuv. compl., IV, l. XI.
5. Œuv. compl., I, 29.

et l'hommage éloquent qu'il rend à la puissance de leur cœur l'empêche de voir ce qu'il enlève à leur intelligence et à leur raison. « Les femmes, dit Pascal, aiment à apercevoir une délicatesse dans les hommes, et c'est ce me semble l'endroit le plus tendre pour les gagner [1]. »

III

La question du bonheur en amenait une autre fort importante et que Mme de Staël retrouvait dans Rousseau, celle du suicide. Si la vie ne tient pas ses promesses, n'avons-nous pas le droit de la quitter? Bien avant 1788, Mme de Staël s'était posé le redoutable problème, et ne lui avait donné d'autre solution que le désespoir, sans mettre en doute, semble-t-il, sa légitimité. Au moment où elle composait ses *Lettres*, cette question du suicide était encore d'actualité. Depuis la mort de Rousseau, ses amis et ses ennemis discutaient sur sa fin mystérieuse sans pouvoir faire la lumière; l'émotion causée par l'apparition de Werther n'était pas calmée, et l'on peut juger de ce qu'elle était, si l'on se rappelle qu'en 1835, on cite encore des suicides dus à son influence [2]. Le petit livre de Gœthe venait d'être interdit à Leipzig, en Danemark, à Milan, où les prêtres avaient fait brûler les volumes

---

1. *Pensées*, édit. Brunschwig, p. 129.
2. Celui du jeune Hohenstauffen. — V. Baldensperger, *Gœthe en France*, 73 et suiv., et Hermenjat, *Werther et ses frères*, p. 79 et suiv. On voit que Mme de Staël ne connaissait pas l'ouvrage de Gœthe, et c'est étonnant.

qu'ils pouvaient se procurer. En France, le problème de la mort se discutait dans les salons où il excitait les imaginations et les nerfs malades des mondains.

Mme de Staël s'arrête donc avec intérêt sur la discussion de Saint-Preux et de Milord Edouard, parce qu'elle résume ce que l'on disait alors sur la question. Saint-Preux s'efforce surtout de montrer que le suicide ne peut déplaire à la Providence, que Dieu ne veut pas nous obliger à être malheureux, et qu'il n'est pas lâche de rechercher une vie meilleure. Et Milord veut l'intéresser à la vie par la pensée du bien à faire. Mme de Staël remarque très justement que la lettre qui condamne le suicide est inférieure à celle qui le justifie, mais elle ne reprend pas les arguments de l'une et de l'autre, elle le fera plus tard [1]; elle passe rapidement, avec la crainte de nous révéler que Milord Edouard ne l'a pas convaincue, et qu'elle ne blâmerait pas un malheureux de se priver d'une insupportable existence.

La réserve avec laquelle elle s'exprime semble même l'indice d'une conviction plus profonde. Jadis, elle avait proclamé hautement, et avec tout l'entrain de la jeunesse, l'inutilité d'une vie sans amour et le droit de s'en priver [2]; son opinion s'affirme à présent avec une émotion contenue, comme si l'avenir soulevait son voile pour lui faire entrevoir un malheur possible : « On fait si peu de vide à ses propres yeux quand on n'occupe pas de place dans un cœur qui

---

1. Dans le livre de *l'Influence des Passions* et dans *Delphine*.
2. « Ximéo doit chérir la vie, Ximéo est aimé, dit Mirza, moi, je ne tiens à personne sur la terre, je puis en disparaître. » Œuv. compl., XVIII, 172.

nous survit, qu'il est possible de compter pour rien sa vie... Quelles paroles d'espérance peut-on faire entendre à celui qu'un semblable malheur a frappé (la perte de l'objet aimé) ? Non, à ce malheur, quand le cœur en connaît l'étendue, la Providence ou la mort peuvent seules servir de consolation [1]. »

Malgré ces conclusions, la morale de Mme de Staël ne s'achemine pas vers le pessimisme [2]. Les tristes pressentiments sont dominés par la confiance en la vie, par le besoin d'aimer, de se dévouer aux idées nouvelles qui doivent régénérer l'humanité [3]. Loin de se replier sur elle-même aux approches des bouleversements sociaux qui s'annoncent terribles, aux approches plus troublants encore de la perte de son bonheur intime [4], elle cherche à s'oublier [5] et à élever la voix en faveur des victimes [6].

1. *Lettres sur Rousseau*. OEuv. compl., I, 100.
2. Elle était peu sujette à anticiper sur les peines futures, dit Mme Necker de Saussure.
3. Celles de la Révolution, qu'elle saluait de toute l'ardeur de ses espérances pour le bien de l'humanité.
4. Le baron de Staël commençait à avoir des dissentiments avec le roi de Suède, et avec sa femme.
5. Elle est « dans ce tourbillon du monde qui peut faire oublier et son époux et son amant, qui ne permet à aucune pensée, à aucun sentiment de dominer en nous, éteint toutes les passions, et rétablit le calme par la confusion, et le repos par le tumulte. » OEuv. compl., I, 34.
6. Les *Réflexions sur le Procès de la reine* (1793), *Réflexions sur la Paix* (94), sur *la Paix intérieure* (95) sont des actes de bienfaisance autant que des écrits politiques.

CHAPITRE VII

LE BONHEUR DANS LES DIVERTISSEMENTS

I. Difficulté de rencontrer le véritable amour — il vaut mieux chercher le bonheur dans les divertissements : la philosophie, l'étude, la bienfaisance ; ils ne donnent qu'un minimum de bonheur. — II. Mme de Staël proclame dans la *Littérature* l'indépendance de la loi morale — elle naît de nos instincts élevés — ressemblance de ses idées avec celles des moralistes anglais — III. Opposition de la loi morale et des lois sociales ; elles sont contraires au bonheur de l'homme, à la pitié — pour les femmes surtout elles sont trop sévères — nécessité du divorce. — IV. Idées religieuses de Delphine, son opinion sur la souffrance.

I

Cependant d'année en année la vie lui apporte d'amères surprises : ses amis l'abandonnent[1], ses ennemis se déclarent[2], la France est bouleversée. Qu'est devenue sa croyance au sentiment? Le reconnaît-elle encore pour son guide dans la voie du bonheur et du devoir? le croit-elle surtout, quand il lui

---

1. Narbonne, Talleyrand et peut-être aussi ce comte de Ribbing qui pourrait être le mystérieux inconnu dont parle M. de Montmorency à Mme Necker de Saussure. V. Gautier, *Mme de Staël et M. de Montmorency*, p. 67.

2. Rivarol, Champcenetz, Louvet, Legendre, etc..., lui firent une place dans leurs pamphlets et osèrent contre elle toutes les calomnies.

enseigne que l'amour est la seule félicité de ce monde? Un curieux chapitre du livre *de l'Influence des Passions* peut nous renseigner [1]. « En écrivant celui-ci, dit Mme de Staël, je me suis laissée aller à mes impressions » ; c'est, dit Sainte-Beuve, « l'histoire intime, à demi palpitante et voilée, de tout ce cœur de trente ans, telle qu'il nous suffit de la connaître [2] » ; c'est aussi un essai de doctrine morale, et c'est à ce titre qu'il nous intéresse ici ; voyons donc ce que l'auteur a retenu de ses expériences.

Rien n'est plus rare ni plus ignoré que le véritable amour, il n'a été point par personne, ni dans l'antiquité, ni dans les temps modernes. A peine peut-on dire que Voltaire, Rousseau, Werther, quelques tragiques allemands ou poètes anglais ont porté la profonde sensibilité dans l'amour ; mais il est au-dessus de toutes les peintures qu'on en a faites ; il échappe aux paroles humaines, l'univers entier n'est rien auprès de lui.

Le véritable amour ne peut pas être en opposition avec le devoir, car la vie ne vaut que par le bonheur, et il ne saurait y avoir une route pour aller à l'un sans l'autre. « Dans quelque situation qu'une profonde passion nous place, jamais je ne croirai qu'elle éloigne de la véritable route de la vertu [3] », parce que l'amour et la vertu agissent de la même manière, ils nous détachent de nous [4] ; « la personnalité seule avilit », et dans la passion tout est sacrifice, oubli de

1. Chap. IV : *De l'Amour.*
2. Sainte-Beuve, *Portraits de femmes*, 104.
3. Œuv. compl., III, p. 134.
4. C'est l'idée des *Lettres sur Rousseau*, fortifiée et plus clairement exprimée.

soi. Mme de Staël insiste sur cette idée qui ennoblit la passion, et l'élève à la hauteur de la vertu. Il y a vertu pour elle toutes les fois qu'il y a don de soi ; cette idée est constante dans tous ses ouvrages, et il lui semble que par un retour inexplicable des choses, la personnalité s'étend et s'enrichit en sortant d'elle-même : « Quel est l'esprit supérieur qui ne trouve pas dans un sentiment le plus grand nombre de pensées que dans aucun écrit, dans aucun ouvrage qu'il puisse lire ou composer [1] ? »

Ainsi entendu, l'amour est bien au-dessus de la moralité telle qu'on l'entend dans le monde ; celle-ci est une conception boiteuse, ajoutée par les circonstances et la société ; la passion vraie se suffit à elle-même, elle est au-dessus des conventions. Mme de Staël aperçoit ici une idée qu'elle gardera, celle du conflit entre le bonheur et le devoir (qu'elle identifie) et les lois sociales, et qui deviendra le thème de Delphine.

« L'élève de Rousseau se demande, dit Lady Blennerhasset, s'il ne viendra pas un temps où tout ce qui est contre la nature ne cessera pas d'être contre la règle, si tôt ou tard on ne sentira pas que la morale, non moins que la religion, est surchargée de superstition [2]. »

Étant données les conditions de l'existence, l'homme tel que l'ont fait des siècles de vie sociale, l'amour, comme le comprend Mme de Staël, n'est jamais bien réalisé. Par exemple pour les raisons suivantes : quand il est fondé sur les avantages de la jeunesse ; quand il y a erreur sur les mérites de l'objet aimé, quand la

---

1. Œuv. compl., III, 133.
2. *Mme de Staël et son temps*, II, 315.

jalousie le trouble, quand la pensée de la mort fait trembler à chaque instant pour ce que l'on aime.

Particulièrement pour les femmes, dont il est la seule passion, l'amour peut être cause de malheur. Leur bonheur est si fragile, un rien le brise, leur dévoûment même, parce que leur fidélité faite de faiblesse et de confiance « est souvent importune à la force ». Leur beauté peut être surpassée et cesser de captiver le même cœur ; enfin, à moins que leur âme ait perdu sa délicatesse, elles ne peuvent aimer qu'une fois, leur existence est manquée lorsqu'elles ont été trahies. L'amour est donc plus dangereux pour elles que pour les hommes, plus libres, plus maîtres de l'opinion, et auxquels leur carrière offre des compensations. Sans doute une femme heureuse par l'amour peut « défier tous les systèmes de la raison », mais cela arrive-t-il ? Le mariage qui pourrait donner la félicité terrestre est plein de dangers, « c'est de tous les liens celui où il est le moins probable d'obtenir le bonheur romanesque du cœur [1] », le seul vrai.

Deux solutions restent possibles : s'abandonner à l'ivresse du sentiment et chercher le bonheur par lui, mais si l'on manque le but, ne pas essayer de survivre à un tel malheur [2]. Mme de Staël n'examine pas la légitimité du suicide, elle en fait seulement, comme dans ses compositions de jeunesse, la conséquence logique du désespoir. Ou bien, pour éviter ces tourments, ignorer à jamais les transports des passions, les consi-

---

1. *De l'Influence des Passions.* Œuv. compl., III, 156.
2. « Il n'y a que les hommes capables de la résolution de se tuer qui puissent avec quelque ombre de sagesse tenter cette grande route du bonheur. » *Ibid.*

dérer comme le véritable obstacle au bonheur, enseigner aux âmes passionnées le moyen de les anéantir en elles. Les natures communes ignorent les jouissances et les amertumes du cœur, il faut les laisser « dans leur calme heureux », c'est aux autres que Mme de Staël s'adresse, à cette élite dont furent ou se crurent tous les grands romantiques, les Byron, Gœthe, Chateaubriand, Lamartine, Musset.

Si les passions ont sur nous une puissance irrésistible, c'est par l'espérance du bonheur qu'elles nous donnent ; nous croyons de notre intérêt de ne pas leur résister, nous nous épuisons vainement à les satisfaire, et puisque toutes nous trompent, il faut les sacrifier toutes, même celle dont il est le plus cruel de douter, la plus puissante et la plus douce, l'amour.

Mme de Staël avait consacré les chapitres précédents à montrer les ravages que l'ambition, l'amour de la gloire, la vanité peuvent causer dans l'âme[1] ; il y a là certainement plus d'observation que dans bien des traités de morale, mais ce n'est qu'une sorte d'introduction au chapitre IV, pour montrer combien l'amour surpasse toutes les autres passions, et que c'est lui seul qui fait question lorsqu'il s'agit du bonheur.

Comment donc faut-il s'orienter dans la vie morale quand on renonce aux passions ? Un bonheur relatif reste seul possible. Il est inutile de le demander à la religion, pas plus que les passions, elle ne peut le donner ; certaines personnes ont reçu du ciel une foi profonde qui règne sur leur vie tout entière, mais « la foi est une faculté qui ne dépend pas de nous »,

---

1. Chapitres I, II, III.

c'est un don aussi indépendant de notre volonté que la beauté ou le génie. En supposant que nous ayons une foi inébranlable, elle ne nous donnerait pas le bonheur que nous rêvons ; « la religion donne pour guide un code où dans toutes les circonstances ce que l'on doit faire est résolu par une loi ; l'âme éprouve une sorte de bien-être, jamais plus vif, mais toujours plus calme » ..... ; « le cœur est aussi borné que l'esprit par la dévotion. » Du moment que la religion restreint la liberté de l'être intellectuel, par ses dogmes, de l'être moral, par ses commandements, il est absolument impossible pour les âmes d'élite de l'accepter. La liberté, « premier bien de l'homme, ne peut souffrir aucune contrainte »; nous devons la garder jalousement ; elle nous donnera le moyen de résister au malheur.

On voit que Mme de Staël, à ce moment de sa vie, n'a de la religion qu'une idée superficielle et qui rappelle sa fréquentation des philosophes. Elle s'efforce sans doute avec sincérité d'en montrer la puissance, mais en vain ; ses exemples sont présentés sans conviction et sans chaleur ; il est visible qu'elle parle sans connaître d'expérience les sentiments qu'elle veut peindre, et le moyen, dans ce cas, de les représenter dans toute leur force [1] ?

L'amitié n'est pas plus puissante que la religion pour nous rendre heureux, parce qu'elle est faite de réciprocité, et si nous retombons dans la dépendance d'autrui, nous redevenons sujet aux déchirements du

---

1. A Rœderer à propos de son *Essai sur les Institutions funéraires*, elle écrit : « Il y a une analyse du besoin de l'immortalité que j'ai craint de trouver vraie. »

cœur. On veut que l'amitié suffise à la vie, et c'est lui demander plus qu'elle ne peut donner, ce sentiment là aussi doit pouvoir se régler, sans cela il est dangereux pour le bonheur.

Le salut pour les passionnés est donc de se ressaisir en face de la réalité. Un bien leur reste, la liberté, il faut la sauver à tout prix. La liberté donne le pouvoir et le droit de se rendre indépendant de tout ce qui peut entraîner la volonté et la dominer, or nos passions nous font attendre des autres leur admiration, leur flatterie, leur amour; elles nous font dépendre d'eux. La sagesse est de nous en affranchir, afin que notre bonheur vienne de nous. Que les passionnés demandent à leur volonté, unie à la raison, une sorte de compensation aux délices qu'ils ne peuvent atteindre, qu'ils cherchent dans les « divertissements » un emploi pour leur cœur et leur activité [1]. C'est bien le conseil d'un moraliste habile; les moyens détournés sont les meilleurs pour vaincre la passion, l'attaquer de face c'est risquer l'échec.

L'étude, la philosophie, la bienfaisance, voilà à peu près « les ressources que l'on trouve en soi », et dans lesquelles il faut chercher le calme d'âme nécessaire pour un minimum de bonheur.

L'étude rend une partie des plaisirs que l'on cherche dans les passions, parce qu'elle est « une activité continuelle »; le but qu'elle offre est en proportion de l'effort que nous faisons pour l'atteindre, et les succès qu'elle donne ne sont point suivis de revers. Parmi ses joies on peut compter celles que se donne l'imagi-

---

[1]. Les divertissements au sens où l'entendait Pascal; mais on voit combien l'opinion de Mme de Staël lui est opposée.

nation, en retraçant dans des fictions une vie supérieure à la réalité [1].

« La philosophie dont je crois utile et possible aux âmes passionnées d'adopter les secours est, dit-elle, de la nature la plus relevée, il faut se placer au-dessus de soi pour se dominer, au-dessus des autres pour n'en rien attendre [2]. » Mme de Staël essaye de peindre la mélancolie du philosophe, pour nous séduire ; elle s'efforce de montrer que la philosophie n'est pas l'insensibilité et que le philosophe éprouve à se dominer une jouissance d'un ordre supérieur qu'il aime à goûter dans la solitude. Cette résignation morose aux coups du sort nous semble sèche et froide, et c'est, en somme, une fragile construction stoïcienne que ce chapitre ; l'effort de l'auteur pour renoncer aux espoirs passionnés n'aboutit qu'à quelques conseils pratiques et peu originaux dont elle a essayé d'user pour elle-même, sans croire à leur valeur, sauf peut-être pour la bienfaisance [3].

La bienfaisance « remplit le cœur, comme l'étude occupe l'esprit [4] ». Une âme ardente trouve à faire du bien aux autres le plaisir le plus vif et le plus délicat. Elle ne saurait tromper, car la bonté ne demande pas comme l'ambition un retour à ce qu'elle donne ; nous y trouvons immédiatement un plaisir inconnu au commun des hommes ; enfin la bonté est « la ressource

---

1. *L'Essai sur les Fictions* (1795) avait développé cette idée.
2. Œuv. compl., III, p. 135.
3. Parce que Mme de Staël l'avait largement pratiquée pendant les jours les plus sombres de la Révolution, en sauvant les victimes sans distinction de partis.
4. Œuv. compl., III, 268.

la plus analogue aux caractères passionnés », parce qu'elle satisfait leur besoin de s'oublier.

Si elle n'est pas originale, la morale que Mme de Staël nous invite à pratiquer n'est cependant pas sans grandeur ; c'est une sorte de stoïcisme fondé sur l'idée de liberté. Elle croit à sa puissance, et consent à tous les sacrifices pour la sauvegarder. Cette liberté intérieure ou de volonté ne constitue pas cependant pour elle le mérite ou le démérite de nos déterminations ; elle ne doit s'exercer qu'en vue de notre bonheur.

Remarquons encore la place faite dans ce petit traité, non seulement à la liberté, mais à la pitié ; c'est le seul sentiment qui paraisse à Mme de Staël ne pas laisser de regrets ; l'alliance d'un individualisme absorbant et de tous les instincts généreux, est un des contrastes que nous retrouvons dans ses doctrines, comme dans sa vie. Elle proclame sans cesse la nécessité du détachement de soi pour atteindre la vertu et le bonheur ; « c'est au sentiment de la bonté dans son acception la plus étendue qu'elle fait remonter tout ce qui inspire de l'admiration et de l'estime [1]. »

Jusqu'ici, Mme de Staël n'a envisagé que les rapports de la loi morale et du bonheur, une interprétation incomplète de Rousseau le lui a fait chercher dans l'amour enthousiaste et exalté ; et comme les conditions de la vie ont détruit son rêve, elle a généralisé son expérience, elle a conseillé à tous de détourner les yeux de l'idéal trop haut, et de choisir des « divertissements » plus accessibles. Cherchons donc, dans

---

1. Lady Blennerhassct, o. c., II, 315.

ceux qui l'ont elle-même consolée une explication de ses idées morales. .

II

Le livre *De la Littérature* soulève des questions plus désintéressées que les ouvrages précédents, entre autres celle très importante du fondement de la loi morale que Mme de Staël examine pour la première fois [1]. Nous l'avons vue à la recherche d'une sorte de philosophie de l'expérience qui puisse défier tous les sophistes ; ceci l'a conduite à chercher une base invariable pour son nouveau système, et à proclamer l'indépendance absolue de la loi morale.

Dès 1794, elle avait pressenti cette solution : « ce qui donne à la morale un si grand avantage sur toutes les autres combinaisons, c'est que les règles qu'elle adopte n'ont rien de relatif [2]. » Elle s'efforce maintenant de montrer que la loi morale ne doit ses principes qu'à elle-même. Elle ne les reçoit pas de l'expérience, « elle est fille de la création... elle naît presque en même temps que l'instinct conservateur de la vie » (540). Elle ne les reçoit pas du raisonnement, au contraire, elle entre en conflit avec lui, par exemple quand il s'agit de sacrifier quelques intérêts particuliers à l'intérêt général [3] ; ni de la religion ; les idées religieuses peuvent lui servir d'appui ; elles ne lui donnent pas

---

1. C'est une de celles sur lesquelles elle a le plus varié, et ses commentateurs n'ont pas remarqué quelle place elle tient dans son œuvre.
2. *Réflexions sur la Paix*. Œuv. compl., II, 122.
3. Œuv. compl., IV, 532-33.

naissance ; la morale peut d'ailleurs remplacer la religion [1]. Elle les reçoit moins encore de la politique, science à créer, dont les éléments ne sont pas fixés, et au nom de laquelle on a commis tant de crimes ; elle doit au contraire lui servir de base [2]. Toutefois la morale ne fera le bonheur des individus qu'à condition d'être établie sur ses véritables fondements, sur ceux qu'elle a reçus du Créateur, car les hommes ont essayé de l'avilir et de la détourner de son véritable objet.

Certains philosophes [3] l'ont ramenée à l'intérêt personnel, en montrant à l'homme que c'est agir pour son bien que de se conformer aux exigences de la morale. Et la démonstration est assez facile, puisqu'il y a une foule de cas où la morale peut marcher de pair avec l'intérêt : la gloire, l'héroïsme même, nous attirent l'estime de nos semblables, dont nous avons besoin, et, si on les considère de ce point de vue, peuvent devenir d'habiles spéculations.

L'intérêt est un puissant motif d'action, Mme de Staël nie qu'il soit le plus puissant ; l'orgueil, la colère, nous font quelquefois sacrifier nos intérêts mêmes.

---

1. « Il faut que les hommes déifient la morale quand ils refusent de reconnaître un Dieu pour son auteur. » Œuv. compl., V, 542.

2. « La morale doit diriger nos calculs, et nos calculs doivent diriger la politique », p. 533 ; c'est-à-dire, le calcul, loin de contraindre la morale, devient, au contraire, une science utile pour ceux qui gouvernent et, il serait à désirer que tous les politiciens reconnaissent la nécessité de donner une certaine évidence aux vérités morales, afin d'avoir un guide dans les problèmes de pédagogie sociale.
En proclamant si énergiquement l'autonomie de la loi morale, Mme de Staël est beaucoup plus près de Kant qu'elle ne le sera dans l'*Allemagne* ; elle se contredira tout à fait, et déclarera la loi morale incapable de se suffire.

3. Elle pense surtout aux Anglais, et à Helvétius.

Et puis, à côté de nos instincts égoïstes, se trouvent des puissances égales qui nous portent à sortir de nous-mêmes : « la pitié, le courage, l'humanité, agissent en nous, avant que nous soyons capables d'aucun calcul d'égoïsme. » Or ces instincts-là sont supérieurs aux autres, puisqu'ils sont les plus conformes à notre nature même [1], ce sont eux qui fondent la moralité ; « quand on s'étudie soi-même, on reconnaît que l'amour de la vertu précède en nous la faculté de la réflexion, que ce sentiment est intimement lié à notre nature physique ; ... la morale doit être considérée dans l'homme comme une inclination, comme une affection dont le principe est dans notre être et que notre jugement doit diriger [2]. ».

Ainsi, ce sont nos instincts élevés, Comte dira plus tard altruistes, qui sont la source de la morale, et parmi eux, surtout la pitié « qui se développe aussitôt que la crainte du mal qui peut nous arriver à nous-mêmes ; » ce sont donc eux qu'il faut suivre et fortifier par la littérature, les institutions ; ils nous conduiront vers le bonheur et la vertu, puisque l'un et l'autre sont encore inséparables pour Mme de Staël.

Il suit de là que notre idéal moral ne sera jamais opposé aux tendances primitives de notre être ; suivre notre orientation naturelle, lutter contre les obstacles qui s'opposent à la libre expansion de nos mouvements généreux, c'est toute la vertu ; elle ne résiste pas à la nature, elle la suit [3]. On voit que Mme de

---

1. Les autres naissent plus tard, sous l'influence de la société.
2. Œuv. compl., IV, 540.
3. La tâche des gouvernements est donc relativement facile, elle leur est dictée par les plus nobles aspirations de l'humanité.

Staël croit avec tout son siècle à la bonté native de la race humaine ; elle se sépare aussi des moralistes qui laissent la raison juge de la moralité ; ce n'est pas la raison, c'est le cœur qui nous attire vers autrui, et nous porte au désintéressement, c'est-à-dire au bien. Elle ne va pas jusqu'à faire dériver toute la moralité de la sympathie, et à reconnaître, avec l'école écossaise, que la peine ou le plaisir nous avertissent de la valeur d'une action ; elle se contente de dire, avec Rousseau, que la nature a mis en l'homme tout un ensemble de saines dispositions que nous n'avons qu'à suivre pour être vertueux, et que la moralité d'un acte réside dans le degré de désintéressement qu'il exige de nous.

Les idées religieuses ne la préoccupent pas encore, ou plutôt elle considère en historien leur influence sur la littérature, le bon accord qui peut exister entre elles et la morale [1], le profit que retirerait l'esprit public d'une religion bien entendue, comme la religion protestante, favorable aux « opinions sensibles ».

L'élévation apparente de cette doctrine cache un côté utilitaire que Mme de Staël n'eût pas voulu apercevoir. C'est, en résumé, sur le concept du bonheur qu'elle établit toute la moralité, c'est au nom du bonheur individuel qu'elle cherche celui de la collectivité ; il s'agit de concilier deux intérêts, puisque l'individu ne peut se suffire à lui-même, et il n'y a pas antinomie entre eux, puisque l'on participe au bonheur que l'on prépare aux autres. Nous avons déjà noté ce contraste apparent dans les œuvres précédentes de Mme de

---

1. V. Œuv. compl., IV, p. 268-69.

Staël ; comme Rousseau elle a fait sortir la vertu désintéressée de l'amour de soi.

— Elle ne s'aperçoit pas non plus qu'elle rejoint ainsi les philosophes anglais qu'elle condamne : « l'utilité, dit-elle, qui est le mobile de leurs efforts (aux philosophes) leur interdit un certain degré d'indépendance (328). » Elle ne comprend pas Smith, Hume, Shaftesbury, « ils sont trop scientifiques » ... « ils ne songent point à captiver l'intérêt » ; c'est les juger légèrement. Une étude plus approfondie aurait peut-être montré à Mme de Staël que toute cette métaphysique utilitaire n'était qu'une philosophie du bonheur, fondée sur nos instincts naturels, et d'accord avec ses théories [1].

Pour elle, comme pour les anglais, le mal suprême est la douleur, et le bonheur individuel est d'abord pris pour fin ; mais cette fin paraît bientôt insuffisante, l'idée de bonheur s'élargit à toute l'humanité.

Si Mme de Staël avait écouté de Gérando, elle aurait continué sans doute l'étude objective de la loi morale qu'annonçait le livre *De la Littérature*. Son ami la pressait de poursuivre la lutte si bien commencée contre cette lâcheté, cette bassesse qui menacent de flétrir le caractère national : « ...Vous semblez destinée, lui disait-il, à devenir la prêtresse de la morale sur la terre, à montrer aux hommes la route sublime du bon et du beau... Il me semble que cette fin peut seule satisfaire l'immense activité qui est en vous, et je me persuade que votre généreux dévoûment à la félicité des hommes résoudrait pour vous ce problème

---

[1]. V. Leslie Stephen. *The Utilitarians*, VIe partie et suiv., et J. Guyau, *La morale anglaise contemporaine*.

du bonheur qui vous paraissait insoluble [1]. » Mme de Staël se préparait bien à exciter des émotions et à remuer les esprits, mais par d'autres prédications que celles qu'attendait sans doute de Gérando.

III

En décembre 1802 paraissait *Delphine*, où elle reprenait le problème du bonheur, pour montrer que les lois sociales l'ont rendu presque impossible, en s'opposant à la véritable moralité [2].

Celle-ci, nous l'avons vu, naît des sentiments généreux inhérents à notre nature ; « les mauvais sentiments nous semblent venir de quelque influence étrangère, c'est pour expliquer cette contradiction qu'on s'est servi de cette expression, ce sont des pensées du démon [3].

Delphine qui veut agir selon l'inspiration de son cœur et réaliser le mot de Pascal, « la vraie morale se moque de la morale », serait heureuse, si elle ne se heurtait à l'ordre social, fait de préjugés et de lois arbitraires. Il empêche les hommes, plus encore les femmes, de suivre leur destinée, or notre destinée ici-bas, c'est le bonheur par l'amour ; « la morale et le bonheur sont inséparables quand les combinaisons factices de la société ne viennent pas mêler leur poi-

---

[1]. De Gérando, *Lettres de Mme de Staël*, 6 juillet 1802, p. 49.
[2]. Elle n'avait fait qu'indiquer cette idée dans le livre *De l'Influence des Passions*, ainsi que nous l'avons remarqué plus haut, p. 02.
[3]. Œuv. compl., V, 78.

son à la loi naturelle » (290) ; cette phrase pourrait servir d'épigraphe à tout le livre.

Revenant sur les convictions qu'elle n'a jamais abandonnées, Mme de Staël montre, avec beaucoup plus de force que précédemment, qu'il ne peut pas y avoir de contradiction entre la vertu et le bonheur ; que conduire les hommes à la vertu par la souffrance, c'est « méconnaître la bonté divine [1] », que la souffrance est si opposée à la nature de l'homme, qu'elle le rend méchant : « si je conserve quelque sécheresse dans le caractère, écrit un personnage du roman, c'est à ces années de douleur que je le dois... l'âme qui n'a jamais connu le bonheur ne peut être parfaitement bonne et douce [2]. » Valorbe fait souffrir Delphine qu'il aime, parce qu'il est malheureux. Le bonheur est donc, avec la pitié, une condition essentielle de la moralité.

Que fait la société de ces lois naturelles douces et faciles à suivre ? Elle les méconnaît, ou plutôt elle leur substitue des lois factices qui contrarient la morale et l'intérêt des hommes. Si l'on peut faire un mariage d'amour, tout est pour le mieux, la nature et le monde sont satisfaits, il n'y a pas de pareille félicité sur terre [3] ; mais si le monde vous en empêche, a-t-on le droit de se sacrifier à l'opinion ? N'est-ce pas plutôt le contraire que la morale demande ? Le ménage Lebensei l'a fait, et le témoignage de leur conscience les dédommage des dédains du monde. Pour être d'accord avec la nature, les lois devraient autoriser le divorce ;

---

1. « La Providence nous a attirés par une sensation douce vers tout ce qui est nécessaire à notre conservation. »
2. Œuv. compl., V, 286.
3. Ménage Belmont.

il ne saurait être immoral, puisqu'il se confond avec la loi du bonheur, et « avec les intentions bienfaisantes que nous devons attribuer à la Divinité » (p. 326) ; « ...Qu'il est insensé celui qui a osé prononcer qu'il existait des liens que le désespoir ne pouvait pas rompre! »,(327).

Lebensei, qui parle évidemment pour Mme de Staël, fait un éloquent plaidoyer en faveur du divorce, et réfute les objections que l'on fait le plus souvent contre lui [1] : il ne peut être condamné au nom de l'intérêt de l'enfant ; il souffre d'une union mal assortie ; on lui enlève pour plus tard un droit au bonheur. Ni au nom de nos intérêts religieux, parce que la Providence ne veut pas notre malheur. « Dieu a dit, il ne convient pas que l'homme soit seul ; cette intention bienfaisante ne serait pas remplie s'il n'existait aucun moyen de se séparer de la femme insensible, ou stupide ou coupable, qui n'entrerait jamais en partage de vos sentiments ni de vos pensées [2]. » La religion catholique est la seule qui proclame le mariage indissoluble, parce qu'elle regarde la souffrance comme un moyen de perfection [3]. Aussi le mépris dont la société entoure les divorcés, sa sévérité pour une femme qui se laisse entraîner, sont des procédés injustifiables contre lesquels il faut lutter et chercher un refuge dans sa conscience [4].

---

1. Il est curieux de voir reprendre les mêmes idées dans la littérature moderne par Ellen Key (*De l'Amour et du mariage*, Préface par G. Monod).
2. Mme de Lebensei ne s'est pas senti le droit de repousser l'ami envoyé par la Providence et qui la conduit « dans la route de la morale, de l'ordre et du bonheur » ; Œuv. compl., V, 288.
3. Et Mme de Staël est très loin de la considérer comme telle.
4. « Entre Dieu et l'amour, je ne connais d'autre médiateur que ma conscience. » Œuv. compl., V, 296.

Le monde n'est pas plus propice à la pitié, cet autre élément constitutif de la moralité ; à chaque instant il la sacrifie à ses lois. Il condamne à l'isolement une créature malheureuse, sans lui offrir aucune compensation [1] ; il rend dissimulées les âmes droites qui ne peuvent se gêner pour ses « prétendues convenances, auxquelles on s'astreint si facilement quand on a intérêt à dissimuler sa conduite. » Il rend dur et cruel : « Je n'étais pas méchant, dit Valorbe, je suis devenu féroce ; savez-vous combien les hommes aigrissent la douleur ? »

On n'a peut-être pas assez remarqué le grand rôle que joue la pitié dans les rapports de Léonce et de Delphine ; celle-ci est sans cesse préoccupée de Mathilde qu'il ne faut pas troubler, sous peine de ne pas trouver de bonheur en aimant Léonce ; « plus je souffre, dit-elle, plus je frémis à l'idée de faire souffrir. » Quand Lebensei lui fait entrevoir la possibilité d'un divorce pour Léonce, elle lui répond que sans doute il n'y a point de vœux irrévocables, « ils ne sont qu'un égarement de notre propre raison, sanctionné par l'ignorance ou le despotisme des législateurs », mais qu'elle ne saurait être heureuse aux dépens d'une autre. « Voudriez-vous de la félicité suprême à ce prix ? Où se réfugier pour éviter le regret de la peine qu'on a causée ? ...l'amour même donne à la pitié une nouvelle force ; ce sont des sentiments sortis

---

[1]. « La pitié doit avoir une autre destination que l'estime ; c'est à l'étendue du malheur qu'il faut la proportionner », p. 273. C'est pourquoi Delphine tend la main à une femme compromise, et s'attendrit en la voyant souffrir des dédains de l'opinion.

de la même source, et qui ne peuvent jamais triompher l'un de l'autre [1]. »

Sainte-Beuve avait-il bien médité ce passage quand il trouvait Delphine en désaccord avec son correspondant [2]; elle ne croit pas plus que lui que la douleur perfectionne, elle déclare seulement, qu'en cas de conflit, la pitié doit l'emporter sur l'amour, et c'est par de telles vues que Mme de Staël s'éloigne des moralistes utilitaires et ouvre aux âmes des perspectives indéfinies.

En résumé, Delphine ne contredit en rien ses précédentes théories sur le bonheur; elle les précise seulement, et montre de plus que les lois naturelles ne s'accommodent pas toujours des lois sociales; c'est contre ces dernières, non contre le mariage qu'est dirigé le roman; on aurait tort d'en faire un plaidoyer en faveur de l'union libre [3].

La société y est représentée faite « pour la majorité », c'est-à-dire pour les âmes médiocres ; malheur à celles qui ne peuvent entrer « dans son cadre étroit ». Il faut pour résister à l'opinion une force extraordinaire; si l'on « ne se sent pas un triple airain autour du cœur » ; si l'on n'est pas sûr de la fidélité de celui pour lequel on quitte le monde, mieux vaut ne pas

---

1. Œuv. compl., VI, 34.
2. *Portraits de femmes*, p. 136.
3. C'est ce qu'y virent surtout les contemporains de Mme de Staël. « Je donnerais bien des choses de ce qui n'est que moi et que je puis sacrifier, pour que l'ouvrage n'eût pas paru. » M. de Montmorency à Mme Necker de Saussure. P. Gautier, *o. c.*, 164.

Ch. de Villers la félicita au contraire d'avoir montré « la nature primitive, inaltérable, naïve, passionnée aux prises dans ses élans avec les barrières et les entraves du monde conventionnel ». 4 mai 1803, *o. c.*, 73.

s'engager dans la lutte, et prendre le parti conseillé dans *l'Influence des Passions.*

C'est pour les femmes surtout qu'il faut redouter cette lutte, c'est pour elles que le monde est impitoyable, parce qu'elles sont plus faibles et ont moins d'intérêts divers dans la vie que les hommes ; mais les réclamations de Mme de Staël ne sont pas uniquement féministes, comme on le dit quelquefois ; c'est bien à tous qu'elle veut étendre son programme de réformes ; les conventions mondaines ont fait le malheur de Léonce, autant que celui de Delphine, elles ont forcé d'Ervins à se battre en duel avec son rival et ont causé sa mort.

La société a donc besoin de réformes, elle est en contradiction avec la loi morale fondée sur le droit au bonheur et la pitié. « C'est encore une fois, dit Lady Blennerhasset, l'esprit de son maître Rousseau, qui inspire Mme de Staël ; Delphine essaie de bâtir sur le sable mouvant de l'instinct naturel, et de faire dépendre le devoir du sentiment [1]. »

IV

Les idées religieuses de Mme de Staël sont nettement exprimées dans son roman. Dès le début Delphine fait connaître son aversion pour toute religion positive. « La vertu fondée sur la bonté » seul culte de son mari sera aussi le sien, « ces principes

---

[1]. Œuv. compl., II, 496. Il faut remarquer cependant que Mme de Staël a fait à la pitié une place qui n'est pas dans Rousseau, et que, plus que lui aussi, elle redoute la souffrance.

ne doivent-ils pas suffire à tous les cœurs ? » Elle évite toute discussion religieuse avec Mathilde, et ne comprend pas pourquoi leurs croyances les sépareraient : « Mais aimons toutes deux un être bienfaisant vers lequel nos âmes s'élèvent, c'est assez de ce lien qui réunit toutes les âmes sensibles dans une même pensée, la plus grande, la plus fraternelle de toutes [1]. » Comprise d'une façon plus étroite, la religion rend superstitieux, fausse la conscience, éloigne de nos véritables devoirs, Mathilde et Thérèse d'Ervins en sont des exemples. C'est surtout la religion catholique qui est en cause, comme étant la plus opposée à cette religion naturelle dont se rapproche le protestantisme [2]; ce sont les dogmes et les prêtres qui dénaturent l'esprit religieux, ce qui se passe à la mort de Mme de Vernon en est une preuve ; le zèle indiscret de Mathilde semble contre nature, alors qu'on ne peut condamner la mourante qui attend de sa conscience seule une certitude de pardon ; les prêtres entretiennent la superstition, « dans les pays où ils dominent tous les maux et tous les préjugés se sont trouvés quelquefois réunis [3]. »

Même sévérité contre les dogmes ; l'existence de Dieu, l'immortalité de l'âme et les sentiments élevés qu'ils entraînent, sont les seules croyances de Delphine, comme celles du Vicaire savoyard [4] ; elle pro-

---

1. Œuv. compl., V, 16.
2. Elle fait l'éloge du protestantisme par conviction sans doute, mais aussi dans un but politique.
3. Œuv. compl., IV, 231.
4. Encore peut-on mettre en doute la sincérité de sa croyance à l'immortalité, puisqu'elle écrira à Monti en juin 1805 : « L'immortalité d'une autre vie existe pour ceux qui la souhaitent; je n'y crois

nonce des vœux contre ses plus intimes convictions, parce que rien ne lui paraît « plus contraire » à l'idée qu'elle a toujours nourrie de la véritable piété que ces institutions exagérées « qui font de la souffrance le culte d'un Dieu de bonté [1]. »

Mme de Staël dépassera bientôt cette profession de foi, en cherchant quelle place il faut faire à la douleur dans la vie morale [2] ; pour le moment elle ne s'écarte pas de son programme : poursuite du bonheur, crainte de tout ce qui peut y mettre obstacle, en s'opposant à la libre expansion de nos sentiments ; voilà ce qui ressort des passages qui expriment ses idées personnelles [3] ; « ce qui répugne aux cœurs les plus purs ne peut jamais être un devoir » ; pas plus que la morale, la religion ne peut s'opposer au bonheur, elle ne fait que développer l'âme dans le sens de sa nature [4].

---

pas plus pour le commun des hommes que pour les canards ; mais ce qui fait la poésie, l'amour et la vertu est une étincelle céleste. » *Giorn. storico della litt. italiana*, 1905. Cette réflexion montre aussi qu'il ne faut pas faire remonter l'évolution religieuse de Mme de Staël trop près de la mort de Necker.

1. Œuv. compl., V, 390.
2. Delphine indique bien une fois à Léonce qu'ils seraient plus malheureux en cédant à leur passion qu'en y résistant, mais c'est surtout parce qu'ils détruiraient le bonheur de Mathilde ; c'est la pitié que Mme de Staël met toujours en avant comme condition de moralité (V. *Delphine*, IIIe partie, lettres I à VII).
3. En général les lettres de Delphine et de Lebensei.
4. L'idée générale de l'ouvrage reste bien résumée dans une lettre de M. de Montmorency à Mme Necker de Saussure, « qu'après l'amour et sans l'amour, il n'y a plus rien dans le monde qui vaille la peine de vivre. » P. Gautier, o. c., p. 167.

CHAPITRE VIII

LE BONHEUR DANS LA VERTU
ÉVOLUTION DES IDÉES RELIGIEUSES DE Mme DE STAEL

I. Nouvelles influences subies par Mme de Staël dans *Corinne* — sa tolérance. — Elle fait une place à l'amour dans la religion. — elle unit la religion à la raison et à la loi morale. — II. La pensée de la vie future la préoccupe — le culte des morts — le détachement de la vie — comment la douleur l'opère en nous.

I

Ce n'est pas la question du fondement de la loi morale, ni des rapports de nos devoirs et du malheur qui préoccupent directement l'auteur de *Corinne*, c'est encore celle du bonheur. Ce roman est écrit sous la double influence de la douleur, causée par la mort de Necker, et par les préliminaires de la rupture avec Constant ; il faut y ajouter le souvenir ému d'une intimité rompue avec le jeune Portugais, don Pedro de Souza [1]. Les satisfactions du cœur ne remplissent donc plus la vie de Mme de Staël ; de là, nouvelle orientation

---

[1]. Voir à ce sujet l'article de Mr M. Dumoulin: Oswald et Corinne, Mme de Staël et M. de Souza (*Revue Hebdomadaire*, 9 octobre 1909), — et l'ouvrage de Mme Vaz de Carvalho : *Vida do Duque de Palmella*, Lisbonne, 1898, t. I, les lettres de Mme de Staël à M. de Souza.

de sa pensée. Elle essaye de réveiller le sentiment religieux affaibli en elle, pour lui demander un peu de ce bonheur qui l'abandonne, comme un malade cherche un soulagement dans un nouveau remède.

A l'influence du malheur s'est jointe celle des Allemands fréquentés à Weimar [1], de Gœthe à l'universelle tolérance, de Jacobi si séduisant par sa sincérité religieuse, de Charles-Auguste, admirateur de Kant [2], de Schiller, épris de poésie chrétienne.

Il ne faut peut-être pas négliger non plus l'influence, trop peu signalée, de l'abbé de Maistre, frère de Joseph. Il avait une certaine réputation comme prédicateur, et obtint en 1806 des succès extraordinaires à Genève. Le comte de Maistre écrit à ce sujet au comte Rossi : « Il y a plus de protestants que de catholiques dans l'église qui nous appartient à Genève : les ministres même sont fort assidus, mais l'auditeur le plus curieux est Mme de Staël qui n'a jamais quitté mon frère ni à l'église ni dans le monde. C'est dommage que la gloriole de famille soit fort gâtée par le sentiment de ce qu'elle nous coûte [3]. » Voulait-il insinuer, par cette dernière phrase, que Mme de Staël regrettait de ne pouvoir se convertir, à cause des traditions protestantes de sa famille ? Il est probable qu'elle n'a jamais songé à les abandonner, mais son esprit hospitalier s'est souvenu de toutes les

---

1. « Dans cette atmosphère transparente, soumise à la loi de la conscience, disparurent pour toujours les fantômes de la morale fondée sur l'intérêt et les sophismes qui faisaient du bonheur le but de l'existence. » Lady Blennerhasset, III, 80.

2. Il prête ses œuvres à Mme de Staël. V. *Mme de Staël et la grande duchesse Louise*, p. 45.

3. *Mémoires et Correspondance*, p. 242.

idées entendues, pour leur demander, au temps de l'épreuve, quelque consolation.

Ce n'est cependant pas le désir d'une religion positive que l'on trouve dans *Corinne*, mais une compréhension plus large de l'idée religieuse, le besoin de croire, une vague inquiétude d'âme lasse de la vie. Mathieu de Montmorency remarquait justement cette disposition nouvelle de Mme de Staël. « Elle frappe quelquefois à la porte de ces grandes et uniques consolations dont nous parlions, mais je ne trouve pas que ce soit jamais assez sérieusement. C'est trop comme un simple objet d'imagination, comme un autre genre de poésie [1]. »

Si nous essayons de nous rendre compte des croyances de Mme de Staël dans *Corinne*, nous sommes d'abord frappés par l'accent de sincère conviction avec lequel elle les exprime, accent que l'on ne trouve pas dans ses œuvres précédentes. Sans doute, elle croyait à

---

[1]. A Mme de Necker de Saussure, 14 janvier 1807. Gautier, *Mme de Staël et M. de Montmorency*, p. 223. Mathieu ajoutait : « Il faut que la conviction et le respect servent de base à ce dont on veut faire un appui pour soi-même. »

Gœthe avait pu justement faire comprendre à Mme de Staël cette poésie du christianisme que Mathieu lui reprochait de sentir trop exclusivement — il disait à B. Constant : « J'aime mieux que le catholicisme me fasse du mal que si on m'empêchait de m'en servir pour rendre mes pièces plus intéressantes. » *Journal* de B. Constant, p. 3.

Les aspirations morales du roman sont très hautes, dans la pratique, l'auteur aurait pu dire avec le poète : « Je vois le bien, je l'aime et je choisis le pire » ; c'est l'époque des scènes avec B. Constant qu'elle cherche à retenir, d'un essai d'intrigue avec Monti, et d'une grande agitation.

Nous pensons au séjour d'Auxerre en 1806, d'où elle va à Vincelles, Rouen, Cernay. — *Corinne* parut à la fin d'avril 1807.

V. aussi les Lettres inédites de Mme de Staël à Monti. *Giornale Storico della Litteratura Italiana*, 1905.

Dieu dans *Delphine*, mais à Dieu être suprême et bienfaisant qui gouverne de haut ses créatures. Il est beaucoup plus près de nous dans *Corinne*. Elle croit à l'intervention presque constante d'une Providence invisible « qui se cache sous la forme des circonstances extérieures » (213). Cette croyance semble même parfois toucher au fatalisme ; « la destinée m'a frappée ; je me débats encore, mais je succomberai »....... « Il y a quelque chose d'invincible dans mon sort, un obstacle contre lequel je lutte et qui me brise en vain... La fatalité ne poursuit-elle pas les âmes exaltées [1]... » Elle s'entretient avec Dieu, entre dans les églises pour prier, et surtout la pensée de la mort la poursuit, même dans ses moments heureux [2].

Une tolérance large et bienveillante pour tous les cultes semble le premier fruit de cette contemplation de l'au-delà. La vie lui apparaît comme « une marche vers le ciel », peu importent les chemins qui y mènent, ils convergent au même but. Elle arrive, par exemple, non pas à aimer le catholicisme, mais à le comprendre [3], et comme elle l'a dit elle-même « tout comprendre rend très indulgent et inspire une grande bonté » ; les pratiques multipliées, qu'elle jugeait inutiles et superstitieuses, peuvent être une nécessité pour certaines natures. Sans doute la religion la plus pure est celle « qui fait du sacrifice de nos passions un hommage à l'Etre suprême » (385), mais pour se soutenir dans cette disposition les pratiques sont un se-

---

1. Œuv. compl., IX, 213.
2. Voir par exemple l'improvisation de Corinne à Naples, la semaine sainte à Rome.
3. Malgré le Concordat qui avait ravivé son antipathie.

cours, « une relation constante avec la divinité... des actions journalières dirigées vers le monde invisible. »

Elle comprend, sans les approuver, les prodigalités du luxe pour le culte religieux, parce qu'elles indiquent dans l'homme un sentiment élevé et désintéressé [1] ; elle est touchée du culte de la Vierge [2]. Corinne et Nelvil assistent à la bénédiction papale « urbi et orbi », et se mettent à genoux avec la foule en pensant « que tous les cultes se ressemblent. »

Comme elle l'a fait pour les systèmes de philosophie, Mme de Staël cherchera surtout dans les religions ce qui les rapproche plus que ce qui les divise, et ce qui convient le mieux à sa nature [3] ; elle entrevoit déjà que c'est l'union de l'âme à Dieu par l'amour ; c'est par là que la religion dépasse la philosophie et la raison. « Si la religion consistait seulement dans la stricte observation de la morale, qu'aurait-elle de plus que la philosophie et la raison, dit Corinne. » Elle atteint le sentiment, voilà sa supériorité. L'amour dans l'Evangile est préféré « même à l'accomplissement le plus exact de tous les devoirs » ; cette leçon ressort du pardon de Madeleine, et de la parabole de l'Enfant Prodigue ; « les sentiments qui jaillissent du cœur, voilà la vraie religion, le véritable amour » (389). C'est un retour de Mme de Staël vers le bonheur par l'amour, et on la sent toute préparée, d'après des déclarations comme celle-ci, à recevoir les enseignements mystiques de Zacharias Werner et de Mme de

---

1. « Oh ! que j'aime l'inutile ! si l'existence n'est qu'un travail pénible pour un misérable gain. » Œuv. compl., VIII, 390.
2. Corinne à Lorette.
3. Elle s'expliquera plus clairement encore dans l'*Allemagne*.

Krüdener [1]. Mais l'amour divin, pas plus que l'amour humain, ne satisfait complètement ici-bas, Mme de Staël revient vite à la réalité, c'est l'état des bienheureux qu'elle se surprend à décrire dans les élans de son cœur, « ce n'est pas celui des mortels..... le sentiment [2] peut être notre récompense, il ne doit pas être notre seul guide.... La vie religieuse est un combat et non pas un hymne » (393). La voie austère de Kant ne se fait-elle pas entendre ici par celle d'Oswald pour rappeler que la loi religieuse doit être d'accord avec celle du devoir. « La raison dans la piété, et l'autorité dans le devoir, sont un frein nécessaire aux orgueilleux égarements du cœur. » Mettre la raison dans la piété, c'est renoncer aux dogmes « qui la blessent »; mais ne pas lui demander cependant ce qui la dépasse, c'est l'incliner devant ce qu'elle ne peut comprendre [3], accepter le mystère qui vient de Dieu, non les contradictions qui viennent des hommes, et s'aider de la religion dans la lutte contre nous-mêmes commandée par la morale.

La religion n'est pas encore pour Mme de Staël le fondement de la loi morale, mais on pressent qu'elle le deviendra, pour peu qu'elle approfondisse sa pensée dans le même sens. Elle veut, à l'époque où nous sommes, l'union entre les deux lois, et répète la formule de Kant qui l'avait ravie: « Je ne connais que deux belles choses dans l'Univers : le ciel étoilé sur nos têtes, et le sentiment du devoir dans nos cœurs [4]. »

---

1. Elle la connaissait déjà depuis août 1801, mais Mme de Krüdener n'était pas encore convertie. V. Eynard, *Vie de Mme de Krüdener*, I, 105.
2. Elle veut dire l'amour senti.
3. Comme en philosophie.
4. Œuv. compl., VIII, 394.

On prévoit aussi qu'une seule chose l'intéressera dans la religion, comme dans la philosophie, le côté moral; et qu'elle se débarrassera du mystère, surtout quand il ne viendra pas confirmer les besoins et les tendances de sa propre nature.

II

La pensée de la vie future tient, ainsi que nous l'avons dit, une grande place dans *Corinne*. Delphine croyait bien à l'âme immortelle, mais sans se demander si cette immortalité serait autre chose que la réunion de ceux qui s'aimaient et que les lois sociales avaient séparés. La croyance de Corinne n'est pas seulement celle d'un esprit élevé, effrayé de la théorie grossière des matérialistes, mais celle d'une fille séparée de son père, et qui désire le revoir ; sa croyance s'est fortifiée de toute la douleur de la séparation, un véritable culte pour l'absent s'unit dans son cœur à celui de la divinité. Ce culte est fait de la protection qu'elle attend de lui ; il peut encore quelque chose pour elle, il est son intermédiaire auprès de Dieu : « J'ai aussi mon intercesseur, dit Oswald, l'ange gardien des enfants c'est leur père, et depuis que le mien est dans le ciel, j'ai souvent éprouvé dans ma vie des secours extraordinaires » (212).

Elle se demande si les ombres des morts peuvent suivre partout les objets de leur affection. — Si nos affaires temporelles les intéressent encore [1]. — S'ils

---

[1]. C'est sur le tombeau de son père que Lucile va prier pour obtenir d'épouser Oswald ; à son père que celui-ci demande des conseils pour le guider dans la vie.

sont sensibles au respect que nous gardons pour leur mémoire et leurs volontés [1], seule marque d'attachement que nous puissions encore leur donner.

Cette puissance du souvenir paternel apparaît dans toute sa force, lorsqu'Oswald s'enferme en pleurant dans l'ancienne chambre de son père, qu'il retrouve à la même place sa canne, son manteau dont il semble prêt à s'envelopper, comme jadis Montaigne de celui de la Boëtie, et surtout quand il assiste à la prière du soir chez Lady Edgermond ; c'est celle « qu'il entendait à la maison paternelle », il est vaincu par le passé. Oswald, bien supérieur à Léonce, est un ancêtre du jeune Roquevillard ; sa terre et ses morts lui ont parlé et leur voix a été plus forte que l'amour [2].

Mme de Staël ne cherche nullement à pénétrer le mystère de l'immortalité ; elle y croit par un besoin de son cœur, et aussi de sa raison dont elle a accepté les limites. Lady Blennerhasset [3] rapporte un de ses entretiens avec Gœthe, dans lequel elle déclarait au grand Allemand que toutes les méditations sur ce sujet ne font pas avancer d'un pas, et qu'il faut s'incliner devant le mystère. Le fruit de ces conversations se re-

---

1. Elle écrira plus tard à Mme de Gérando à propos de son mariage avec Rocca : « Quand je sortirai de l'agitation où me jette un si grand événement dans ma vie, un événement dans lequel je ne peux savoir si mon saint là-haut m'approuve en tout, j'irai vous voir etc... » de Gérando, o. c., p. 77.

2. V. H. Henri Bordeaux. *Les Roquevillard*.
Ceci montre également combien Mme de Staël était attachée au culte professé par son père.

3. T. III, 381. — V. aussi Lacretelle : *Testament philosophique et littéraire*, II, 73 et suiv. « Dieu m'a dit espère, mais ignore, il te faudrait d'autres organes, ou bien il faudrait que ta pensée en fût dégagée pour comprendre les peines ou les félicités que je te réserve. »

trouve tout entier dans *Corinne* : « Inconcevable énigme de la vie, s'écrie-t-elle, que la passion, ni la douleur, ni le génie ne peuvent découvrir, vous révélerez-vous à la prière ? mais ce dernier pas est impossible, et nos vains efforts en tous genres fatiguent l'âme [1]. »

Un autre sentiment se lie au culte des morts et domine dans *Corinne* : la nécessité de nous détacher d'une vie que nous quitterons aussi. Quand la jeune Italienne entend la prière de sa sœur sur la tombe de leur père, elle a une sorte de révélation du peu de valeur de ce qui doit finir. « Ah ! non, dit-elle, il ne faut pas vouloir son propre bonheur à tout prix. Elle passe cette vie pendant laquelle on a tant de désirs, et longtemps avant la mort quelque chose de doux et de rêveur nous détache par degré de l'existence [2]. » Et c'est avec une sorte de jouissance qu'elle accepte ce détachement. « Qu'y a-t-il de mieux sur cette terre, écrira-t-elle bientôt au marquis de Souza, que de passer et de sentir [3] ? » Elle comprend que la nature nous dispose peu à peu à la séparation de tout, en nous faisant assister à la lente déformation de notre être [4] ; en nous lassant de la vie par de vagues aspirations vers un état meilleur; « l'ennui, dit Pascal, de son autorité privée, sort du fond du cœur où il a des racines naturelles. »

Mais ces avertissements indirects ne suffisent pas ;

1. Œuv. compl., IX, 388.
2. Id., 336.
3. Cité par M. Dumoulin. Oswald et Corinne, *Revue hebdomadaire*, 9 octobre 1909.
4. « Cette figure que j'avais, elle va se flétrir, et c'est en vain que j'éprouverais les affections les plus tendres ». Œuv. compl., IX, 382.

pour briser peu à peu nos attaches terrestres, il faut la souffrance, et en particulier celle du cœur. C'est l'effet qu'elle produit sur Corinne. A mesure qu'Oswald s'éloigne « tous les intérêts de la vie l'abandonnent » et elle aspire à la mort. Les merveilles de la nature et des arts ne l'impressionnent plus; avant Lamartine elle a fait entendre ce cri du cœur « un seul être vous manque et tout est dépeuplé [1] »; elle ne jette un regard ému que sur les tombeaux, la mort lui devient la suprême espérance; « vous avez été choisi pour déraciner ma vie de la terre, dit-elle à Oswald, j'y tenais par un lien trop fort » (461).

La douleur de Corinne n'a pas les tourments farouches de celle de Delphine; elle est résignée, presque religieuse; Corinne pleure devant Dieu en lui demandant la force de la supporter; elle envisage la mort comme le juste dont parle Necker [2]; enfin elle se dit que la souffrance, en la séparant de la créature, l'a rendue à sa destinée de voyageur sur la terre [3].

L'œuvre de détachement opérée en nous par la douleur, plus que le perfectionnement qui en résulte, apparaît donc d'abord à Mme de Staël. Elle pressent bien que la douleur peut avoir des effets salutaires sur le caractère [4], se demande s'il n'existe pas un rap-

---

1. « Belle Italie, c'est en vain que vous me promettez tous vos charmes, que pourriez-vous pour un cœur délaissé. »
2. V. le passage qu'elle cite du *Cours de morale religieuse*.
3. Mais elle est encore bien loin de la résignation mystique qu'elle pratiquera vers la fin de sa vie. B. Constant, à la même époque, écrit dans son *Journal* à propos d'une soirée passée chez Langallerie, chef de secte : « Oh! que je voudrais que Mme de Staël se livre à lui, cela l'occuperait. Elle l'a bien vu, mais cela ne prend pas. Elle n'est pas encore prête à se faire dévote », p. 123.
4. La mélancolie d'Oswald le rend plus souple, plus accessible à la pitié.

port qui lie nos malheurs à nos fautes [1], mais il lui faudra quelque temps encore pour faire de la souffrance un agent d'amélioration. « Le bonheur seul, dit-elle, est nécessaire à tout » … « la véritable douleur n'a point de fécondité naturelle, elle endort l'esprit, rend craintif, superstitieux [2]. »

Corinne comprend moins encore la recherche volontaire de la souffrance, elle blâme l'ascétisme des Chartreux, les catacombes l'épouvantent. Enfin la douleur lui semble encore, comme en 1802, le résultat fréquent des conventions sociales qui règlent le mariage d'après certains préjugés, quand l'amour seul devrait en décider; elles empêchent la supériorité des femmes de se développer, et les livrent sans défense à la malveillance de l'opinion, ou mieux elles façonnent de telle sorte cette opinion, que les hommes se persuadent que « c'est un jeu de remplir une âme de bonheur, et d'y faire ensuite succéder le désespoir. »

Mais ces réclamations sont bien moins violentes que celles de 1802. Corinne attribue plus à elle-même qu'à la société les tourments de son cœur : « cette terrible faculté de souffrir qui me tue, c'est une manière de sentir particulière à moi seule » (370). C'est parce qu'elle est un être d'exception que les lois communes ne peuvent lui convenir ; elle ne réclame plus de lois en sa faveur. Le conflit existe bien entre son bonheur et la société, mais c'est surtout sa supériorité qui l'a créé.

---

[1]. Quelques mois plus tard elle apercevra déjà clairement ce rapport ; elle écrit à Mme de Gérando le 16 juillet 1807 : « Je m'accuse beaucoup, parce que je crois à la justice divine, et que j'ai tant pleuré depuis quatre ans qu'il faut croire que je l'ai mérité. » De Gérando, o. c., p. 72.

[2]. « Ah! que la dévotion est douce dans le bonheur. »

CHAPITRE IX

NOUVEAU FONDEMENT DE LA LOI MORALE

I. Mme de Staël n'admet plus de morale indépendante — elle trouve Kant trop sévère — Jacobi trop sentimental. — II. La religion fondement de la loi morale — pourquoi elle mérite de l'être — elle fait la part de la loi et du sentiment — elle explique la douleur.

I

La philosophie kantienne que Mme de Staël avait étudiée, et dont elle avait adopté l'explication de la connaissance, lui offrait aussi en morale des conclusions à examiner.

Si dans Corinne elle subit surtout l'influence religieuse et sentimentale de l'atmosphère allemande, en 1810, elle reprend, avec une étude plus approfondie des doctrines philosophiques, les questions qui l'ont intéressée, et en particulier celle du fondement de la loi morale [1]. Jusqu'ici elle l'a fait dériver successivement de notre droit au bonheur, et de nos instincts généreux, elle a proclamé son entière indépendance

---

1. Cette étude est la suite de la même question, déjà traitée à propos du livre *de la Littérature*, et aurait pu se placer immédiatement après, mais il fallait signaler auparavant le progrès des idées religieuses chez Mme de Staël, puisqu'elle va les utiliser dans l'*Allemagne*; c'est pourquoi nous avons préféré l'ordre chronologique.

de la métaphysique, des lois religieuses ou politiques ; c'est une tout autre opinion que nous trouvons dans l'Allemagne.

Les relations de la morale et de la métaphysique ont frappé Mme de Staël dans sa rapide étude des systèmes anglais, français et allemands, elle en a conclu que l'âme ne saurait se diviser, que tout système adopté par l'intelligence comporte une direction précise pour la volonté ; elle abandonne donc toute idée de morale indépendante, et montre qu'à travers l'histoire de la philosophie, la morale a toujours été, au contraire, la conséquence des idées régnantes en métaphysique. Le matérialisme a fait du plaisir le but de la volonté, la philosophie de l'expérience n'a su expliquer ni le remords, ni l'héroïsme, les théoriciens de l'intérêt national et de l'intérêt personnel n'aboutissent pas à des faits que la conscience puisse approuver [1].

Si, au contraire, on accorde avec Kant à la notion primitive du devoir, la même force qu'à une faculté inhérente de l'esprit, la volonté prendra une orientation nouvelle. Ce n'est plus notre intérêt plus ou moins bien entendu qui devient le mobile de notre volonté ; celle-ci s'efforce de se conformer à la loi inflexible dont elle ne peut douter, et comme cette conformité est faite de sacrifices, car la conscience est un juge inflexible qui n'admet aucune exception, aucune excuse dans l'accomplissement du devoir, la destination de l'homme ne sera pas le bonheur, mais le perfectionne-

---

[1]. Nous avons vu qu'elle avait déjà écarté en 1800 l'intérêt personnel et l'intérêt public comme fondement de la loi morale, c'est pourquoi nous le rappelons seulement, nous ne chercherons que ce qu'elle ajoute à ses idées précédentes.

ment [1]. La satisfaction qui résulte du devoir accompli ne sera pas le but de l'acte moral, mais un résultat accidentel.

Cependant, après avoir examiné cette conception, bien supérieure à celle des autres philosophies, Mme de Staël s'irrite de sa sévérité ; Kant lui semble moins humain que les Stoïciens « qui accordaient davantage à l'empire des qualités naturelles » (351); il suppose la lutte incessante contre nous-mêmes.

Sans doute cette doctrine « quelquefois sèche » est digne de toute admiration, l'austérité du vieillard de Kœnigsberg remplit Mme de Staël de respect, mais ce sentiment du devoir, cette obéissance passive à une loi catégorique, sans autre sanction que la paix de la conscience, ne lui paraît pas un fondement suffisant de la loi morale. Une telle doctrine aboutit à faire de la morale une science dont les principes et leurs conséquences s'enchaînent comme les mathématiques. Si un tel travail est possible en fait de morale sociale [2], il est chimérique de vouloir l'appliquer aux individus, « on ne peut concevoir comment au milieu des abus de la société humaine, un code de morale, quel qu'il fût, pourrait se passer de l'interprétation habituelle de la conscience [3]. » La loi est insuffisante, elle ne tient pas compte de l'élan de l'âme, ne respecte pas assez la liberté individuelle, ne renferme qu'un petit nombre de principes, le plus souvent négatifs. Enfin son plus

---

1. Œuv. compl., XI, 350.
2. Et Mme de Staël a toujours cru possible une science de la morale sociale.
3. Mme de Staël se rapproche ici de Jacobi qui reproche à l'impératif catégorique de détruire le sens moral en le pliant à une règle uniforme.

grave défaut est d'exclure le sentiment de la région morale ; or, sans le sentiment pas d'opinion universelle [1].

Enfin, et c'est la raison la plus grave pour laquelle Mme de Staël se sépare des Kantiens, la conscience, telle qu'ils l'entendent, peut se fausser ; par exemple l'habitude du crime donne à certains caractères un genre de force qui les affranchit du repentir, on arrive à considérer le fanatisme comme un désintéressement, l'orgueil comme de la dignité personnelle [2] ; « l'instinct divin » s'est égaré et amoindri.

Si le sentiment doit avoir un rôle en morale, il ne faut pas non plus lui donner le premier, comme l'a fait Jacobi [3]. Son indulgence ne vaut pas mieux que le rigorisme de Kant. Jacobi veut mettre le sentiment au-dessus de la loi, mais « que répondre à ceux qui prétendraient, en s'écartant du devoir, qu'ils obéissent au mouvement de leur conscience ? » Les âmes vertueuses elles-mêmes ne voudraient pas de ce privilège, car le devoir doit être le même pour tous. Jacobi, confiant dans la moralité absolue du sentiment, établit là-dessus toute une casuistique que Mme de Staël ne goûte pas du tout. Woldemar lui paraît faux comme étude du cœur humain, il sacrifie l'amour à l'amitié, et « ce n'est pas ainsi que parle la nature », Mme de

---

1. « Comment unir ensemble, si ce n'est par le sentiment, la raison et la volonté, lorsque cette volonté doit faire plier nos passions » (XI, 364).
2. Voir Œuv. compl., XI, 366 et suiv.
3. Comme l'avait fait Mme de Staël précédemment. « Jacobi a eu tort de poser en principe qu'on doit s'en remettre entièrement à ce que le mouvement de l'âme peut nous conseiller. » *Allemagne*, Œuv. compl., XI, 365.

Staël le sait par expérience. Elle reproche à Jacobi d'avoir fondé une école de fade sensibilité [1], dont la naïveté devait échouer fatalement contre le persiflage des matérialistes « qui ne respectent que la force ». On comprend que devant ces exagérations sentimentales, Kant ait été tenté de réagir pour « retremper les âmes ».

Villers aussi avait vu dans Kant un professeur d'énergie, et bien plus complètement que Mme de Staël avait admiré son impératif catégorique [2]. Celle-ci a vu avec enthousiasme dans le criticisme une réfutation scientifique du matérialisme, qui répondait à ses besoins intellectuels, elle a applaudi à toutes les conséquences pratiques qu'on en pouvait tirer, mais quand il s'est agi de s'appliquer à elle-même les lois de la Raison pratique, elle les a trouvées froides et incomplètes.

II

Ni l'Impératif catégorique, ni le sentiment seul ne peuvent servir de fondement à la loi morale, parce qu'ils viennent de l'homme et aboutissent à lui, c'est hors de lui que l'individu doit chercher la base de toute moralité, c'est dans la religion. Mme de Staël devient très affirmative à ce sujet. Elle ne veut plus de morale indépendante, il est inadmissible de la séparer de sa croyance; « la religion, dit-elle doit avoir la première

---

1. Mendelssohn, Garve, Sulzer, Engel.
2. V. principalement sa philosophie de Kant, art. VII, p. 166 et suiv.

place, elle veut être tout ou rien [1]. » On ne peut lui faire une place à côté de la morale de l'intérêt personnel par exemple [2], parce qu'elle sera sacrifiée quand le bonheur de l'individu sera intéressé à ce renoncement.

Pour toucher notre cœur, entraîner notre volonté, il faut des motifs d'une haute valeur morale ; l'idée d'un Dieu intelligent et libre nous les fournit ; la loi vient de lui, elle doit nous conduire à notre perfectionnement ici-bas et à la récompense future. La perspective de cette félicité n'est pas contraire à la morale, parce qu'elle est d'une autre nature que les sanctions terrestres, et qu'elle nous fait sacrifier notre égoïsme, « les prémisses de la félicité religieuse, c'est le sacrifice de nous-mêmes... le sentiment qui nous fait aspirer à l'immortalité est aussi désintéressé que celui qui nous fait trouver notre bonheur dans le dévouement à celui des autres. » Mme de Staël se sépare donc tout à fait de Kant au sujet de la sanction de la loi morale, elle semble se souvenir de Rousseau qui lui aussi voulait croire à la rémunération de la vertu ; c'est même une des idées sur lesquelles il insiste pour montrer l'existence de Dieu [3].

---

[1]. On reconnaît dans cette pensée l'inspiration de Mathieu de Montmorency. Il écrivait à Mme Necker de Saussure, le 26 septembre 1812, à propos des idées religieuses de Mme de Staël : « Ce qui est bon et grand par excellence veut être aimé pour soi, et avec un entier abandon des petits intérêts secondaires », et il se plaignait que Mme de Staël vît dans la religion non une fin, mais « un moyen de s'attirer des chances plus heureuses » (v. Gautier, o. c., p. 265). Il y avait donc deux ans que Mme de Staël parlait comme Mathieu et que l'élan du cœur devançait la pratique.

[2]. « C'est de l'athéisme plus un Dieu. »

[3]. V. Profession de foi du Vicaire Savoyard.

La religion n'est pas le sentiment, et c'est le tort de Jacobi d'avoir fait cette confusion [1]; le sentiment veut une réciprocité, « il ne peut pas trouver tout son bonheur dans l'abnégation du bonheur même », tandis que « la religion seule a le secret de cette contrée mystérieuse où les sacrifices sont des jouissances. »

La religion fait la part de la loi positive en demandant l'obéissance au devoir, et la part du sentiment en présentant un Dieu à aimer, « le cœur de l'homme est à la fois dirigé et satisfait » (361).

Enfin la religion mérite d'être le fondement de la loi morale par la place qu'elle fait à la pitié. Mme de Staël ne comprend pas Kant mettant la véracité au-dessus de la charité et livrant son ami au scélérat pour ne pas mentir, « dès que l'intérêt personnel est écarté d'une question, les sophismes ne sont plus à craindre, et la conscience prononce sur toutes choses avec équité » (352).

Elle admet aussi que seule la religion donne une explication satisfaisante de la douleur, en en faisant un moyen d'expier des fautes dont l'âme ne pourrait se consoler autrement. La religion apaise les remords, ce qui est un bienfait autant que de les éveiller, elle nous fait voir dans l'épreuve un moyen de reconquérir l'amitié de Dieu que nous avons perdue. Le coupable voit dans sa souffrance une réparation du passé ; l'innocent l'accepte comme moyen de perfectionnement. C'est dans les *Réflexions sur le Suicide*, que se trouvera le complément de ce chapitre sur la douleur, où le

---

[1]. Jacobi ne croit pas à l'athée honnête homme — le sentiment religieux et le sentiment moral se lient étroitement dans sa doctrine. V. Jacobi. *Sämm. W.*, VI. 174, et Lévy Bruhl, o. c., p. 117.

solitaire chrétien essaye de consoler Rousseau de ses chagrins en lui suggérant des motifs de résignation.

La religion, que Mme de Staël désigne ainsi comme base de la morale, n'est pas une religion positive plutôt qu'une autre ; c'est la religion naturelle, faite de la croyance en Dieu, en l'âme immortelle, à la justice divine qui récompense le bien, et nous châtie ici-bas par l'épreuve ; ces croyances-là sont nécessaires à la majorité, Mme de Staël les souhaitait pour la nation fatiguée des excès du matérialisme ; mais elle ne s'en est pas contentée pour elle-même. Déjà, à l'époque de *Corinne*, elle avait essayé de chercher dans la religion des consolations intimes, elle n'avait pas abandonné cette tentative, d'autant moins que ses fréquentations, autant que ses inquiétudes d'âme, l'avaient ramenée à l'étude des questions mystiques.

CHAPITRE X

LE MYSTICISME

I. Fréquentations mystiques de Mme de Staël — Mme de Krüdener, ne l'influence pas — Zacharias Werner, comment sa doctrine et sa personne l'intéressent. — II. Le sentiment de l'infini fondement de toutes les religions — même idée chez Ancillon — rôle négatif et positif de la raison dans les questions religieuses. — Manière analogue dont Mme de Staël comprend les religions et les philosophies — elle ne comprend pas tout Fénelon. — Comment sa religion dépasse celle du Vicaire savoyard. — III. Acceptation de la douleur — grandeur de la résignation — sur quels sentiments philosophiques et religieux elle est fondée.

I

Elles n'étaient pas tout à fait neuves pour elle, puisque son mari s'était lié d'amitié avec les illuminés venus à Paris vers 1789, entre autres avec Reuterholm, et par lui elle avait pu connaître leurs étranges doctrines, qu'elle n'était nullement disposée alors à examiner. « Ce que M. de Staël a pu faire de concessions sincères au mysticisme aveugle de son temps, fait un contraste étrange avec la fermeté d'esprit que Mme de Staël opposait à ces aberrations, comme sa connivence à l'égard de la Convention nationale contraste avec la noble conduite de sa jeune femme envers la reine en 1793[1]. » Cette opposition n'empêchait pas l'ambassadeur de recommander le salut de sa femme aux ma-

---

[1]. Geffroy, *Gustave III et la cour de France*, II, 272.

gnétiseurs et aux prophètes. « Priez pour ma femme ; puisse-t-elle ne jamais connaître les angoisses que je subis[1]. » Elle devait précisément en connaître du même genre.

En 1809, Coppet devint un véritable « congrès des religions : le catholicisme y était représenté par Mathieu de Montmorency, le quiétisme par M. de Langallerie[2], l'illuminisme par M. de Divonne, le rationalisme par le baron de Vogt, l'orthodoxie calviniste par le pasteur Moulinié[3], B. Constant faisait la synthèse[4] ». Mais longtemps avant, Mme de Krüdener et Z. Werner en avaient fait l'ouverture. Leurs relations avec Mme de Staël sont assez connues, cherchons seulement en quoi elles ont pu l'influencer.

En 1808, le séjour de Mme de Krüdener à Sécheron favorisa son intimité avec Mme de Staël ; la première, dans toute sa ferveur de néophyte, était sous l'influence du peu recommandable Fontaine ; elle se croyait « de ces milliers dont il voulait être le nouveau saint Paul », en était aux extases et aux révélations[5] ; la

---

1. Gustave III et la cour de France, II, 273. A. Reuterholm, 1789.
2. Ce fut lui qui recommanda à Mme de Krüdener la lecture de Mme Guyon.
3. Qui n'était peut-être pas un des meilleurs représentants de cette orthodoxie. Il prit la défense d'Empaytaz, lorsque le conseil des pasteurs de Genève voulut le chasser de sa compagnie en nov. 1813. V. Eynard, *Vie de Mme de Krüdener*, II, 259.
4. P. Gautier, *Mme de Staël et Napoléon*, p. 283.
On peut dire que Mme de Staël était préoccupée des questions religieuses depuis 1802, puisque Lacretelle raconte qu'à cette époque elle discutait souvent avec son père « sur les insondables mystères » — mais ce n'est que bien après la mort de Necker que ses préoccupations ont pris une teinte mystique. V. Lacretelle, *Testament philosophique et littéraire*, II, 73 et 103.
5. « Pensez, écrivait-elle à une amie, le 21 juin 1808, que j'ai éprouvé, dans le vrai sens du mot, des miracles ; que j'ai été initiée dans les plus profonds mystères de l'éternité, et que je pourrais vous dire bien des choses sur la félicité future » (Eynard, o. c., I, 183).

seconde, troublée par le malheur et la passion, cherchait un remède à ses agitations intérieures ; si son esprit eût été plus docile, moins avide de comprendre les doctrines qu'on lui exposait, peut-être se serait-elle laissée entraîner par cette nature ardente qui l'intéressait ; mais elle était si loin de comprendre les compromis avec le bon sens que Mme de Krüdener le sentit, et n'osa pas lui révéler par quelles voies extraordinaires elle était arrivée à posséder ce calme, envié par Mme de Staël.

Elle exerça un zèle discret, parla seulement des joies de la prière et de l'amour de Dieu, de la paix délicieuse dont elle jouissait après tant d'orages [1].

Elles discoururent ensemble du ciel et de l'enfer [2], mais il ne semble pas que Mme de Staël ait été très impressionnée, moins encore influencée dans le sens mystique par son interlocutrice. Elle a été attirée vers elle, comme elle l'était vers les célébrités et les natures enthousiastes, il ne s'est pas formé entre elles une de ces amitiés qui comptent dans la vie [3]. Une intimité trop grande n'aurait-elle pas amené Mme de Staël à conclure, comme Bonstetten, que la missionnaire était « complètement folle », et si Dieu seul fut chargé de la conversion de Delphine, c'est que l'apôtre la jugeait « trop loin du port » et trop rebelle à son influence.

1. (Eynard, o. c., I, 185) : « Ah oui ! s'écriait Mme de Staël, c'est du calme qu'il me faudrait, ce calme après lequel je soupire et que je ne puis obtenir. »
2. Bonstetten Briefe an F. Brun, 12 octobre 1809, p. 281.
3. Cependant il est probable qu'elles ont conservé longtemps de vagues relations, puisqu'en 1815 Mme de Krüdener écrit dans son *Journal* qu'elle a reçu « le jeune de Staël, fils de Mme de Staël ». Eynard, o. c., II, 75.

— 134 —

Cependant, quelques années plus tard, Mme de Staël exprimait à de Gérando sa satisfaction de savoir l'empereur Alexandre en rapports avec Mme de Krüdener, parce qu'elle pouvait l'entretenir dans des idées élevées et généreuses ; elle ajoutait : « Exprimez bien, je vous prie, à Mme de Krüdener mon désir de la revoir, elle a vraiment beaucoup de grâce dans l'esprit [1] » ; c'est sans doute le langage de l'admiration, mais il n'a rien qui rappelle un enthousiasme, et indique assez bien ce qui, dans Mme de Krüdener, avait charmé Mme de Staël : l'élévation de l'âme.

Zacharias Werner l'intéressa bien davantage [2] ; c'était un poète de renom, le représentant du mysticisme au théâtre allemand ; il avait un but assez défini, « répandre la religion du très saint amour », et peut-être l'intention de former une secte dont Coppet serait une pépinière de disciples. « Tous les jours à table, raconte le danois Œhlenschlaeger, il tenait dans son patois une espèce de conférence sur son esthétique mystique [3]. On l'écoutait avec beaucoup d'attention, et il s'en fallait de peu qu'il n'eût fait des prosélytes. Mme de Staël elle-même écoutait Werner avec admiration, et me grondait parce que je ne prenais pas ses opinions assez à cœur [4]. » « Les opinions de Werner sous le rapport de l'amour et de la religion, dit-elle à son tour, ne doivent pas être légèrement examinées [5]. » Elle loue sa sincérité, tout en lui reprochant

1. De Gérando, o. c., p. 79.
2. Il lui fut présenté par le prince de Bavière à la fête d'Interlaken en 1807.
3. Il parlait très mal le français.
4. H. Düntzer, *Zwei Bekehrte*, p. 242.
5. Œuv. compl., XI, 9.

de se faire du théâtre un instrument de propagande pour des opinions qui doivent rester personnelles ; elle sourit de sa croyance à la prédestination dans l'amour [1], de l'indulgence de Léon X [2], n'aime pas les allégories et les tableaux féroces [3] du théâtre mystique, et condamne le genre en général, mais ce qui lui reste, c'est le zèle de Werner pour régénérer l'humanité, la manière dont il « comprend avec son âme tous les cultes chrétiens », sa tendance à concilier les doctrines les plus contraires pour enflammer les hommes, les rendre tout amour et toute bonté, il voulait, disait-il « rendre un esprit religieux à l'humanité si profondément déchue ; voilà le seul but où doit viser non seulement tout maçon, mais aussi tout citoyen, tout auteur. Cet esprit religieux est une espèce de poésie la plus sublime et la plus nécessaire ; personne ne peut s'en passer ; le monde entier devra s'en pénétrer tôt ou tard [4]. » Evidemment Mme de Staël a partagé cette opinion.

Quant à l'homme, ce n'était pas seulement le rustique barbouillé de tabac ; il était aimable, ouvert, sympathique, savait plaisanter avec un certain humour sur lui-même [5], et exerçait même « un attrait spécial sur les dames [6] ». C'était pour Mme de Staël une de ces curiosités psychologiques dont elle était plus avide que des beaux spectacles ; il était très malheureux, « fatigué par toutes les joies et toutes les douleurs » ; il lui rappelait ses propres souffrances, les droits de la pas-

1. Dans *Luther*, Catherine et Luther sont prédestinés l'un à l'autre.
2. V. *Attila*.
3. V. *Allem*. Œuv. compl., XI, chap. xxiv.
4. Cité par la *Biographie Universelle* de Michaud, art. Werner.
5. V. H. Düntzer, *Deux convertis*, p. 142.
6. Id., *ibid.*, p. 18.

sion qu'elle avait proclamés, les élans d'une nature généreuse qui demande trop à la vie, et peut-être des expériences qu'elle aurait faites elle-même, si elle avait poursuivi sa lutte contre les lois sociales. Elle ne lui demande pas du calme, comme à Mme de Krüdener, elle essaye de lui en donner. Elle le reçut plusieurs fois à Coppet [1], lui écrivit [2], et lui conseilla d'aller à Rome, parce qu'elle jugeait que ce voyage lui ferait du bien [3]. Au sujet de sa conversion au catholicisme, elle écrivit à Sophie de Schardt : « Je ne partage pas l'opinion de notre ami Sismondi. Le caractère de Werner lui rendait la religion catholique nécessaire, il avait besoin de soutiens de tous côtés, il avait tellement souffert qu'il craignait également la vie et la mort. Je connais très bien cet état ; M. Sismondi est une tête trop instruite pour pouvoir le comprendre [4]. »

Mme de Staël subissait bien d'autres influences mystiques que celle de Werner ; Schlegel songeait sérieusement à se convertir, le culte protestant, disait-il, « ne suffit plus à mon cœur » [5], il louait Mme Gyuon et

---

1. En octobre 1807, en 1809 et 1815.
2. Cette correspondance est malheureusement perdue. M. le duc de Broglie a bien voulu nous faire savoir que les lettres de Z. Werner, signalées par M. Paul Gautier dans *Mme de Staël et Napoléon*, d'après le catalogue des archives de Broglie, n'ont pas été retrouvées. Il ne croit pas non plus qu'elles aient jamais été publiées.
3. Elle lui donna avec son conseil des recommandations, mais pas d'argent probablement. Il a fait le voyage, dit-il, par son moyen « durch ihre Wermittelung » V. Düntzer, *Deux convertis*, p. 176. Les renseignements qui suivent cette citation indiquent que Werner n'avait pas besoin d'argent.
4. Lady Blennerhasset interprète ainsi ce passage: lors de la conversion de Z. Werner, Mme de Staël fut la seule de sa société qui le félicita d'avoir trouvé dans cette voie l'appui dont il avait tant besoin, t. III, p. 400.
5. Voir sa lettre à M. de Montmorency dans *Coppet et Weimar*, 194-202.

Saint-Martin, et c'est lui que Bonstetten accuse d'avoir changé Coppet [1]; B. Constant ne se laissait pas encore cathéchiser par Mme de Krüdener, mais Werner lui avait recommandé le sort de la religion en France, et il n'avait pas décliné l'offre ; Mme Récamier, après sa crise, écoutait plus docilement les conseils de Mathieu de Montmorency [2], il lui offrait toujours discrètement des consolations religieuses qui devaient plus tard être utilisées [3] ; Mme de Staël, tout à ces idées, composait son drame biblique de la Sunamite dans lequel B. Constant devait avoir le rôle d'Ezéchiel et ressusciter quelqu'un ; mais surtout elle lisait les mystiques et les méditait [4].

Qu'a-t-elle gardé de leurs doctrines et de leur fréquentations ?

II

La quatrième partie de l'*Allemagne*, consacrée à la religion, nous renseigne suffisamment. En passant en revue les différents cultes, elle n'a pas caché ses opinions personnelles.

Pour elle, toute religion est fondée sur le sentiment de l'infini, sentiment qu'il est impossible de démontrer,

---

1. « Ces gens-là, vous le verrez, deviendront tous catholiques, bohêmes, martinistes, mystiques, et tout cela à propos de Schlegel, qui de plus en plus fait des Allemands » Lettres à F. Brun, p. 241.

2. V. Herriot. *Mme Récamier et ses amis*, I, chap. VIII, 183 et suiv.

3. V. Gautier. *Mme de Staël et M. de Montmorency*, 229-230.

4. Ces faits sont rapportés par Bonstetten. Lettres à F. Brun, 12 octobre 1809, p. 282. « Quand Mme de Staël se promène seule en voiture, elle lit les mystiques. »

« Mme de Staël se sent beaucoup d'attrait pour les Œuvres de Fénelon et les lit constamment. » Schlegel à M. de Montmorency, 1811.

qui est un fait de l'âme, un fait primitif qui va beaucoup plus loin que les connaissances (414) et qu'elle comprend de la même manière qu'Ancillon [1]. Ce n'est pas là un christianisme de raison [2], mais de foi. — Le christianisme de raison serait « celui des esprits secs qui voudraient faire arriver la religion aux honneurs de la démonstration scientifique », c'est vouloir l'impossible. La raison a bien un certain droit d'examen sur nos croyances, et le protestantisme en faisant de ce droit la base de sa doctrine a suivi la marche du progrès, mais il l'a exagéré. Ses théologiens ont abouti au rationalisme pour n'avoir pas vu que « c'était mal diriger l'esprit d'examen que de vouloir l'appliquer aux vérités qu'on ne peut pressentir que par l'élévation et le recueillement de l'âme [3]. » En religion, comme en philosophie, la raison doit avouer à temps son impuissance, « signaler les régions incompréhensibles, sans prétendre ni les nier ni les soumettre au langage ; c'est se servir de l'esprit d'examen selon sa nature et son but » (427).

Il reste bien que, pour Mme de Staël, la foi est essentiellement affaire d'intuition et de sentiment. Il faut laisser à chacun la liberté de suivre l'impulsion de son

---

1. « L'infini nous est inconnu, mais nous savons qu'il existe, et cette idée donne naissance à une sorte de mysticisme involontaire, inévitable qui se retrouve partout. — Le sentiment de l'infini nous fait soupçonner et pressentir des vérités, là même où nous ne pouvons plus apercevoir clairement des objets..... il est le point de départ de toutes les sciences, et le point auxquels elles aboutissent. » *Mélanges philosophiques et littéraires*, I, p. 34. Ancillon fait aussi une longue distinction entre le vrai et le faux mysticisme ; son vrai mysticisme est plus raisonnable que celui de Mme de Staël.

2. Faguet, o. c., p. 155 : « Au fond de l'âme, Mme de Staël avait toujours été chrétienne..... un christianisme de raison et non de foi ».

3. Œuv. compl., XI, 425.

cœur, et ce qu'il croit la vérité. Pourquoi critiquer par exemple « les inductions » de Stôlberg sur le salut des criminels acheté par les innocents ? ou s'étonner de la simplicité des mœurs des Moraves, s'il leur convient d'interpréter comme ils le font la doctrine évangélique ?

Le rôle de la raison dans les choses de la foi n'est pas entièrement négatif, il consiste encore à préserver les esprits de l'absurde, c'est en quoi Mme de Staël se sépare de Mme de Krüdener et des visionnaires illuminés [1]. Or, l'absurde, c'est de croire à une communication directe avec la divinité, à des lumières extraordinaires sur les circonstances de notre vie, en un mot à tout ce qui prétend dépasser les phénomènes naturels. Les mystiques voient dans toutes les idées que leur suggère une imagination vaniteuse une impulsion céleste, et Mme de Staël a très bien dénoncé l'orgueil caché dans le mysticisme. Elle s'explique très clairement au sujet de ces prétendues réponses du ciel à propos des Moraves qui tiraient au sort pour savoir s'ils se marieraient : « Au lieu de s'en tenir à la soumission, à la volonté du ciel, ils se figurent qu'ils peuvent la connaître, ou par des inspirations, ou, ce qui est plus encore, en interrogeant le hasard. Le devoir et les événements manifestent à l'homme les voies de Dieu sur la terre ; comment peut-il se flatter de les pénétrer par d'autres moyens [2]. » Tout au plus admet-elle que la réponse d'en haut soit le calme,

---

1. Martin Saint-Léon, J. Bœhm, les Francs-maçons, Rose-Croix. Voir aussi sur les états mystiques (auxquels évidemment Mme de Staël n'a jamais attribué de valeur), *Revue philosophique*, 1905, art. de M. de Montmorand.

2. Œuv. compl., XI, 431.

et quelquefois la force intérieure qui succède à la prière [1].

Le rôle de la raison consiste aussi à préserver le sentiment religieux de tout dogmatisme qui voudrait entraver sa liberté qui, en offrant un code pour chaque instant de la vie, empêcherait les mouvements spontanés de l'esprit ; celui-ci veut être guidé, mais non asservi. « Liberté et religion se tiennent dans ma pensée », écrivait-elle à de Gérando [2] en 1815.

Ces réserves faites, et elles sont importantes, Mme de Staël laisse toute liberté à l'essor individuel vers la divinité, pourvu qu'il arrache l'âme à ses intérêts égoïstes. Elle définit expressément les mystiques : « Les chrétiens qui mettent l'amour dans la religion [3] » ; ce sont ceux-là qu'elle comprend et qu'elle défend de deux accusations que l'on adresse généralement à tous : d'accepter, sous prétexte de résignation, jusqu'à leurs défauts mêmes, et d'arriver ainsi aux principes de morale les plus relâchés ; d'affaiblir les caractères par une soumission aveugle à la volonté de Dieu qui entraînerait, par voie de conséquence, une soumission servile à celle des hommes.

1. Elle aurait ri certainement de B. Constant qui passait des heures étendu par terre chez Mme de Krüdener, à attendre du ciel les réponses qu'il désirait. « Un jour la duchesse de Bourbon arrivant inopinément à une de ces séances, Benjamin se prosterna si bien que son nez touchait le plancher. » Note du *Journal* de B. Constant, p. 146.

2. De Gérando, o. c., p. 79.

3. Il ne semble donc pas très exact de dire : « Cette fièvre d'amour et cette ivresse du divin qui sont la marque des grands mystiques, Mme de Staël ne les a pas cru essentiels au mysticisme » (Billion, *Revue d'histoire littéraire de la France*, janvier, mars 1910), puisque c'est bien le besoin d'amour qui l'a rendue plus religieuse et qu'elle en fait la base de la croyance, mais il est vrai « qu'elle négligea les formes extrêmes de la doctrine des mystiques. »

Il y a une analogie frappante entre la manière dont Mme de Staël considère les philosophies et les religions. En réclamant d'abord les droits du sentiment en religion, comme elle l'avait fait en philosophie, elle ne veut pas plus de métaphysique religieuse que de métaphysique philosophique. La métaphysique religieuse, ce sont les dogmes, les subtilités de la dialectique, les commentaires minutieux appliqués aux choses de la foi.

De plus, elle transporte dans les questions religieuses son éclectisme philosophique, plus prononcé encore. Elle juge les religions, comme les systèmes, par leur tendance générale et se préoccupe de chercher dans chacune par quoi elle ressemble à toutes : « En quoi diffèrent-ils donc entre eux ces hommes religieux dont l'Allemagne s'honore ? et pourquoi les noms de catholiques et de protestants les séparaient-ils ? » (448). Ces deux religions ne viennent pas « de ce qu'il y a eu des papes et un Luther », ce sont deux tendances contraires de l'esprit humain, « le besoin de croire et le besoin d'examiner. » Pourquoi, au lieu de les opposer l'une à l'autre, ne chercherait-on pas à les concilier ? Une seule opposition est radicale, celle qui existe entre « ceux qui se conduisent par le calcul, et ceux qui sont guidés par le sentiment [1] » (449).

Le mysticisme ou l'amour dans la religion, devient donc supérieur à toutes les confessions chrétiennes et les domine. C'est dans cette pensée qu'elle écrivait à de Gérando : « Je crois le mysticisme, c'est-à-dire la religion de Fénelon, celle qui a son sanctuaire dans le cœur, qui joint l'amour aux œuvres, je la crois une réformation de la Réformation, un développement du

---

1. Œuv. compl., p. 78, 1815.

christianisme qui réunit ce qu'il y a de bon dans le catholicisme et le protestantisme [1]. » Elle espérait d'ailleurs que ces distinctions disparaîtraient, que le sentiment religieux triompherait des formes des différents cultes.

Mais avait-elle bien compris Fénelon en faisant l'idéal du mystique ? N'a-t-elle pas été séduite par « la parole ravissante du plus tendre des prêtres chrétiens [2] », par sa compassion intelligente pour les misères morales et son besoin d'aimer, et enfin par ce sens de la vie qu'il unit quelquefois à la plus haute spiritualité [3] ? Elle n'a pas vu que sa guerre si séduisante à l'égoïsme pouvait conduire à l'inaction, à l'abandon de sa volonté à celle d'autrui [4] et que c'est, en définitive, le principe d'autorité qui inspire toute la conduite de Fénelon ; elle ne l'a pas suivi non plus quand il parle de renoncement, même au goût de l'amitié et à la bonté du cœur [5] ; il est resté pour elle le consolateur indulgent et tolérant : « Il n'y a là ni fanatisme, ni austérité autre que celles de la vertu, dit-elle, de ses

---

1. Œuv. compl., 79, 1815.
2. Paul Janet, *Fénelon*, p. 112.
3. En particulier dans ses *Lettres au chevalier de Ramsay*.
4. « Je souhaite infiniment que vous receviez d'un cœur ouvert et docile tout ce qu'on vous dira pour votre correction intérieure. Vous avez besoin que N. conserve sur vous une vraie autorité. Elle vous connait à fond ; Dieu vous l'a donnée pour mère spirituelle.... Ne vous fiez à vous-même sur rien. Ayez horreur de vous... » Œuv.; édit. Hachette, t. IV, p. 160-161.
5. Toutes les générosités, toutes les tendresses naturelles ne sont qu'un amour-propre plus raffiné, plus flatteur, plus séduisant, plus aimable, plus diabolique. Il faut mourir sans réserve à toute amitié... Il me parait que vous avez encore un goût trop naturel pour l'amitié, pour la bonté du cœur...... C'est sans doute ce qu'il y a de meilleur selon la raison et la vertu humaine, mais c'est pour cela même qu'il faut y renoncer. Œuv., IV, p. 134.

œuvres. Les diverses communions chrétiennes ne peuvent être senties à cette hauteur [1]. »

Mme de Staël avouait donc volontiers, comme Mme de Krüdener, qu'elle n'était ni catholique, ni grecque, ni protestante [2], qu'elle était mystique, mais d'une manière toute personnelle, sans visions, sans extases, sans croire aux miracles ni à d'autres mystères que ceux du sentiment.

Son « christianisme positif », dont parlent ses biographes, semble s'en tenir aux dogmes du Vicaire savoyard ; mais il dépasse la célèbre profession de foi par plus d'amour dans les relations avec Dieu, par une prière plus confiante qui mêle la divinité à nos pensées et à nos actions, et en fait en quelque sorte le témoin de notre vie intérieure ; « il faut prier comme on aime, dit-elle... Celui qui, le premier, appela Dieu notre père en savait plus sur le cœur humain que les plus profonds penseurs du siècle [3]. » Son évangile n'est donc pas entièrement celui de Rousseau, qui ne répondait pas complètement à ses aspirations, ni celui de Mathieu de Montmorency qu'elle trouvait exagéré [4], moins encore celui des théosophes et des martinistes ; il se rapproche souvent de celui de Jacobi par le souci de dominer toutes les formes du

---

1. Œuv. compl., XI, 461.
2. Voir la profession de foi de Mme de Krüdener. Eynard, o. c., II, 37-193.
3. Œuv. compl., XI, p. 478.
4. « Notre ami Mathieu est exagéré, mais il y a un fond de bonté dans son âme qui lui fait sentir le vrai lors même qu'il ne se l'avoue pas ». A de Gérando, o. c., p. 79.
Au même, le 24 septembre 1815 : « J'espère que Camille sera à Paris cet hiver et que cet excellent ami se joignant à nous, nous calmerons un peu l'exagération de Mathieu que nous ne cesserons jamais d'aimer et de vénérer », p. 83.

culte [1], et de satisfaire avant tout, par le développement du sentiment religieux, à nos aspirations vers l'infini [2].

De plus, et cette préoccupation est plus grande chez elle que chez tous ses amis mystiques, elle veut, ainsi qu'elle l'écrivait, « joindre l'amour aux œuvres » ; elle craint de « dissoudre l'activité humaine » ; elle comprend, non seulement l'amour qui calme et rafraîchit l'âme, mais surtout celui qui agit, le christianisme d'action qu'elle enseignait à ses enfants et pratiquait en redoublant ses aumônes, celui qui rend plus fidèle au devoir, et celui-là doit nous faire accepter même la douleur.

III

Dans *l'Allemagne*, Mme de Staël considère la douleur, non plus comme un amoindrissement de nos facultés, mais « comme un des éléments nécessaires de la faculté d'être heureux » et un moyen d'entretenir l'activité de l'âme [3] ; mais c'est dans les *Réflexions sur le Suicide*, qu'elle montre toute la transformation qu'ont subie ses idées à ce sujet. Elle consacre une section

---

1. « Je tiens toutes les théologies pour vraies, disait-il, par leur côté mystique..... Selon moi, les différentes dogmatiques ont le même rapport à la crainte de Dieu et à la vertu que les différentes formes d'états au principe de la sociabilité. » A Stolberg, 29 janvier 1794, cité par Levy-Bruhl, o. c., p. 93.

2. Jacobi professait, comme Mme de Staël, qu'il ne faut sourire à aucune opinion sincère, que même la superstition est respectable et qu'elle marque quelquefois une étape intéressante de l'histoire des religions. V. S. W., I, 281.

« Les égarements même de la pensée, dit Mme de Staël, sont bien moins à craindre, pour le repos et la moralité des hommes, que l'absence de la pensée. » Œuv., XI, p. 87.

3. V. Œuv. compl., XI, 4e partie, chap. VI.

(la seconde) à exposer les principes chrétiens qui se rapportent au suicide, les citations du Nouveau Testament se pressent sous sa plume, elle réfute Rousseau et les athées, et l'éloquence de son style nous persuade cette fois de sa sincérité. Aux préceptes positifs de la religion, elle juge utile d'ajouter une démonstration philosophique qui en dépend, au sujet de l'imperfection du suicide et de l'acceptation de la douleur relativement à la dignité morale de l'homme. Elle démontre que la vraie grandeur est celle du dévouement qu'impliquent nos actions ; le don de soi, sans retour égoïste, tel est le plus haut degré de perfection que l'on puisse atteindre et la jouissance la plus sereine qu'il nous soit donné d'éprouver. Mais avant d'accomplir l'acte suprême de l'humanité, dont le Christ lui-même nous a donné l'exemple, nous avons à lutter contre notre égoïsme. Le tissu de la vie d'un être moral se compose presque entier de l'action et de la réaction continuelle de la force intérieure contre les circonstances du dehors et des circonstances extérieures contre cette force. Elle est la vraie mesure de la grandeur de l'homme, mais elle n'a droit à notre admiration que dans l'être généreux qui l'oppose à lui-même et sait s'immoler quand elle le commande.

On retrouve dans ces idées le principe de la morale de l'*Influence des Passions*, mais épuré, élargi. Au lieu d'un froid stoïcisme qui n'avait d'autre valeur qu'un calcul utilitaire, Mme de Staël nous présente ici un véritable idéal moral. L'idée religieuse donne un sens nouveau à notre immolation, et au point de vue philosophique l'idée du renoncement et de la résignation est présentée ici avec une force et une profondeur nouvelles.

Si l'homme est contraint de repousser les espérances flatteuses que lui offre la carrière des passions, ce n'est pas simplement pour s'épargner des désillusions douloureuses et inévitables, mais c'est pour suivre la loi de la nature et de sa destinée. Il n'est pas placé dans la vie sans aucun lien avec les êtres ni les choses ; il ne peut subsister qu'au milieu d'eux et par eux. Le seul fait de son existence entraîne pour lui, à chaque instant, des obligations, des froissements nécessaires. Il est, pour ainsi dire, pris dans tous les événements de la vie comme dans les pièces d'un mécanisme puissant dont il ne peut arrêter le mouvement, il n'est lui-même qu'un organe de ce mécanisme immense, la nature. Mais cette condition ne lui fait pas perdre sa grandeur morale, car, s'il ne peut remonter le cours irrésistible des événements, il a le privilège de pouvoir s'y opposer et de périr dans cet effort ; c'est le roseau pensant de Pascal. De la pensée et de la liberté (l'une serait sans l'autre un privilège illusoire), il tire une dignité incomparable : celle de l'obéissance volontaire et consciente aux lois irrésistibles que subissent tous les êtres. C'est pourquoi, « l'élévation de l'âme tend sans cesse à nous affranchir de tout ce qui est purement individuel, afin de nous unir aux grandes vues du Créateur de l'univers. »

Ce serait d'une philosophie trop courte encore de se soumettre volontairement à la nécessité des lois de l'existence, pour l'unique raison que l'on ne peut y résister et que c'est, en définitive, le meilleur parti à prendre pour éviter la douleur. Les sages antiques ont connu cette soumission à la nature, et à la cause toute-puissante qui lui a imposé des lois ; il faut y ajouter d'autres motifs :

Puisque c'est Dieu qui nous a tracé le chemin que nous devons suivre ici-bas, ce chemin ne peut manquer de nous conduire à notre fin ; si nous n'en voyons pas bien le terme, si nous n'y parvenons qu'au prix de douloureux efforts, notre confiance ne doit point en être ébranlée, « l'amélioration de notre propre cœur nous révèle l'intention bienfaisante qui nous a soumis à la peine [1]. »

Lorsqu'on est convaincu de l'existence de Dieu, de sa sagesse et de sa bonté infinie, il faut voir sans doute dans la soumission aux lois de l'existence l'acte suprême de la liberté, de l'intelligence et du cœur de l'homme, parce qu'il se conforme ainsi au plan de son Créateur, c'est là sans doute le sommet de la pensée de Mme de Staël, et ce peut être en effet celui d'une philosophie de la vie [2].

Mais, avant de l'apercevoir clairement, Mme de Staël a dû s'en rapprocher peu à peu par une marche ascensionnelle vers « la plus haute dignité morale de l'homme », maintes fois essayée, maintes fois renouvelée, à travers le sacrifice de toutes ses passions et de toutes ses espérances.

---

1. *Réflexions sur le suicide.*
2. Peut-être Mme de Staël n'y serait-elle pas parvenue sans l'apaisement moral que lui a donné l'amour de Rocca, mais ceci n'enlève rien à la valeur de la doctrine.

TROISIÈME PARTIE
IDÉES PÉDAGOGIQUES
PÉDAGOGIE INDIVIDUELLE

CHAPITRE XI

COMMENT Mme DE STAËL A ÉTÉ PÉDAGOGUE

I. Fréquentations pédagogiques de Mme de Staël — Mme Necker de Saussure — Mme de Staël aime les enfants — son sexe et son pays la prédisposent à être pédagogue. — II. Influence de Mme Necker — comment Mme de Staël a subi l'influence de sa mère, comment elle a réagi contre elle. — III. Idées pédagogiques des Lettres sur Rousseau — Mme de Staël se sépare de Rousseau — caractère pratique de sa pédagogie.

I

Les meilleurs esprits du xviiie siècle ont eu pour les questions d'éducation un goût très prononcé, presque « une manie [1] »; ils ont cherché à résoudre les problèmes pédagogiques conformément à l'idéal social qu'ils s'étaient créé, et d'après leur nouvelle théorie du monde moral. Aucune science ne leur

---

1. Compayré, *Histoire des doctrines pédagogiques*, II, 14.

permettait mieux, en effet, d'observer l'homme, non plus, comme au xvii° siècle, d'après un type conçu d'avance, mais d'après les principes de la « philosophie des lumières » ; or, pour elle « l'homme continue la nature, d'où il suit que pour le connaître, il faut l'observer en elle, après elle, et comme elle, avec la même indépendance, les mêmes précautions et le même esprit... Les conclusions sur l'âme, sur son origine, sur sa destinée, ne doivent venir qu'ensuite et dépendent tout entières, non de ce que la révélation, mais de ce que l'observation aura fourni [1] ». Or, on observe partout : « en Allemagne, en Angleterre, comme en France, il n'y a pas d'affaire plus importante, de question plus souvent agitée que la fabrication de l'homme idéal et du citoyen parfait [2]. »

L'importance des questions pédagogiques n'a point échappé à la clairvoyance de Mme de Staël ; seulement elle n'a pas résumé ses opinions dans un traité, comme le faisaient autour d'elle Mmes d'Epinay, de Genlis, Necker de Saussure ; elle s'est contentée de les donner en passant, quand l'occasion s'en est présentée ; en parlant de Rousseau, par exemple, dans les lettres qu'elle lui consacre, ou quand elle vient de faire la connaissance de Pestalozzi. Leur valeur n'en est pas moindre pour cela. Ses biographes [3] n'ont pas manqué de signaler l'originalité de ses vues, et de louer en elle un émule des grands pédagogues.

---

1. Taine, *Ancien Régime*, 230.
2. Mme d'Épinay, *Œuvres*. Introduction, par Challemel-Lacour, p. xvii.
3. Spécialement Mme Necker de Saussure, Lady Blennerhasset. Voir aussi Compayré, *Histoire des doctrines pédagogiques*, II, p. 111 et suiv.

Et il n'y a pas lieu de nous en étonner ; Mme de Staël a été trop mêlée à tous les événements de son temps, elle a trop fréquenté ceux mêmes qui dirigeaient le mouvement des idées, pour n'avoir pas subi toutes les influences d'un siècle dont elle est représentatrice. Comment serait-elle restée ignorante de la révolution pédagogique qui se préparait, puisque la plupart des habitués du salon de sa mère, et du sien ensuite, en étaient les promoteurs ; presque tous ont laissé des travaux dont les historiens de la pédagogie ont dû tenir compte. Diderot, à la demande de Catherine II, composait [1] des « Plans et Statuts de différents établissements pour l'éducation de la jeunesse » ; le plan d'une Université, dont Meister a signalé l'importance pédagogique et littéraire [2] ; enfin une réfutation d'Helvétius, pleine de réflexions piquantes. Bernardin de Saint-Pierre proposait d'organiser « les écoles de la Patrie, ces poétiques institutions dans lesquelles les saintes lois de la morale seraient mises en musique [3] » ; Mirabeau soumettait des plans de réformes pédagogiques à l'Assemblée constituante [4] ; Talleyrand la pressait aussi de régénérer l'éducation en France, de l'approprier aux changements de l'état social [5] ; Condorcet était un des plus ardents apôtres de la réorganisation pédagogique, et était le délégué du comité de l'Instruction publique les 20 et 21 avril 1792. A ces noms, on peut ajouter

1. Vers 1776.
2. Voir *Correspondance de Grimm*, 1776.
3. *Études de la nature*, 1784 (XIXe étude).
4. Voir son travail sur l'*Instruction publique*.
5. Voir ses rapports des 10 et 11 septembre 1790.

ceux de Marmontel [1], d'Alembert [2], Duclos [3], qui s'occupaient incidemment de pédagogie, et, comme les précédents, fréquentaient Mme Necker et Mme de Staël ; celui de Pestalozzi, que Mme de Staël désira connaître, pour se rendre compte de sa méthode.

Les meilleures pédagogues parmi les femmes du xviiie siècle ont également été en rapports avec elle : Mme d'Epinay partageait son admiration pour Rousseau, et, comme nous aurons l'occasion de le remarquer, plusieurs de ses idées touchant l'enseignement. Mme de Genlis n'a cessé, il est vrai, de critiquer Mme de Staël, mais celle-ci plaçait *Adèle et Théodore* parmi les bons romans.

Enfin, il faut faire une place à part à Mme Necker de Saussure, une des plus grandes affections de Mme de Staël, et de celles qui l'honorent le plus [4]. « Dans l'intimité de la confiance, ces deux jeunes femmes agitaient les plus grands sujets qui puissent occuper l'intelligence, les idées qui devaient être un jour *Corinne* et *l'Allemagne* [5] », et l'on peut ajouter aussi, *l'Éducation progressive* [6]. Un ouvrage comme celui-ci, est le résultat des observations et des réflexions d'une partie de la vie. Combien ont été faites avec l'aide de Mme de

---

1. Auteur des *Leçons d'un père à ses enfants*, ouvrage qui contient des traités de langue française, logique, métaphysique et morale.
2. Catherine II avait songé à lui confier ses fils.
3. *Considérations sur les mœurs de ce siècle*, chap. II, sur l'éducation et les préjugés.
4. Le livre récent de M. Gautier sur *Mme de Staël et M. de Montmorency*, d'après les lettres de celui-ci à Mme N. de Saussure, a encore mis en lumière cette amitié.
5. *Éducation progressive*, Notice sur Mme Necker de Saussure par Doudan, p. XIII.
6. Ne parut qu'en 1828.

Staël, combien d'idées semblent inspirées par elle, c'est ce qu'il sera intéressant de remarquer au cours de ces chapitres.

De plus, elle aimait les enfants, et s'en faisait aimer, et ce n'est pas là une preuve négligeable de l'intérêt qu'elle a pris aux questions d'éducation et d'enseignement. « Quand on n'intimidait pas d'avance les enfants par l'idée qu'on leur donnait de Mme de Staël, elle leur plaisait naturellement, et il en est à qui elle a inspiré une passion singulière... Elle observait le premier âge avec attendrissement et avec curiosité. Je l'ai vue, ajoute Mme Necker de Saussure, se divertir bien naïvement elle-même des aperçus bizarres, de certaines associations grotesques de cet âge : on en recueillait, afin de les lui raconter, et c'était un aliment pour sa pensée [1]. » A ce témoignage nous pourrions ajouter celui de la duchesse de Broglie qui assure que « ses enfants l'ont toujours passionnément aimée [2] », et celui de son gendre : « Ce qu'était Mme de Staël pour ses enfants, et pour ceux qui vivaient dans son intimité, ne sera jamais compris que par eux [3]. »

Ainsi ses fréquentations, ses lectures, ses goûts, expliquent que les ouvrages de Mme de Staël renferment des idées pédagogiques, et que ses idées sociales aient été conçues comme des traités de l'éducation des peuples; elle a eu sans cesse devant les yeux des hommes à élever.

Cette dernière remarque, négligée par ses nombreux

---

1. Notice, p. CCXLI.
2. Ibid.
3. Duc de Broglie, *Souvenirs*, I, 377.

commentateurs justifie le ton dogmatique qu'elle prend trop souvent en exposant ses plans de réforme. Elle est institutrice à son insu, par tempérament, si l'on peut ainsi parler, parce qu'elle est femme et que la vocation d'institutrice lui est naturelle ; on peut ajouter, parce qu'elle est suissesse et que le goût de la prédication morale est caractéristique de la littérature du pays. Les pénétrantes études qui en sont venues, de Rousseau, jusqu'à Vinet ou Schérer ne renferment-elles pas maintes leçons que les meilleurs pédagogues pourraient revendiquer ?

Nous allons essayer de grouper d'abord ensemble les idées qui peuvent former « la pédagogie individuelle » de Mme de Staël, c'est-à-dire celles qui l'ont guidée dans l'éducation de ses enfants ; puis nous réunirons celles qui se rapportent à l'éducation des peuples, c'est-à-dire à la « pédagogie sociale ». Auparavant, rappelons en quelques mots, ce que Mme de Staël a retenu de sa propre éducation pour celle de ses enfants.

II

Elle a été bien différente de celle que recevaient généralement les jeunes filles à la fin du xvIII^e siècle. Mme Necker a été une mère exemplaire, autant qu'un modèle de tendresse conjugale. Autour d'elle, l'art social absorbait tellement la vie des femmes, qu'elles ne trouvaient pas plus le temps de s'occuper de leurs enfants que de leur mari ; on sait d'ailleurs quelles distances les usages de l'ancien régime avaient établies entre les parents et leurs enfants [1]. Mettre sa fille au couvent était le meilleur moyen de s'en débarrasser. Quand elle en sortait, vers l'âge de dix-huit ans, on la mariait au plus vite. Lorsque les parents en gardaient la charge, ils l'allégeaient le plus possible, en laissant l'enfant aux soins d'une femme de chambre, ne s'occupant d'elle que pour la préparer à faire figure dans le monde. Mme Necker avait été élevée trop sérieusement dans la solitude de Crassier, elle avait elle-même trop de valeur intellectuelle et morale pour penser que la parure et le maître de danse sont « la cheville ouvrière de l'éducation [2]. »

Des doctrines de Rousseau, qui faisaient grand bruit en 1766 [3], elle retint d'abord la nécessité du dévoûment, et voulut elle-même nourrir sa fille [4]. Sur tous les autres points, elle se sépare du philosophe de Genève qu'elle admire pourtant comme « le père de la vertu », et dont elle croit subir l'influence. « J'élève ma fille, non comme Sophie, mais comme Emile, écrit-elle à une amie, et jusqu'à présent la nature est chez elle plus aimable et plus honnête que tous les effets de l'art [5]. » Il y a beaucoup d'exactitude dans cette déclaration ; en réalité rien ne ressemble moins au plan d'éducation de Rousseau que celui de Mme Necker. Le comte d'Haussonville nous a dit quel programme elle se fit pour sa fille ; le travail intellectuel y tient une large place, et doit se faire

---

1. Voir Taine, *Ancien Régime*, p. 175 et suiv.
2. Voir *Gil Blas*, discours du maître à danser, chargé de l'éducation du fils du comte d'Olivarès.
3. Époque de la naissance de Germaine Necker.
4. Comte d'Haussonville, *Le salon de Mme Necker*, II, 25 et suiv.
5. Golowski, *Lettres recueillies en Suisse*, 359.

sous une active surveillance morale ; « elle n'était pas femme à admettre qu'il fût permis à une nature, si riche, si généreuse, si droite qu'elle fût, de s'abandonner à ses instincts, ni que les dons naturels de l'intelligence pussent suppléer à une instruction solide [1]. » Très instruite pour son temps, elle n'hésita pas à charger lourdement la jeune intelligence de son enfant, et à l'éveiller pour un grand nombre de connaissances qui n'entraient pas alors dans le plan d'études des jeunes filles. « Elle espérait par là, dit Lady Blennerhasset [2], lui donner la force de résister plus sûrement à l'influence des idées matérialistes, et, grâce à une éducation sévèrement méthodique, préparer la voie aux idées religieuses. »

Pour exécuter ce plan, que nous ne pouvons pas détailler ici, elle fit ce que les grandes dames d'alors cherchaient surtout à éviter, elle instruisit elle-même sa fille ; lui apprit les langues [3], le français, et lui fit lire nos meilleurs auteurs [4]. Tourmentée par une conscience scrupuleuse, au point de tenir un journal de la dépense de son temps, elle ne négligea rien pour remplir la charge d'institutrice qu'elle s'était donnée.

---

1. D'Haussonville, o. c., II, 35.
2. *Mᵐᵉ de Staël et son temps*, I, 182.
3. « Pendant treize ans des plus belles années de ma vie, écrivait-elle à Necker, au milieu de beaucoup d'autres soins indispensables, je ne l'ai presque jamais perdue de vue ; je lui ai appris les langues et surtout à parler la sienne avec facilité. J'ai cultivé sa mémoire et son esprit par les meilleures lectures. Je la menais seule avec moi à la campagne pendant les voyages de Versailles et de Fontainebleau ; je me promenais, je lisais, je priais avec elle... Enfin, je cultivais, j'embellissais sans cesse tous les dons qu'elle avait reçus de la nature, croyant que c'était au profit de son âme, et mon amour-propre s'était transporté sur elle. » D'Haussonville, o. c., II, 15.
4. Peut-être Mᵐᵉ de Staël dut-elle à sa mère de posséder assez de latin pour pouvoir lire Tacite dans le texte avec ses fils.

Aussi sa déception fut-elle grande quand la décision de Tronchin l'obligea à laisser sa fille à la campagne, sans l'assujettir à aucun travail intellectuel.

Les résultats de cette décision sont connus. Il ne faut pas cependant s'imaginer que le séjour de Saint-Ouen se passa dans un complet repos d'esprit pour Germaine Necker. Le baron de Frénilly nous a laissé quelques détails sur les studieuses distractions qu'il y partageait avec elle. « Mes parents, dit-il, avaient formé, sans sortir de la famille, une petite académie de Saint-Ouen dont ils étaient les juges, et nous, les enfants, les candidats... Les concurrents étaient, outre moi et ma sœur, mes cousines Adèle et Félicité de Chazet, et Mlle Necker. La maison de campagne de M. Necker qui, je crois, était déjà contrôleur général, touchait à celle de mon père, et les deux voisins se connaissaient. Mlle Necker était élevée seule à Saint-Ouen, par une excellente Mlle Bernard, protestante, genevoise, et personne d'esprit, sans la raideur que comportent ces trois titres. Mme Necker était charmée que sa fille, qu'elle ne destinait pas du tout à faire du bruit, trouvât dans la maison de mon père de bons exemples et une émulation paisible... »

Le baron nous raconte ensuite comment cette émulation était excitée par de fréquents concours littéraires. On proposait aux jeunes concurrents un sujet d'histoire, ou une dissertation morale, et le vainqueur recevait une petite palme verte qu'il promenait avec orgueil dans le village. Ensuite on jouait des proverbes composés par les académiciens et revus par Mlle Bernard [1]. Et ainsi, la jeune Germaine échappait

---

[1]. Le baron ajoute : « Mlle Necker passait sa vie chez nous, elle

insensiblement à l'influence de sa mère ; celle-ci la voyait avec chagrin s'affranchir de son autorité, « comme un jeune cheval en liberté qui n'obéit plus à la main, et qui ne connaît plus la voix de son maître [1]. »

Plus tard cependant elle reconnaîtra cette voix, quand les années lui auront appris les dangers de l'indépendance et de l'abandon trop absolu à la nature. Elle la reconnaîtra surtout quand, devenue mère à son tour, elle cherchera à préserver ses enfants de tout écart d'imagination. L'influence de Mme Necker sur sa fille est sensible au point de vue pédagogique ; nous aurons l'occasion de le remarquer. Si des différences de caractère ont pu empêcher l'entente parfaite entre la fille et la mère, les leçons de celle-ci n'en ont pas moins porté leurs fruits, et c'est en pensant à l'éducation qu'elle avait reçue que Mme de Staël dira plus tard à sa cousine, Mme de Saussure : « Plus je vis, plus je comprends ma mère, et plus mon cœur a besoin de se rapprocher d'elle [2]. » Les recommandations que lui faisait sa mère, d'être raisonnable, d'éviter l'exagération, d'avoir présent le souci de son perfectionnement moral, sont précisément celles que nous la verrons adresser à ses enfants [3].

L'influence de Mme Necker sur sa fille a été double, d'après Mme Necker de Saussure : elle lui a transmis une âme ardente et passionnée, le goût de l'esprit et

---

nous aimait autant qu'elle pouvait aimer, et si elle nous a oubliés depuis, ce n'est pas sa faute, c'est que, nous n'avons pas fait de bruit ». Chuquet, *Souvenirs du baron de Frénilly*, 13 et suiv.

1. D'Haussonville, o. c., II, p. 45.
2. Notice, p. xxxvi.
3. Voir les lettres de Mme Necker à sa fille citées par le comte d'Haussonville, *Salon de Mme Necker*, t. II.

de toutes les distinctions ; d'un autre côté, comme elle avait souffert de la contrainte imposée par sa mère, elle avait pris le parti de réagir, « il lui semblait qu'il n'y avait qu'à supprimer l'effort pour que tout fût bien ; elle voulut être le représentant des dons naturels, parce que sa mère était celui des qualités acquises... Son admiration pour les vertus de premier mouvement a été trop exclusive et trop érigée en système. » Mais aussi, après avoir éprouvé pour elle-même les inconvénients de son système, elle a réagi contre lui vis-à-vis de ses enfants ; elle leur a conseillé de ne pas suivre la même voie qu'elle, d'exercer sur eux-mêmes un vertueux empire, d'écouter la raison. Sa fille Albertine aura, comme Mme Necker, une entière possession d'elle-même ; elle rappellera sa grand'mère par la maîtrise de son caractère, ardent malgré une apparente froideur.

III

C'est encore dans les *Lettres sur Rousseau* qu'il faut chercher la première manifestation des idées pédagogiques de Mme de Staël, à propos de l'*Emile* [1]. Elle l'admire presque autant que *la Nouvelle Héloïse*. Les éloges sont prodigués, d'abord à l'idée générale du maître, rendre l'homme meilleur en le rapprochant du type primitif ; « c'est un beau système que celui qui, recevant l'homme des mains de la nature, réunit toutes ses forces pour conserver en lui l'empreinte

1. Lettre III.

qu'il a reçue d'elle, et l'exposer au monde sans l'effacer [1]. » Aucune des questions soulevées déjà par la critique [2] à propos de l'homme de la nature ne lui revient à l'esprit. Elle ne se demande pas s'il a jamais existé, si Rousseau a cru réellement à son existence, ou s'il n'est « qu'un artifice de méthode, auquel Jean-Jacques recourt, avec la pleine conscience d'imiter la méthode cartésienne [3]. » Mme de Staël aperçoit moins encore la tendance de Rousseau en faveur de l'origine animale de l'homme. Ce qui séduit sa jeune imagination, c'est qu'il y a eu un âge d'or, dans lequel les sauvages, comme Mirza et Ximéo [4] s'aimaient, sans subir la contrainte des lois sociales, elle le croit, parce que l'hypothèse est charmante, et conforme aux besoins de son cœur.

Elle voudrait seulement défendre Rousseau du reproche d'être utopiste [5], en se demandant si l'essai de son système n'est pas possible, si Emile enfant ne s'élèverait pas lui-même dans une ville habitée par

---

1. Œuv. compl., I, 45.
2. Voir l'article de Fréron dans l'*Année littéraire* de 1756, et Charles Bonnet, réfutation de Rousseau dans le *Mercure* d'octobre 1755.
3. C'est l'opinion soutenue par M. Windenberger : *Essai sur le système de politique étrangère de J.-J. Rousseau*, p. 22. M. Espinas a montré que Rousseau n'est pas resté fidèle à son système par conviction, mais parce que l'opinion et les circonstances dans lesquelles il s'était placé, l'obligeaient à maintenir son originalité. V. les articles de A. Espinas, et les réponses à ces articles de M. Dreyfus-Brissac dans la *Revue internationale de l'Enseignement*, 1893-1896.
4. Personnages des nouvelles de Mme de Staël.
5. « J'ai lu votre roman sur l'éducation, lui écrivait Mme de Créqui. Je l'appelle ainsi, parce qu'il me paraît impossible de réaliser votre méthode ; mais il y a beaucoup à apprendre, à méditer et à profiter. » Cité par Beaudoin, *Vie de Rousseau*, t. II, p. 162.

des Emiles,... « on a dit que les opinions de Rousseau étaient impraticables ou fausses, afin de le reléguer dans cette classe que les hommes médiocres mêmes traitent avec dédain » (p. 12). Elle admire la méthode de Rousseau, sa profession de foi du Vicaire savoyard, son système d'éducation physique que « tout le monde a adopté... un succès certain n'a point trouvé de contradicteurs » (p. 13) [1].

Mais à côté des éloges et des idées qu'elle retiendra, se placent de nombreuses restrictions ; la plus importante est celle-ci : qu'elle n'élèvera pas son fils d'après le plan de Rousseau, parce qu'en définitive il lui apparaît « comme ces modèles de proportions que les sculpteurs ont toujours devant les yeux quelles que soient les statues qu'ils veulent faire. » C'est-à-dire qu'il faut le reléguer, si non dans le domaine de l'utopie, du moins dans celui de l'idéal, et se contenter d'une méthode pratique, conforme aux exigences de la vie actuelle.

Mme de Staël ne semble pas avoir remarqué la place que tient dans Rousseau la question de l'intérêt personnel. Sans doute, il a voulu restaurer la société par l'individu, mais sans perdre de vue que « la nature humaine ne rétrograde pas [2] », et qu'il faut renouveler la société en assurant le bonheur de l'individu dans l'état actuel des choses, tout en essayant de les transformer. Or, le premier moyen de rendre l'individu

---

1. « A son apparition le livre de l'*Emile* fut regardé comme une théorie sérieuse de l'éducation. Mme de Staël fournit la preuve qu'il s'agissait d'un système clos d'éducation (c'est-à-dire lié dans toutes ses parties. ») W. Rein, *Encyclopädisches Handbuch der Pädagogik*, t. VII, 2e partie, p. 608, art. Rousseau, par Sallwürk.
2. *Dialogues*. Œuv. compl., V, p. 188.

heureux, est de le mettre en état de gagner sa vie. C'est par prévoyance qu'il fait d'Émile un menuisier. « Nous approchons du siècle des Révolutions, lui dit-il, d'un ton de prophète, qui peut vous répondre de ce que vous deviendrez alors [1] ? » Après la seconde période de son éducation, que sait Emile, sinon le travail manuel? Il n'a considéré toutes choses que par rapport à son intérêt personnel, c'est un utilitaire. Rousseau a donc fait de son élève un homme capable de lutter d'abord contre les difficultés matérielles de l'existence ; il n'apprend qu'ensuite les grandes idées d'honneur, de devoir, et il ne semble guère qu'il oublie jamais de songer à lui dans cette société dont il faut vivre, avant de lui servir de modèle.

Cette idée a été distinguée très confusément par Mme de Staël ; elle s'effraye en pensant que son fils pourrait être l'homme de la nature, qu'il ne serait « ni guerrier, ni poète, ni administrateur... » elle voudrait « le former pour un état déterminé, afin qu'il fût de bonne heure avancé dans une carrière » (p. 52) et elle revient, sans le remarquer, à l'idée pratique de Rousseau : il faut que l'enfant apprenne d'abord un métier, afin de pourvoir à sa subsistance. « Il supportera les institutions sociales, comme les lois de la nature, dit-elle... Il sait qu'il doit vivre parmi des hommes qui se sont condamnés à une existence contraire aux lois naturelles. »

Rousseau ne pense pas autrement, mais tandis qu'il fait apprendre à son élève un métier manuel, par socialisme ou par esprit démocratique, Mme de Staël

---

1. *Émile.* Œuv. compl., II, 49.

ne songe qu'à une carrière libérale, capable de donner à son fils les triomphes de l'amour-propre qu'Emile ne doit pas connaître. Elle était trop aristocrate, elle avait trop vécu de la vie mondaine pour penser autrement, et s'imaginer que l'homme puisse se suffire à lui-même dans l'isolement de la vie de famille, et l'obscurité d'une humble profession.

L'avenir matériel de ses enfants a été l'une des premières et des plus constantes préoccupations de Mme de Staël. Elle les a élevés sans chercher à innover, sans se soucier d'aucune théorie, mais comme le font tous les parents « pour une carrière déterminée », et elle a fait preuve, chaque fois qu'il s'est agi de leurs intérêts d'un véritable sens pratique. Elle n'a jamais cru, par exemple, que sa grande fortune pût la dispenser de prévoir leur avenir, il a été l'objet d'une grande sollicitude de sa part. Les préoccupations morales pouvaient-elles dominer d'ailleurs à une époque où les bouleversements n'épargnaient ni le rang, ni la fortune, où la sécurité personnelle était à chaque instant menacée. Les millions de Necker n'étaient pas même une garantie ; il figurait sur la liste des émigrés, ce qui était une condamnation à la ruine [1]. La situation du baron de Staël était une autre source d'appréhension. Les sacrifices pécuniaires qu'il avait faits pour le prince régent de Suède ne reçurent aucun dédommagement, malgré les réclamations de sa femme [2]. Non seulement il perdit sa situation,

1. Le Directoire avait établi, en février 1796, qu'une commission établie par lui aurait seule le droit de réviser les listes des émigrés dressées par les Jacobins.
2. Voir les Lettres de Mme de Staël à Nils von Rosenstein publiées par la *Revue Bleue*, mai et juin 1905.

mais Necker paya largement ses dettes énormes pour maintenir son crédit [1], et il n'avait cessé d'en contracter de nouvelles [2]. Enfin, le désordre de ses affaires, autant que d'autres causes de dissentiments, obligea Mme de Staël à se séparer de lui, « afin de mettre la fortune de ses enfants à l'abri de ses dilapidations [3]. »

Elle resta donc seule, depuis 1798, responsable de l'éducation de ses trois enfants, obligée de « lutter contre le sort » et pour elle et pour eux. Ceci développa en elle le sens pratique dont elle a fait preuve dans l'éducation intellectuelle et morale de ses enfants, et qu'elle a su allier aux plus beaux dons du cœur et de l'imagination. « Durant les temps de révolution, elle a souvent craint d'être ruinée, alors l'idée qu'elle ferait subsister ses enfants par son travail la soutenait, et elle entrait dans des calculs précis à cet égard. » Mme Necker de Saussure nous apprend encore qu'elle envoya de très bonne heure son fils aîné à Paris, afin qu'il soit au centre du mouvement des affaires. Il lui semblait de toute importance de ne pas l'exposer à être victime du « struggle for life », de connaître ce maniement du monde et des intérêts auxquels la vie nous ramène sans cesse. Elle a exigé qu'Auguste

---

[1]. Un tiers de la dot de sa fille avait déjà servi, au lendemain du mariage à éteindre les dettes de son gendre (Lady Blennerhasset, o. c., II, p. 323).

[2]. Une lettre de Mme de Staël à Rœderer, 1er octobre 1796, parle de 200.000 francs; une autre à von Rosenstein de 150.000.

[3]. *Coppet et Weimar*, p. 206.

Quelques-uns semblent trouver la raison trop terre à terre : « Il (M. de Staël) se jeta dans le jeu, la dépense, les largesses de toutes sortes... et il acheva de s'aliéner Mme de Staël qui, en vraie fille de banquier pratiquait l'ordre et l'économie, et reprochait à son mari de dilapider le bien de ses enfants. » Gautier, *M. de Montmorency et Mme de Staël*, p. 95.

mit beaucoup de persévérance dans le recouvrement de ses biens. Elle-même a déployé une constante énergie dans l'administration de sa fortune, et dans les réclamations qu'elle adressait au pouvoir pour le remboursement des deux millions de Necker ; elle y a toujours associé son fils. Elle écrit à Talleyrand, en 1809, après une longue rupture, pour l'intéresser à cette restitution, « à cause de ses enfants [1] », elle multiplie les démarches auprès de Napoléon, et lui envoie son fils ; c'est Auguste qui l'aide dans les difficultés que lui suscite *l'Allemagne*, c'est par lui qu'elle apprend le sort de son livre : à dix-sept ans il était à la tête de toutes les affaires de sa mère.

Les démêlés financiers de Mme de Staël et de B. Constant sont particulièrement instructifs sur ce côté pratique de son caractère. Elle n'entendait pas, après sa rupture avec lui, le laisser bénéficier de ses générosités passées ; et quand il fait la sourde oreille, elle le menace de tout dire et d'aller devant les tribunaux. Au moment du mariage d'Albertine, ses réclamations, inspirées par l'inquiétude maternelle, deviennent particulièrement pressantes, et sa fille est au courant de tout [2]. Enfin on peut dire de l'éducation de tous ses enfants ce que la duchesse de Broglie dit

---

1. Voir cette lettre dans *lady Blennerhassel*, II, 369.
2. Voir les *Lettres de Mme de Staël à B. Constant*, publiées par E. de Nolde. Londres 1907 ; en particulier celles des 15, 25, 28 mai 1815. « Vous dites que mes enfants auront la plus grande part de votre fortune après vous. La vôtre ! La mienne ; puisque je vous ai prêté les 80.000 francs sans intérêt durant votre vie, si cela constitue un arrangement, vous n'en avez rempli aucune des conditions, et cela n'est pas légal, puisque ce n'est pas autorisé », p. 215.

« Vous me devez 80.000 francs ; votre absurde arrangement le prouve. Vous m'en offrez la moitié, ma fille en est témoin et le contenu du contrat le prouve », 219.

de celle d'Auguste, elle eut « l'avantage qui manque ordinairement aux éducations des personnes riches, c'est d'être mise de bonne heure aux prises avec les réalités de la vie [1]. »

« Elle voulait développer avant le talent, ajoute Mme Necker de Saussure, non seulement la moralité, mais la capacité dans les affaires, trouvant que quand on va au succès par la route des choses réelles, on peut du moins rester en chemin sans inconvénient.... « Observe les impressions, écrivait-elle à son fils, et apprends la vie, cette étude-là en vaut bien une autre. » Or la vie, c'est d'abord l'action, la lutte de tout instant contre la réalité. Ce conseil de Mme de Staël est celui d'une mère prévoyante, sans doute ; c'est aussi celui de la femme du xviiie siècle, soucieuse de l'observation exacte de la nature, non pas de cette nature intérieure que le xviie siècle aimait à étudier, mais de celle qui doit former le cadre de notre réussite. C'est le conseil d'une élève de Rousseau, laissant Émile s'instruire, non plus par des théories plus ou moins abstraites, mais par l'expérience ; c'est enfin le conseil d'une contemporaine de Pestalozzi pour laquelle la vie a une valeur éducative de premier ordre [2]. La famille forme par l'amour, cela ne suffit pas, il faut recevoir l'éducation de la force par la société tout entière.

1. *Notice sur A. de Staël.*
2. V. *Ueber die Idee der Elementarbildung*, 214, et *Schwanengesang*, 41.

CHAPITRE XII

ÉDUCATION INTELLECTUELLE

I. Mme de Staël a adopté la formation littéraire pour ses enfants — défauts de la formation scientifique : elle empêche le développement de l'imagination — même idée chez Mme Necker de Saussure — les sciences n'ont pas d'application dans la vie pratique, elles rendent absolu — les lettres exercent mieux tout l'esprit. — II. Pour Mme de Staël la formation littéraire comprend surtout l'étude des langues — ses avantages — le latin, les langues vivantes, leurs avantages. — La musique ; sentiments qu'elle développe en nous. — III. Comment Mme de Staël donne ses leçons — éveille l'attention — exige l'effort — développe la sincérité intellectuelle.

I

Malgré son admiration pour Rousseau, Mme de Staël ne songea pas à retarder l'éducation intellectuelle de ses enfants. Elle trouvait, comme Mme d'Epinay, « ce système bien singulier[1] », aussi dès 1798, craignant de faire perdre à ses fils un temps précieux, elle écrit à Meister de l'aider à leur chercher un précepteur, et lui indique les connaissances qu'elle en exige. « Je vou-

---

1. « Ce système est bien singulier ; c'est comme si l'on défendait aux enfants de mouvoir leurs bras, et de se servir de leurs mains dans le temps qu'ils apprennent à marcher... Nous ne devons négliger aucune de nos facultés ; elles exigent toutes une culture égale. » Mme d'Epinay, *Lettres à mon fils*, 1, p. 112.

drais ce qui sera nécessaire à mes enfants ; le latin, l'allemand, l'anglais, et, s'il se pouvait, la musique [1]. »

Ce programme semble bien restreint. Douée d'ambition pour ses fils, et de sens pratique, pourquoi Mme de Staël n'a-t-elle pas désiré, par exemple, les voir initiés aux mathématiques et aux sciences de la nature dont le développement considérable s'imposait dès le début du siècle à l'attention des penseurs, et semblait devoir renouveler d'importantes théories philosophiques, aussi bien que la vie industrielle des nations.

Nous nous imaginons trop souvent, en effet, que nous sommes les témoins de bouleversements exceptionnels ; nos devanciers ont éprouvé, il y a quelque cent ans, des surprises analogues aux nôtres, devant les mystères qui leur étaient dévoilés par les découvertes des savants [2]. Mme de Staël n'a point détourné la vue de ce mouvement progressif ; elle félicitera Pestalozzi des résultats brillants que donne sa méthode appliquée à l'étude des mathématiques [3] ; mais elle a préféré la formation littéraire à la formation scientifique, et nous a donné les raisons de son choix. Elles n'ont pas varié de 1798 à 1810 [4].

---

1. Eug. Ritter, *Lettres inédites de Mme de Staël à Meister*, 8 décembre 1798, p. 153. « Je retourne à Paris le 1er juin, ce qui nous laisse du temps, comme vous le voyez ; mais à cette époque je crains extrêmement de laisser un de mes deux fils sans précepteur, et mon père est tout à fait décidé à en prendre un. »

2. « En regardant de près, l'on s'aperçoit que nos ancêtres auraient pu, à plusieurs périodes de l'histoire, aussi légitimement que nous-mêmes, concevoir des sentiments de fierté scientifique semblables aux nôtres, et éprouver eux aussi la sensation que le monde allait leur apparaître transformé, sous des aspects jusque là absolument inconnus. » (Lucien Poincaré, *La physique moderne et son évolution*, p. 6).

3. *Allemagne*. Des institutions particulières de bienfaisance, X, 173 et suiv.

4. Époque où elle les a données dans l'*Allemagne*.

Après avoir parcouru l'Angleterre et l'Allemagne, après avoir fait travailler elle-même ses enfants, après avoir causé avec les pédagogues, elle reste convaincue que les études littéraires favorisent plus que les mathématiques le développement intellectuel ; et cependant plusieurs bons esprits avaient proclamé la supériorité de cette culture scientifique qui semble dominer aujourd'hui [1]. Il faut remarquer cependant que les femmes sont restées fidèles à la formation littéraire ; Mesdames d'Epinay, de Genlis, Necker de Saussure se sont prononcées pour elle, sans se rendre aussi bien compte que Mme de Staël des raisons de leur préférence. « Pascal, dit-elle, ce grand géomètre dont la pensée profonde planait sur la science dont il s'occupait spécialement, comme sur toutes les autres, a reconnu lui-même les défauts inséparables des esprits formés d'abord par les mathématiques [2] » ; et elle énumère ces défauts.

Le premier est d'empêcher le développement de l'imagination ; « cette étude dans le premier âge n'exerce que le mécanisme de l'intelligence, les enfants que l'on occupe de si bonne heure à calculer, perdent toute cette sève de l'imagination alors si belle et si féconde, et n'acquièrent point à la place une justesse d'esprit transcendante, car l'arithmétique et l'algèbre

---

1. La Chalotais, dans ses *Essais d'éducation nationale*, ou plan d'études pour la jeunesse (1763) place la géométrie et les mathématiques dans les études enfantines. — Diderot malmène tout à fait les lettres dans ses plans d'études (voir ses Œuvres, t. III). — Condorcet fait également une plus large place aux mathématiques et à la physique qu'aux langues anciennes. Œuv. compl., t. VII, p. 473 et suiv.
2. *Allemagne*. Œuv. compl., X, 162.

se bornent à nous apprendre de mille manières des propositions identiques. »

— C'est que, pour M*me* de Staël, l'imagination n'est pas la folle du logis, mais la faculté la plus précieuse de l'homme, celle qui a le merveilleux pouvoir de le distraire des malheurs de la réalité, de le transporter dans un monde idéal pour lui parler de bonheur. « On a beaucoup parlé des dangers de l'imagination, et il est inutile de rechercher ce que l'impuissance de la médiocrité, ou la sévérité de la raison, ont répété à cet égard. Le petit nombre de vérités nécessaires et évidentes ne suffira jamais à l'esprit ni au cœur de l'homme [1]. » Loin de redouter le développement de l'imagination chez les enfants, il faut au contraire, le favoriser ; c'est travailler à leur bonheur.

N'est-ce pas en se souvenant de l'opinion de sa cousine que M*me* Necker de Saussure a écrit son excellent chapitre sur les moyens de cultiver l'imagination [2], où elle reconnaît, à son tour que « la tentative de la faire mourir d'inanition est vaine, périlleuse même », et qu'à tout âge on doit lui donner un aliment. Elle s'étonne de la terreur qu'elle inspire aux éducateurs [3] ; ne veut pas qu'on prive les enfants des livres qui peuvent l'exciter, des fables de la mythologie, même des contes de fées qui ont fait les délices des générarations passées.

Sans proscrire les histoires merveilleuses des biblio-

---

1. *Essai sur les fictions.* OEuv. compl., II, 68.
Tout *l'Essai* d'ailleurs n'est que la démonstration des avantages de l'imagination.
2. *Education progressive,* II, chap. IX.
3. « Voyons-la comme une faculté nécessaire, intimement liée au système entier de notre organisation », o. c., II, 107.

thèques enfantines, il est à croire que Mme de Staël leur préférait les histoires vraisemblables, comme plus propres à diriger les sentiments du cœur ; elle a expliqué que les romans bien faits, c'est-à-dire ressemblant à la vie, ne peuvent pas être nuisibles [1] ; elle voudrait même que le but moral du récit soit caché pour que son influence soit plus grande en étant moins avouée.

Au point de vue de l'utilité pratique, qu'elle n'oublie jamais dans ce qui regarde l'éducation, Mme de Staël trouve un autre défaut aux mathématiques, c'est de ne pas avoir d'applications dans la conduite de la vie ; elles ne rendent pas les services qu'on leur attribue ; « les vérités démontrées ne conduisent point aux vérités probables, les seules qui servent de guide dans les affaires, comme dans les arts, comme dans la société. « ...Les problèmes de la vie sont plus compliqués ; aucun n'est positif, aucun n'est absolu ; il faut deviner, il faut choisir à l'aide d'aperçus, de suppositions qui n'ont aucun rapport avec la marche infaillible du calcul... Enfin... Rien n'est moins applicable à la vie qu'un raisonnement mathématique [2]. »

Chose plus importante encore, la formation littéraire est meilleure pour la vie morale que la formation scientifique, parce que cette dernière habitue à tout soumettre au calcul, à la force, et empêche de comprendre les actes généreux, les sacrifices sublimes qui ne peuvent pas se ramener à des règles fixes [3]. Mme de Staël n'oublie pas non plus les avantages sociaux

---

1. Dans la 3e partie de l'*Essai sur les Fictions*.
2. *Allemagne*. Œuv. compl., X, 162.
3. *Ibid.*, voir 163 et suiv.

des lettres, la nécessité de bannir d'une république tout ce qui peut diviser, entretenir l'intolérance et l'esprit de parti ; or, l'étude des mathématiques, en habituant à la certitude, « irrite contre toutes les opinions opposées à la nôtre, tandis que ce qu'il y a de plus important pour la conduite de ce monde, c'est d'apprendre les autres, c'est-à-dire de concevoir tout ce qui les porte à penser et à sentir autrement que nous [1]. »

On objecte que les mathématiques exercent plus particulièrement l'attention, « faculté qui est beaucoup plus essentielle qu'une connaissance de plus. » Sans le contester, Mme de Staël trouve qu'elles exercent l'attention d'une façon trop spéciale, qu'elles n'habituent pas à rassembler, à concentrer ; « l'attention qu'elles exigent est pour ainsi dire en ligne droite : l'esprit humain agit en mathématique comme un ressort qui suit une direction toujours la même et c'est là une mauvaise discipline pour de jeunes cerveaux. » (56)

Ce qu'il y a de plus important d'ailleurs, ce n'est point de perfectionner une faculté au détriment d'une autre, mais de développer tout l'esprit. Or celui-ci est un, et ce serait méconnaître l'admirable unité de l'être moral de considérer chaque faculté comme isolée ; Mme de Staël a souvent insisté, nous le savons, sur la nécessité de ne pas diviser l'âme [2], de corriger sans cesse par l'imagination, les calculs égoïstes de la raison. « On suit un faux système d'éducation, dit-elle,

---

1. Cette idée se retrouvera dans sa pédagogie sociale. Ce sont les belles-lettres qui devront former l'esprit de la nation.
2. Elle a condamné toutes les philosophies, aussi bien que toutes les méthodes d'enseignement qui lui semblaient favoriser cette division.

lorsqu'on veut développer exclusivement telle ou telle qualité d'esprit ; car se vouer à une seule faculté, c'est prendre un métier intellectuel [1]. Milton disait avec raison qu'une éducation n'est bonne que quand elle rend propre à tous les emplois de la guerre et de la paix [2]. »

En admettant tous ces avantages, il n'y avait pas à hésiter ; Mme de Staël a donc fait donner à ses enfants la formation littéraire dont elle a proclamé la supériorité.

C'est à la même solution que devait s'arrêter Mme Necker de Saussure. Après avoir reconnu, plus entièrement même que sa cousine, l'utilité des mathématiques [3], elle a conseillé de les enseigner avec modération, d'en réserver l'étude approfondie pour le moment où l'esprit a atteint tout son développement. « Si l'étude du calcul venait à dominer durant l'enfance, nous trouverions qu'elle donne à l'instruction une base trop étroite et trop exclusive [4]. »

Comme Mme de Staël, elle pense que les sciences nuisent plutôt à notre formation morale, en ne nous servant de rien pour la conduite de la vie. « Que voyons-nous, chez ces jeunes gens qui ont toujours suivi le fil des déductions exactes... Une fausse analogie entre l'esprit d'examen qui règne dans leurs études, et celui qui doit présider à la conduite habi-

---

1. C'est la condamnation de la spécialisation à outrance qui se fait aujourd'hui.
2. *Allemagne*. OEuv. compl., XI, 177. Cela ne veut pas dire que Mme de Staël approuvât toutes les idées de Milton sur l'enseignement. On sait, en effet, qu'il a été un médiocre pédagogue, précisément parce qu'il surchargeait trop l'intelligence de l'enfant.
3. Voir *Éducation progressive*, II, 126 et suiv.
4. *Ibid.*, II, 138.

tuelle, devient pour eux une cause d'erreur. Accoutumés à chercher toujours l'évidence mathématique, ils ont besoin de la retrouver partout, et font peu de cas des choses morales... ils n'écoutent aucune objection... ne s'informent plus ; de là vient qu'ils ne voient rien au point juste [1]. »

II

La formation littéraire se composera surtout pour Mme de Staël de l'étude des langues. Elle leur fait une très large part, puisqu'elle demande que le précepteur de ses enfants puisse leur enseigner, outre les langues mortes, l'anglais et l'allemand. C'est que « jamais penseur n'a plus nettement compris, jamais écrivain n'a plus brillamment exprimé les avantages de l'enseignement grammatical et littéraire [2]. »

Le premier de ces avantages lui paraît être la progression que suit cet enseignement dans le développement des facultés. Il les intéresse toutes peu à peu : « d'abord l'enfant n'entend que les mots, puis il s'élève jusqu'à la conception de la phrase, et bientôt après le charme de l'expression, sa force, son harmonie, tout ce qui se trouve enfin dans le langage de l'homme se fait sentir par degrés à l'enfant qui traduit [3]. »

L'étude des langues développe aussi l'initiative et

1. *Éducation progressive*, II, 130.
2. Compayré, *Hist. de l'éducation*, II, p. 116.
3. Œuv. compl., X, 166. Mme de Staël avait déjà remarqué et admiré la méthode progressive de l'*Émile*, Rousseau exerçant les enfants « par degré », sans hâter leur esprit. Elle retrouvera la même manière d'agir chez Pestalozzi, et le félicitera plus chaudement encore que Rousseau, parce qu'elle aura expérimenté par elle-même, en faisant travailler ses enfants, la nécessité de la progression dans les études.

la vivacité de l'esprit ; l'enfant s'exerce tout seul avec les difficultés que lui présentent deux langues à la fois ; « il s'introduit dans les idées successivement, compare et combine divers genres d'analogie et de vraisemblances, et l'activité spontanée de l'esprit, la seule qui développe vraiment la faculté de penser, est vivement excitée par cette étude » (p. 48).

La spontanéité dans la vie de l'esprit, comme dans celle du cœur, voilà surtout à quoi vise Mme de Staël, et ce qu'elle apprécie. Elle ne s'est jamais représenté le génie, même le talent, comme « une longue patience », mais toujours comme l'élan impétueux de l'intelligence saisissant d'un seul coup le rapport des choses. Elle a compris surtout les qualités d'esprit qu'elle avait elle-même, car elle a été en tout « le représentant des dons naturels » ; nous pourrions ajouter, en la rapprochant de Pestalozzi, l'apôtre de l'intuition.

En exerçant toutes les facultés à la fois, l'étude des langues ne se trouve pas inférieure aux mathématiques pour le développement de l'attention, « la grammaire lie les idées l'une à l'autre, comme le calcul enchaîne les chiffres ; la logique grammaticale est aussi précise que celle de l'algèbre [1], et cependant elle s'applique à tout ce qu'il y a de vivant dans notre esprit : les mots sont en même temps des chiffres et des images ; soumis à la discipline de la syntaxe et tout-puissants par leur signification naturelle ; ainsi l'on trouve dans la métaphysique de la grammaire, l'exactitude du raisonnement et l'indépendance de la pensée réunis [2]. »

---

1. Cela semble discutable, parce que la grammaire subit des variations quelquefois illogiques.
2. *Allemagne*. Des institutions particulières d'éducation et de bienfaisance. Œuv. compl., X, 167.

Enfin, l'étude des langues a aussi pour Mme de Staël, l'immense avantage d'élargir notre horizon, de nous former cet « esprit européen », nécessaire aux générations nouvelles, pour rajeunir notre vieille civilisation ; « on est trop heureux d'employer la mémoire flexible de l'enfant à retenir un genre de connaissances sans lequel il serait borné toute sa vie au cercle étroit de sa propre nation [1]. »

Parmi les langues que l'enfant doit connaître, elle mentionne d'abord le latin et ne parle pas du grec ; quatre ans plus tard seulement, revenant sur ce sujet dans une lettre à Ch. de Villers [2], elle indique le grec parmi les connaissances qu'elle demanderait au précepteur de ses enfants ; elle ne l'exclu donc pas de la culture classique, mais lui fait une place bien moindre qu'au latin, sans doute parce qu'elle a conclu à la supériorité des Romains sur les Grecs, en démontrant la perfectibilité de l'esprit humain [3]. Elle a considéré la littérature latine comme le perfectionnement de celle de la Grèce, « elle contient les mêmes idées exprimées avec plus de génie ; » il est donc naturel de faire surtout apprendre aux enfants la langue la plus parfaite. De plus, l'esprit humain ayant progressé en force, en sagesse, en raison, sous la domination romaine, la langue latine est plus propre que la grecque à nous inspirer des sentiments virils. « Elle a une auto-

---

1. Elle dit encore : « En apprenant la prosodie d'une langue, on entre plus intimement dans l'esprit de la nation qui la parle que par quelque genre d'étude que ce puisse être. » Œuv. compl., X, 249.
2. Le 1er août 1802. Voir cette lettre dans L. Wittmer, *Ch. de Villers*, p. 166.
3. *De la Littérature*, Ire partie, chap. v à ix.

rité d'expression, une gravité de son, une régularité de période qui se prêtent à peine aux accents brisés d'une âme troublée. » Enfin, « l'utilité » étant le principe créateur de la littérature latine, et « le besoin de s'amuser » celui de la littérature grecque, cela assure à la première une dignité et une supériorité évidentes.

Au reste, si Mme de Staël tient au latin, elle n'entend pas lui faire une trop large place dans son programme ; il représente l'ancienne civilisation, celle du midi, et ce n'est pas la meilleure ; la supériorité du nord est un fait acquis pour elle ; elle fera donc plus large la part de la culture germanique, en faisant apprendre à ses enfants l'anglais et l'allemand. En cela elle se conforme aussi aux tendances de son époque.

Il y avait, au début du siècle, chez presque tous les pédagogues, une réaction contre l'étude du latin [1] qu'on accusait d'encombrer les études. Ainsi Mme de Genlis ne le fait apprendre à Théodore qu'à douze ou treize ans [2] ; tandis qu'il parle depuis longtemps les langues vivantes ; Condorcet ne l'admet que dans la mesure où il peut être utile dans la vie pratique [3].

L'étude des langues vivantes était d'autant plus nécessaire aux enfants de Staël que la persécution de Napo-

---

[1]. Moins violente cependant que celle dont nous avons été témoins il y a quelques années.

[2]. « La connaissance du latin est très utile, mais non pas indispensable, comme elle l'était il y a cent cinquante ans. » *Adèle et Théodore*.

[3]. « Ne suffît-il pas de mettre les élèves en état de lire les livres vraiment utiles écrits en latin, et de pouvoir sans maître, faire de nouveaux progrès... L'étude longue et approfondie des langues des anciens serait peut-être plus nuisible qu'utile. » Œuv. compl., t. VII, p. 473.

léon ne leur rendait guère possible qu'une situation à l'étranger. Mais à côté des avantages matériels, leur mère voyait aussi ceux de l'esprit.

Elle a vanté, dans les dialectes germaniques, l'esprit des nations qu'ils représentent, les qualités qui manquent au français, trop asservi aux convenances sociales et qu'elle voulait plus libre. La plus importante de ces qualités est l'indépendance, c'est-à-dire la facilité de renverser la construction de la phrase ; de là un style plus mouvementé, plus vivant, moins précis que le français, mais qui éveille en nous plus de sensations : « On ne dit guère en français que ce que l'on veut dire, et l'on ne voit point errer autour des paroles ces nuages à mille formes qui entourent la poésie des langues du Nord [1]. » Elle attribue ce coloris, cette richesse dans les épithètes à la vitalité de ces langues qui se renouvellent selon le génie des peuples, tandis que « les nations d'origine latine doivent avoir recours aux langues mortes, aux richesses pétrifiées pour étendre leur empire [2]. »

Elle admire, dans la langue allemande, la propriété de s'adapter à toutes les richesses de la pensée, la gravité qui l'attache à la vérité, et l'empêche de se prêter à la plaisanterie et à la légèreté, comme notre langue française, enfin, « le son même des mots, qui a je ne sais quelle franchise énergique sur laquelle on se repose avec confiance. »

Nous ne pouvons quitter le programme de Mme de Staël, sans rappeler l'importance particulière qu'elle

---

1. *Allemagne.* Du style et de la versification dans la langue allemande, X, 260.
2. *Ibid.*, 262-63.

attache à la musique. Elle insiste auprès de Meister [1] pour que le futur professeur de ses enfants puisse la leur apprendre: « Vous savez ce que je désire, de plus je tiens à la musique. » Elle le répète à Villers; le jeune Allemand devra être « bon musicien [2] », et Villers pense que son frère qui « joue passablement du flageolet et râcle une contredanse sur son violon [3] » est tout à fait en dessous de la tâche. De bonne heure elle avait familiarisé ses enfants avec l'art musical, puisqu'en 1796 (son fils aîné avait alors six ans), elle écrivait à Meister: « Auguste s'est chargé de copier cette musique pour vous; elle sera moins bien, mais vous lui saurez gré de ce mouvement [4]. »

La musique a pour elle une grande valeur éducative, « parce qu'il y a tout un ordre de sentiments, je dirais même tout un ordre de vertus qui appartiennent à la connaissance, ou du moins au goût de la musique [5]. ...Quiconque l'aime est enthousiaste de tout ce qu'elle rappelle [6]. » Or, ce qu'elle rappelle, ce sont toutes les émotions douces et profondes de l'âme, les meilleures; « elle réveille en nous le sentiment de l'infini », elle parle du mystère de l'existence; elle nous fait verser des pleurs « qui nous délivrent d'une souffrance inquiète, excitée par le besoin d'aimer et d'admirer. »

Enfin, elle nous conduit à la poésie, puisque Mme de Staël félicite les Viennois d'aimer la musique, en pensant qu'un jour ils deviendront poètes.

---

1. Ritter, *Lettres de Mme de Staël à Meister*, 3 juin 1802, p. 175.
2. 1er août 1802, cité par Wittmer, o. c., p. 166.
3. 11 décembre 1802. *Ibid.*
4. A Meister, o. c., p. 37.
5. Œuv. compl., X, 181.
6. *Ibid.*, XI, 163.

Pour être bienfaisante, la musique doit parler à l'âme « par une sensation immédiate »; elle ne doit pas se soumettre aux paroles; chercher surtout à être « instinctive », aussi Mme de Staël met la musique des Italiens au-dessus de celle des Allemands qu'elle trouve trop savante, trop réfléchie, trop préoccupée d'imitation, par exemple la Création de Haydn, les Saisons, et même le « Requiem » de Mozart qu'elle trouve « trop ingénieux. »

Ce programme, dont nous venons de rappeler les grandes lignes, fut souvent enseigné à ses enfants par Mme de Staël elle-même.

III

Autant que le lui permettaient ses occupations et sa vie agitée, elle voulut demeurer leur institutrice. La duchesse de Broglie raconte [1] qu'elle donnait toutes ses leçons à Auguste au milieu du tumulte de sa vie mondaine : c'était en écrivant des lettres, en donnant des ordres, et que l'enfant sans cesse interrompu, savait cependant reprendre le fil des explications où elles en étaient restées. « L'explication finie, Auguste apprenait la leçon seul, sans aide; obligé de retenir, il avait bien écouté, et savait toujours bien ce qu'il devait répéter, s'étant fait à lui-même une petite méthode d'apprendre. »

C'est que le talent de Mme de Staël consistait surtout à

---

1. Notice sur Auguste de Staël, en tête de l'édition de ses œuvres complètes. Cette notice est écrite sur un ton de panégyrique dont il faut se méfier un peu.

éveiller l'attention, « plus nécessaire a-t-elle dit qu'une connaissance de plus. » Elle se rendait compte qu'une fois l'impulsion donnée, l'élève peut et doit faire travailler lui-même son intelligence pour s'assimiler les notions reçues. De plus, « Mme de Staël professait, comme Necker, que mal savoir quelque chose est une infériorité [1] »; le travail personnel qu'elle laissait faire à l'enfant était donc pour l'obliger à comprendre complètement, afin de pouvoir répéter ce qu'il avait entendu. Elle ne lui cachait pas non plus que le savoir ne s'acquiert qu'au prix d'efforts persévérants. Elle rejetait, par principe, tous les moyens attrayants qui cherchent à supprimer la peine et à transformer l'étude en distraction. Elle disait qu'à défaut d'attrait, l'idée du devoir doit être invoquée, parce que l'étude faite en s'amusant ne porte aucun fruit : « Elle disperse la pensée : la peine en tout genre est un des grands secrets de la nature, l'esprit de l'enfant doit s'accoutumer aux efforts de l'étude, comme notre âme à la souffrance [2]. » Vouloir le contraire, « c'est mettre l'ennui dans le plaisir et la frivolité dans l'étude [3]. » Elle n'aurait pas approuvé ces ingénieuses combinaisons qui se multiplient aujourd'hui, sous le nom de « science de vulgarisation », pour mettre la science à la portée de tous et en supprimer l'aridité; « ce sont des hochets savants qui accoutument à s'amuser avec méthode et à étudier superficiellement. On s'est imaginé qu'il fallait, autant qu'on le peut,

---

1. Duchesse de Broglie. Notice sur A. de Staël, *o. c.*, 7.
Rousseau, Basedow, Pestalozzi ont insisté aussi sur la nécessité de ne rien apprendre à demi aux enfants.
2. *Allemagne*. Œuv. compl., X, 165.
3. *Ibid.*, 172.

épargner de la peine aux enfants... leur donner de bonne heure des collections d'histoire naturelle pour jouets, des expériences de physique pour spectacle. Il me semble que cela aussi est un système erroné » (p. 165). Et cependant la science amusante n'était encore qu'à ses débuts ; Dumarsais avait bien imaginé une méthode pour supprimer la lenteur et les difficultés du latin [1] ; Bernardin de Saint-Pierre avait bien proposé de mettre une dragée sous chaque lettre pour apprendre à lire aux enfants [2], mais qu'est-ce que cela, à côté de ces savantes mécaniques qui sont aujourd'hui la récréation des bambins ; Mme de Staël les aurait accusées de faire « une entorse à la vérité. »

Elle cherchait avant tout, dans une leçon, à développer la sincérité intellectuelle de l'enfant [3], à ne lui faire admettre que ce qu'il pouvait comprendre, ce qui était déjà le fondement de la méthode de Rousseau. « Il y avait, dans les moindres paroles de Mme de Staël un caractère de vérité si impressive qu'elles valaient des heures de leçons, et qu'elles suffisaient pour donner à l'enfant le mouvement nécessaire pour toute une journée de travail [4]. »

Bien au-dessus des connaissances elle mettait donc la manière d'apprendre, la méthode qui fait « les têtes bien faites », comme le voulait Montaigne ; elle s'efforçait de faire penser son élève, de le rendre dans les choses de l'esprit, aussi bien que dans celles de la

---

1. Voir Œuv. compl., vol. I, éd. 1797. *Exposition d'une méthode raisonnée pour apprendre la langue latine.*
2. Œuv., éd. Aimé Martin, I, 130.
3. Auguste lui parle avec le même sérieux de ses études et de son maître à danser.
4. Notice sur A. de Staël, o. c., p. 2.

morale, « un honnête homme d'enfant », selon l'expression de M. Necker [1].

Elle ne voulut pas se contenter de l'enseignement individuel, pensant que les hommes ont besoin d'émulation, et que l'école est le complément utile de la famille. Ses enfants furent mis au collège de Genève, afin de profiter de tous les avantages de l'éducation et d'être en contact avec des camarades; mais elle leur apprit à ne pas tenir compte de ces rivalités d'écoliers, si dangereuses parfois pour l'amour-propre des enfants. Auguste avait des succès; les distributions de prix, dont l'usage commençait à se répandre, avaient lieu dans sa pension; elles n'excitaient chez lui aucune envie. « Ce n'est qu'un mot sauté, une expression oubliée qui lui a fait manquer le prix, disait-il, de tel ou tel de ses compagnons [2] », et sa mère louera dans le système de Pestalozzi la suppression des punitions et des récompenses, au moyen desquelles on excite d'ordinaire l'émulation : « Combien de mauvais sentiments sont épargnés à l'homme quand on éloigne de son cœur la jalousie et l'humiliation, quand il ne voit point des rivaux dans ses camarades, ni dans ses maîtres des juges [3]. »

Elle admettait bien qu'on excitât l'émulation, mais seulement pour les buts les plus élevés, par le désir d'être utile plus tard à la patrie [4], ou à l'espèce humaine ; si la renommée ne couronne pas l'effort,

---

1. Necker avait surnommé ainsi son petit-fils à cause de son caractère droit et de sa raison.
2. Notice sur A. de Staël, o. c., 5.
3. Œuv. compl., X, 174.
4. Nous retrouverons cette idée dans sa pédagogie sociale.

on n'a pas fait une œuvre vaine, « les essais eux-mêmes ont souvent une obscure utilité. » Elle ne comprend que la rivalité pour le bien ; celle qui vise à tous les genres de supériorités intellectuelles ou morales pour en faire profiter ses concitoyens [1].

1. C'est pour cela qu'elle demandera de ne pas chercher à niveler les réputations dans la République.

CHAPITRE XIII

SCHLEGEL

I. Recherches pour trouver un précepteur — M. Gerlach — recherches de Ch. de Villers. — Comment Mme de Staël connut Schlegel. — II. Son caractère — ce qu'elle trouve surtout en lui — leurs relations — rapports de Schlegel et des enfants de Staël.

I

Si les circonstances l'avaient permis, il est probable que les enfants de Staël auraient poursuivi leurs études au collège de Genève, puisque leur mère appréciait les avantages de l'éducation publique ; mais sa situation politique, les voyages qu'elle entraînait pour elle à l'étranger, l'obligèrent à chercher un précepteur.

Le premier fut M. Gerlach, jeune ministre protestant sur lequel on a peu d'informations, et elles n'importent guère, puisqu'une mort prématurée l'enleva à ses fonctions. Les regrets de Mme de Staël laissent penser qu'il les remplissait selon ses vues. « Vous avez su tous les chagrins que j'ai éprouvés, écrit-elle à Meister, le 3 juin 1802; vous a-t-on dit qu'à mon arrivée à Genève, j'ai vu mourir sous mes yeux l'instituteur de mes enfants, M. Gerlach, à vingt-six ans.

J'en ai éprouvé la plus sensible douleur ; pourriez-vous m'aider de quelque manière à réparer cette perte [1]. »

Cette dernière question revient souvent dans ses lettres à cette époque. Elle comprend toute l'importance de la recherche et désire ardemment faire le meilleur choix. Elle voudrait, avant tout, une intelligence, un homme de bon conseil pour ses fils et pour elle. « L'homme qui se dévouerait à l'éducation de mes enfants, s'il était jeune et libre, pourrait y avoir une longue perspective. Je le mènerais à Paris, et s'il me convenait, je le garderais chez moi aussi longtemps qu'il le voudrait, car étant veuve maintenant, je ne serais pas fâchée d'avoir quelqu'un qui se mêlât de mes affaires et de mes études littéraires [2]. »

Elle multiplie les démarches auprès de ses amis, Meister, de Gérando, de Villers. Elle ne garde pas un jeune Hanovrien, Koster, parce que son instruction est trop faible. « Je n'aurais pas la moindre idée de rien lire avec lui, et avant de m'instruire par lui, il faudrait tellement qu'il s'instruisît par moi que mes peines passeraient toujours de beaucoup mon plaisir [3]. » Il fut aussi question d'un frère cadet de Villers, recommandé par Mme de Krüdener, mais Charles déclina l'offre [4]. Enfin Goethe la mit en relation avec Guillaume Schlegel [5].

Celui-ci avait alors trente-sept ans ; il était en

---

1. Ritter, o. c., p. 174.
2. *Ibid.*
3. Cité par Wittmer, *C. de Villers*, p. 166.
4. V. le fragment de lettre de Villers, 11 décembre 1802. Wittmer, o. c., 167.
5. Voir comment, dans *Lady Blennerhasset*, III, 108 et suiv.

pleine possession de son talent, un des plus éminents de l'Allemagne. Sa réputation comme écrivain et comme interprète de l'étranger, le désignait à l'attention de tout le public lettré. Depuis 1798, il avait, en collaboration avec son frère, exposé dans l'*Atheneum* la doctrine esthétique du romantisme ; publié l'*Almanach des Muses*, en collaboration avec Tieck ; composé un traité sur l'*Art des Grecs* dédié à Goethe. Il avait fait à Berlin des leçons restées célèbres, sans parler de la traduction de Shakespeare et de Calderon dont il parlait les « larmes aux yeux [1]. »

Mais la célébrité n'avait pas amélioré la situation financière des Schlegel, et Guillaume fut heureux de la proposition de Mme de Staël qui lui constituait 12.000 francs d'appointements par an, et la promesse d'une pension qui assurait son indépendance [2]. De son côté, Mme de Staël était flattée de s'attacher un écrivain de renom. C'est la réputation du critique et de l'homme d'esprit qui ont décidé de son choix, plus que les qualités de l'homme privé. Il venait, en effet, de terminer avec Humboldt, puis Wieland, une polémique dans laquelle il n'avait pas eu le beau rôle [3]. Il avait rompu avec Schiller, par suite de leurs divergences de vues au sujet des doctrines romantiques, et l'opinion lui était contraire, ainsi qu'à son frère. Mme de Staël le savait, elle en fut même influencée, et il fallut une entrevue pour dissiper ses préventions. « Je ne crois pas possible, écrit-elle à Gœthe, d'avoir

---

1. V. la notice sur Schlegel dans la *Biographie universelle* de Michaud.
2. Elle fut de 20.000 francs.
3. Voir Rouge, *La Genèse du romantisme allemand*, chap. II et suiv.

une critique littéraire plus spirituelle, plus ingénieuse que Wilhelm, et des connaissances si étendues en littérature, que lors même que l'on n'est pas de son avis, c'est de lui qu'il faut emprunter des armes. Enfin, je trouve dans son caractère quelque chose qui ne répond pas à l'amère réputation qu'on lui a donnée, et je veux attribuer à son frère ce qu'il y a de trop rude dans l'esprit de la famille, pour aimer à mon aise celui-ci [1]. »

Il ne semble pas non plus que Mme de Staël ait recherché dans l'instituteur de ses enfants des aptitudes pédagogiques spéciales. Schlegel était bien resté quatre ans comme précepteur chez le banquier Müller [2], et c'était là sans doute une preuve de compétence professionnelle, mais il s'était tenu en dehors du grand mouvement pédagogique auquel s'intéressait alors toute l'Allemagne.

On sait que la rénovation pédagogique, un instant paralysée par la guerre de Trente ans, avait repris une extension nouvelle dès la seconde moitié du XVIIIe siècle, avec Francke, puis Schleirmacher comme promoteurs. Une sorte d'émulation s'était même établie entre les différents états, après la publication de l'*Émile*. Frédéric II encourageait Hecker et Rochow, et les petits souverains imitaient son exemple. De plus, les Universités étaient florissantes et préparaient, par les séminaires d'instituteurs, des maîtres d'écoles capables de faire pénétrer la science jusqu'au peuple. La littérature pédagogique était riche en noms illustres : Schiller avait écrit ses *Lettres sur l'Éduca-*

---

1. Cité par *Lady Blennerhasset*, II, p. 109.
2. Il l'avait emmené avec lui à Amsterdam, de 1793 à 1797.

tion esthétique de l'homme ; Herdér avait été chargé par Charles Auguste de rédiger un plan général pour la réorganisation des écoles [1] ; enfin Kant, Fichte, Schelling, Hegel, Herbart avaient témoigné dans leurs œuvres de l'intérêt qu'ils apportaient aux réformes projetées. Aux théoriciens se joignaient les praticiens, non moins connus ; il suffit de citer Basedow, Camp, Pestalozzi, ou encore Salzmann, Niemeyer, Frœbel, Disterweg, etc...

Or Mme de Staël ne cherche pas parmi eux. Le nom de Schlegel ne figure, ni dans la pléiade des écrivains pédagogues, ni dans celle des éducateurs ; on ne voit pas, dans ses nombreux ouvrages, qu'il se soit intéressé à d'autres questions que celles d'histoire et de critique littéraire. La situation de précepteur lui permettait seulement de faire face aux exigences de celle de critique, la seule qui répondît chez lui à une vocation.

II

On peut penser également que si le savant eût été moins célèbre, Mme de Staël lui aurait demandé plus de preuves de cette supériorité morale qui devrait toujours égaler le talent chez les éducateurs. Sa femme, Caroline Michelis, était devenue, depuis 1803, celle de Schelling, et il s'était promptement consolé de ses désillusions avec Sophie Bernhardi [2] ; il était donc

---

1. En 1769.
2. Plus tard Mme Kmorring.

divorcé quand Mᵐᵉ de Staël fit sa connaissance[1]. Mais sa supériorité intellectuelle lui apparaissait d'abord ; elle venait de découvrir l'Allemagne, et Schlegel pouvait la guider dans ce pays neuf, si plein de richesses pour son esprit curieux. De plus, elle y trouvait un abri contre la persécution ; l'Allemagne pouvait devenir pour elle et ses enfants une seconde patrie, il leur était bien nécessaire d'avoir un guide éclairé qui pût les mettre à même d'occuper une situation à l'étranger, en les instruisant de la langue et des choses du pays. C'est sans doute cette dernière considération qui lui a fait chercher un précepteur dans ses relations d'Allemagne plutôt que dans celles de France. Elle pouvait penser aussi, comme Mᵐᵉ de Genlis, que les langues ne s'apprennent bien que par l'usage[2], et la coutume n'était pas encore répandue, à cette époque, de prendre des professeurs étrangers, ou d'aller dans le pays même pour étudier la langue.

Elle apprit plus tard, à ses dépens, que si Schlegel était excellent linguiste, il n'était pas un caractère, et elle vérifia le mot de Schiller sur les deux frères : « Ce qu'on nomme âme, leur manque à tous deux. » A peine fut-il familiarisé avec la brillante société de Coppet, qu'il fallut tout le tact et la patience de la

---

1. Il avait été rejoindre Caroline Michelis à Mayence où elle était restée pour consoler le bibliothécaire Foster d'avoir été laissé par sa femme. Elle-même, accusée d'avoir été la maîtresse de Custine, était retenue en prison par les autorités prussiennes. De nombreux parents et son frère obtinrent sa grâce ; « elle ne savait que faire de sa liberté » ; c'est là que vint la rejoindre G. Schlegel ; il la conduisit en sûreté à Lukka près de Leipzig. V. Rouge, *La Genèse du romantisme allemand*, p. 42, et suiv. Il ne faut pas oublier non plus que Mᵐᵉ de Staël venait d'écrire *Delphine*, et qu'elle ne se mettait pas en contradiction avec ses principes en approuvant Schlegel.

2. *Mémoires*, p. 189.

maîtresse de maison pour le faire accepter et briller à ses heures. Il était ombrageux et susceptible, peu sympathique à l'entourage de Mme de Staël ; il suffit de lire le journal de B. Constant pour s'en rendre compte [1]. Sismondi, de son côté, déclare qu'il aime tous les habitués de Coppet, à l'exception de Schlegel [2] ; Bonstetten ne peut discuter avec lui sans l'irriter ; le poète danois Oehlenschlager arrive à Coppet, il le brouille avec la maîtresse de maison. En présence des étrangers, il prend avec celle-ci un ton de familiarité déplacée, et contre son habitude se permet de l'appeler « ma chère amie [3] ».

Cependant toutes ces faiblesses de caractère disparaissent, pour Mme de Staël, devant l'écrivain dont elle a reconnu le mérite [4]. Elle ne veut voir que les bons côtés de cette nature orgueilleuse et rude ; une seule fois, dans l'intimité, elle avoue à Mme Récamier qu'elle en connaît les faiblesses : « Ma vie est triste ici, lui écrit-elle de Genève en 1812 ; Schlegel a des

---

1. Voir par exemple, p. 64, 73, 74, etc.
2. « Avec celui-ci nous avons tant de points d'opposition et de mésintelligence que la plus intime habitude entre nous, ne peut prendre le nom d'amitié » (Saint-René Taillandier, *Lettres de Sismondi à Mme d'Albany*, p. 177).
3. Voir *Lady Blennerhasset*, III, 326 et suiv.

« On affirme même qu'à Bonn, lorsqu'il se trouva abandonné à lui-même Schlegel se rendit coupable envers la mémoire de Mme de Staël de torts plus graves que d'un manque de tact » (*Coppet et Weimar*, 99).

Ces témoignages sont encore confus, et la véritable histoire des relations de Mme de Staël et de Schlegel n'est pas écrite.

4. « Il travaille du matin au soir à son cours d'art dramatique qui est vraiment un chef-d'œuvre de critique littéraire ; je vous le recommande, s'il avait besoin d'être recommandé, comme un homme le plus excellent et le plus spirituel qu'on puisse rencontrer. » A Meister, *o. c.*, p. 208.

défauts qui me cachent quelquefois ses vertus[1]. » Dans les lettres qu'elle lui envoie en Suède, elle se plaint directement à lui de son manque d'égards et de reconnaissance[2].

En résumé, elle rencontra en Schlegel ce qu'elle avait cherché, non un pédagogue ni un moraliste scrupuleux, mais un excellent guide intellectuel pour ses enfants, capable de leur donner la formation littéraire à laquelle elle tenait, et qui leur a fait faire « des progrès étonnants[3] ».

Grammairien de premier ordre, il les initia surtout à l'étude des langues, et Auguste, en particulier, profita d'autant mieux de son enseignement, qu'il était très bien doué pour ce genre d'étude[4]. Il se rendait compte de ce qu'il devait à son maître : « Je vous ai invoqué comme mon Apollon », lui écrit-il, après un concours pour l'ambassade de Suède[5]. Schlegel lui apprit de plus « à faire des recherches exactes, et à sentir vivement la poésie[6]. » Auguste a fait honneur à ses leçons dans les différents travaux qu'il a publiés comme secrétaire de la Société biblique de France ; ils

---

1. *Coppet et Weimar*, p. 223.
2. Voir E. Ritter. Lettres à Schlegel publiées à la fin du volume des *Lettres inédites* à Meister. « Ne sentez-vous pas que votre oubli me navre l'âme... Croyez qu'en me détruisant, c'est votre propriété que vous prodiguez. »
3. Mme de Staël à de Gérando, 8 nov. 1806.
Il avait sans doute conservé la méthode de Mme de Staël de laisser de la spontanéité à l'esprit. A propos d'un ouvrage de Wanceros (1796) qui se prononçait pour le plus de culture et de lectures possibles, il objecte que cela « rendra l'esprit passif et ne développera pas le génie. » *S. W.*, XI, 118.
4. *Notice sur A. de Staël*, p. 22.
5. E. Ritter, o. c., p. 256.
6. Duchesse de Broglie. Notice, o. c., p. 7.

témoignent d'un esprit habitué aux travaux précis et méthodiques [1].

Schlegel avait trouvé dans les enfants de Staël l'amour de l'étude, des intelligences ouvertes et dociles qui, sans avoir l'étendue et la vivacité de celle de leur mère, avaient pris un peu de son élévation et de son charme. Il resta l'ami de la famille ; ses relations avec Auguste, en particulier, furent toujours affectueuses ; on sait qu'après la mort de Mme de Staël, il l'aida à publier le livre des *Considérations* [2].

Si Mme de Staël abandonna en partie à Schlegel l'éducation intellectuelle de ses enfants, elle se réserva leur éducation morale dont il nous reste à parler.

1. Il faisait partie de diverses sociétés savantes, et fut chargé du rapport de la Société biblique en 1822-23-25.
2. Elle avait laissé ses manuscrits à Schlegel avec cent mille francs.

CHAPITRE XIV

ÉDUCATION MORALE

I. Confiance restreinte de M⁽ᵐᵉ⁾ de Staël en l'éducation. — Elle s'occupe elle-même de l'éducation morale de ses enfants — cherche à y faire dominer la vérité — II. la raison — comment — elle évite toute affectation — rejette les procédés de l'étude amusante — exige l'obéissance — mêmes idées chez M⁽ᵐᵉ⁾ Necker de Saussure. — Comment elle lutte contre la sensibilité de son fils aîné — ses reproches à son fils Albert. — III. Elle développe de bonne heure le sentiment religieux chez ses enfants — veut une religion tolérante — pratique — mêmes idées chez Pestalozzi.

I

M⁽ᵐᵉ⁾ de Staël n'avait pas en l'éducation la confiance absolue de beaucoup de penseurs de son temps. Dès les *Lettres sur Rousseau*, elle dit ce qu'elle en veut attendre : « Je suis loin d'adopter le système d'Helvétius, et d'attribuer à l'éducation seule la distance qui peut exister entre l'esprit de Voltaire et celui des autres hommes. Les talents de l'esprit sont sans doute inégaux, mais les sentiments innés dans tous les cœurs peuvent être développés par l'éducation, et je crois qu'elle a presque toujours une manière de rendre, ou plutôt de laisser à l'âme sa bonté primitive [1]. » On

---

[1]. *Lettres sur Rousseau.* Œuv. compl., I, 54.

sait, en effet, qu'Helvétius [1] avait attribué une puissance illimitée à l'éducation, en montrant que l'enfant n'est capable d'éprouver que des sensations, et que le talent est une combinaison de circonstances; en employant les mêmes moyens que le hasard, il serait possible, d'après ce philosophe, de faire des grands hommes.

L'éducation apparaît au contraire à M⁽ᵐᵉ⁾ de Staël, comme à Diderot [2], le développement des dons apportés en naissant; elle est surtout une méthode pour nous servir de nos facultés naturelles, et non un enrichissement positif, puisqu'on ne peut former que ce qui existe déjà. Elle ne donne rien, elle s'adresse, comme le disait Descartes, à ces facultés qui servent à perfectionner l'esprit.

C'est surtout dans le domaine des sentiments et de l'imagination qu'elle peut agir, parce que c'est là qu'il existe le plus d'inégalité parmi les hommes; mais ici encore l'éducation n'est pas toute-puissante, elle n'agit que sur des dons naturels; ces divergences rendent son succès aléatoire. M⁽ᵐᵉ⁾ de Staël exprime plusieurs fois ses doutes à ce sujet : « La morale, chaque fois qu'elle s'applique à tel homme en particulier peut se tromper entièrement dans ses suppositions par rapport à lui [3]... L'effet du gouvernement n'est pas incertain

---

1. Dans son livre de l'*Homme*.
2. OEuvres, t. II, p. 325. On pourrait ajouter aussi comme à Schlegel. A propos d'un livre sur la *Nature et l'Art*, de MM. Inchbald (Leipzig, 1797), où l'éducation est donnée pour le fondement du caractère, il remarque que l'auteur ne prouve pas sa thèse, puisque deux frères qui ont subi la même éducation et qui sont les héros du roman, tournent l'un bien, l'autre mal. S. W., X, 375.
3. *Influence des Passions*. Introduction.

comme celui de l'éducation particulière... les chances du hasard subsistent par rapport au caractère d'un homme [1]. » Elle a tenu un juste milieu entre « l'esprit sauvage qui se défie de l'éducation [2] », et la confiance des réformateurs trop crédules. La nature est bonne, Mme de Staël l'a cru avec tout son siècle, mais elle a été non moins persuadée qu'il était possible de l'améliorer encore par de nouvelles expériences.

Elle ne voulut confier à personne l'éducation morale de ses enfants, et sa sollicitude pour eux a redoublé à mesure qu'ils sont entrés dans la jeunesse. « Elle avait quelquefois des conversations d'égal à égal avec moi dès l'âge de douze ans, écrit la duchesse de Broglie, et rien ne peut donner une idée de la joie qu'on éprouvait quand on avait passé une demi-heure d'intimité avec elle [3]. »

Deux préoccupations semblent dominer Mme de Staël dans l'éducation morale de ses enfants ; la rendre raisonnable et vraie.

Le souci de la vérité l'a frappée d'abord chez Rousseau, et a excité son admiration : « Que j'aime cette éducation sans ruse et sans despotisme qui traite l'enfant comme un homme faible et non comme un être dépendant... l'enfance précède la vie, qu'elle en soit le tableau en raccourci [4]. » C'est la maxime qu'elle semble avoir eu sans cesse devant les yeux et qu'elle a mise en pratique. Vers la fin de sa vie, elle pouvait se rendre le témoignage d'avoir atteint son but. « J'ai

---

1. *Influence des Passions.* Introduction.
2. *De la Littérature.* OEuv. compl., IV, 447.
3. Mme Necker de Saussure, Notice, o. c. ccli.
4. *Lettres sur Rousseau.* OEuv. compl., I, 48.

présenté à mes enfants la vie telle qu'elle est ; je ne me suis servie d'aucune ruse avec eux. » « La vérité, ajoute Mme Necker de Saussure, était la base première sur laquelle elle se fondait. » Elle a rejeté par principe tout ce qui pouvait entretenir quelque illusion dans l'esprit de ses enfants sur son propre caractère, sur les difficultés d'accomplir son devoir, sur le sort de nos affections.

Il lui eût été facile, par exemple, de donner à ses enfants une idée incomplète d'elle-même, de ne leur laisser voir que son courage dans les péripéties de la persécution, ou de ne leur apparaître qu'entourée de la gloire de ses ouvrages ; ceci n'eût pas été entièrement vrai ; il y a de la faiblesse dans les plus grands devaient-ils l'ignorer ; « elle leur a développé son caractère tel qu'il était, ne s'épargnant pas elle-même [1], ne s'attribuant jamais une qualité, ni un sentiment qu'elle n'eût pas. Elle s'est même servi de son propre exemple pour leur donner des leçons et leur faire éviter les fautes qu'elle avait commises ; « Quand elle nous blâmait en disant, c'est ma faute, je n'ai pas pu supporter l'exil, je ne vous ai pas donné l'exemple du courage et de la résignation, cela était déchirant [2]. »

Le sentiment de la responsabilité des parents est en effet un de ceux que les enfants peuvent comprendre ; Mme Necker de Saussure, témoin de l'expérience de sa cousine, conseillera également de l'employer [3], à con-

---

1. On peut même trouver qu'elle ne s'épargnait pas assez quand elle appelait ses enfants et Schlegel comme témoins de ses scènes avec B. Constant.
2. Mme Necker de Saussure, Notice, o. c., CCXLVIII.
3. *Éducation progressive*, II, p. 80 et suiv.

dition que les aveux ne dégénèrent jamais en confidences indiscrètes, sans quoi ils compromettraient notre dignité vis-à-vis des enfants, conduite que Mme de Staël avait blâmée, avant même d'être mère. « Les enfants ne doivent jamais éprouver les défauts de ceux qui les environnent. Il est un genre d'expérience qu'on doit retarder le plus possible, c'est la connaissance des vices des hommes... Il faut être homme pour apprendre sans danger à connaître les hommes [1]. » C'est-à-dire que tout en ayant le souci de la vérité, elle était loin des exagérations d'un Basedow et de son école qui prétendent ne rien cacher aux enfants de la vie réelle. Mme de Staël veut les initier à ce qu'elle a de plus pur, combattre seulement le romanesque parce que « la société est rude à qui n'y est point fait ».

Pour pénétrer totalement l'éducation de ses enfants de cet esprit de vérité qu'elle estimait tant, elle voulut éviter toutes les affectations ordinairement en usage dans les familles : affectation de langage, « elle dédaignait de prendre avec les enfants ce ton de niaiserie maniérée par lequel on croit se mettre à leur portée. Elle les élevait jusqu'à son esprit, et s'élevait jusqu'à leur innocence [2] » ; de louanges, en donnant trop d'attentions à leurs faits et gestes, en paraissant toujours occupé d'eux ; « la seule ruse permise avec les enfants, c'est de les traiter comme des hommes, de faire naître autour d'eux l'expérience, en leur cachant le peu d'importance qu'on attache à leurs premiers torts, et le charme de leurs petites grâces, présage de l'empire que d'autres séductions peuvent avoir un jour [3]. »

---

1. *Lettres sur Rousseau.* OEuv. compl., I, 50.
2. Mme Necker de Saussure, Notice, o. c., CCLII.
3. *Lettres sur Rousseau*, 1, 49.

Toujours d'après le même principe, elle ne voulait point obtenir l'obéissance par des moyens détournés, faire céder l'enfant à une menace ou à une prière; « elle exprimait nettement sa volonté... elle donnait la loi dans sa famille, et ne croyait pas que l'obéissance religieusement inculquée avilît le cœur [1]. »

L'obéissance a toujours été une question capitale en pédagogie [2]. Au XVII° siècle on ne songeait point à élever de discussion à son sujet. L'enfant devait obéir, et l'autorité des parents ou du maître ne connaissait guère le respect de la volonté de l'enfant ; ils oubliaient de la former, quand ils ne la détruisaient pas, comme Fénelon.

Rousseau s'avisa le premier de modifier le principe en demandant de n'imposer aucun devoir à l'enfant, avant qu'il puisse comprendre au nom de quelle loi ce devoir lui est imposé [3]. En attendant ce moment, on sait avec quelle rigueur inflexible il veut que le précepteur impose sa volonté à Émile, afin que l'autorité du maître remplace les lois de la nature. Mme de Staël approuve ceci, elle trouve plus conforme à la dignité de l'enfant de l'habituer à plier « sous la nécessité, muette, mais inflexible puissance qui le commandera quand ses maîtres ne pourront plus rien sur lui [4]. » Moins absolue que Rousseau cependant, elle ne se refusait pas à donner quelquefois les motifs de ses ordres, mais « sans ouvrir la discussion, et le considérant de la loi ne la rendait pas moins absolue. »

---

1. Mme Necker de Saussure, Notice, o. c., CCXLVI.
2. Et dont il serait intéressant de suivre l'évolution.
3. « L'enfant ne doit point savoir ce que c'est quand il agit. » Œuvres. Émile, II, p. 58.
4. Lettres sur Rousseau. Œuv. compl., I, 49.

Il est intéressant de voir combien Mme Necker de Saussure, qui nous rapporte ceci, est restée dans les mêmes idées que sa cousine ; ses chapitres sur l'obéissance sont parmi les plus pratiques et les mieux étudiés de son ouvrage. Elle n'admet pas non plus que l'obéissance puisse être autre chose qu'une loi, difficile à appliquer sans doute, mais dont l'obligation s'impose aux parents et aux enfants. Les premiers doivent affirmer leur volonté, au nom de l'autorité qu'ils tiennent de la nature même, sans qu'il soit nécessaire d'employer aucun de ces moyens détournés dont les enfants d'ailleurs ne sont pas dupes. « Je regarde l'obéissance ponctuelle, dit-elle, comme la condition nécessaire de la moralité et de la formation du caractère chez l'enfant [1]. »

L'obéissance n'exclut pas l'intimité et l'abandon, Mme de Staël en est un exemple ; « on ne cessait jamais de la respecter, dit sa fille, et ce respect était toujours mêlé d'une sorte de crainte... Personne n'a eu plus qu'elle de dignité naturelle, et c'est ce qui lui a permis d'admettre ses enfants à la familiarité la plus intime, de leur inspirer même parfois de la pitié pour ses chagrins, sans qu'ils aient cessé de la révérer. Jamais une mère n'a été plus confiante et plus imposante à la fois [2]. »

Nous pourrions remarquer encore que c'est pour obéir à l'esprit de vérité qu'elle a, ainsi que nous

---

1. *Éducation progressive*, II, p. 220.
« La nature en nous les livrant faibles et nus, que dis-je, sans connaissance, n'aurait fait que nous tendre un piège ! Elle nous aurait doué de tous les genres de supériorité pour nous réduire à l'emploi de la ruse. » (*Ibid.*, I, 159.)
2. Mme Necker de Saussure, Notice sur Mme de Staël, o. c.

l'avons vu plus haut, rejeté les procédés de l'étude amusante, ne voulant pas dissimuler à ses enfants que le travail est pénible.

II

Si M_{me} de Staël s'est préoccupé de faire régner la vérité dans l'éducation morale de ses enfants, elle a tenu également à y faire dominer la raison.

Persuadée que l'on pouvait agir sur l'homme, surtout par l'imagination et le sentiment, elle les a beaucoup exercés chez les siens, mais pour les maintenir dans une certaine limite, et préserver ceux qu'elle aimait des dangers qu'elle avait connus [1]. Pour cela, elle a tenu à réprimer toute expression de tendresse passionnée vis-à-vis d'eux ; les démonstrations exagérées, dit-elle, ne conviennent point aux enfants, ils ne les comprennent pas ; Thérèse d'Ervins dans *Delphine* témoigne une tendresse extrême à sa petite-fille, cela étonne « cette pauvre petite qui éprouve confusément le besoin de la protection, plutôt que celui d'un sentiment passionné. Son âme enfantine est surprise des vives émotions qu'elle excite, une affection raisonnable et des conseils utiles la toucheraient peut-être davantage [2]. »

1. Je n'ai pas su guider ma vie, fait-elle dire à Delphine, et j'ai précipité les autres avec moi.
2. « Il est bien naturel assurément, dira à son tour M_{me} Necker de Saussure, que nous montrions à nos enfants beaucoup de tendresse ; mais l'expression qui leur en plaît le plus n'a rien d'exalté... l'affection mêlée à la gaîté leur convient mieux qu'une expression sérieuse et passionnée, à laquelle ils ne savent comment répondre. » *Education progressive*, II, 92.

Mme Necker de Saussure a indiqué une autre raison de la réserve relative de Mme de Staël vis-à-vis de ses enfants ; c'est le sentiment de la prompte séparation qu'opère la mort ; nous ne devons pas perdre de vue que nos enfants doivent nous survivre et sont destinés à se passer de nous ; il faut les élever dans ce but.

Elle n'a pas voulu non plus que ses enfants lui exprimassent leur tendresse d'une manière exaltée, « elle a mis de toutes parts des contrepoids à l'enthousiasme qu'elle leur inspirait [1] » ; volontiers, elle leur répétait ce que sa mère lui écrivait autrefois : « J'aimerais bien que tu n'exagères rien en fait de tendresse vis-à-vis de moi [2]. »

C'est que les passions font le malheur des individus et qu'il faut leur apprendre à se passer de bonheur [3]. Si Mme de Staël n'a fait lire que plus tard à ses enfants cette démonstration pessimiste [4], elle l'a eue présente à l'esprit en les élevant, elle les a empêchés de se livrer au sentiment.

Son fils aîné, Auguste, était précisément d'une extrême sensibilité dans son enfance ; le moindre reproche de sa mère le faisait fondre en larmes ; Mme de Staël s'en inquiète ; « elle s'attachait à l'aguerrir contre cette disposition, et l'exerçait à supporter une moquerie douce sur ses petits chagrins [5]. » Elle le

---

1. Mme Necker de Saussure, *o. c.*, CCL.
2. D'Haussonville, *o, c.*, II, p. 45.
3. *De l'Influence des Passions.*
4. Elle ne conseille pas de la lire avant vingt-cinq ans ; « c'est à cet âge que le cercle des jouissances est parcouru, et le tiers de la vie à peine atteint, que ce livre peut être utile ».
5. Notice sur A. de Staël, p. 3. « Je suis si triste écrivait-il un

livra de bonne heure à lui-même pour le viriliser, pour réprimer cette sentimentalité que le foyer maternel eût entretenu inconsciemment. De plus, elle développa beaucoup sa raison naturellement droite, en le faisant participer lui-même à son éducation. A quinze ans, elle le met à la tête de ses études, l'établit même juge de ses maîtres et de la direction qu'il en reçoit. « Tu sauras, lui écrit-elle après l'avoir mis au collège, si les petits inconvénients qu'on reproche à cette pension viennent des écoliers ou des maîtres? J'ai beaucoup d'anxiété sur cette pension; dois-je t'y laisser, dois-je te rappeler? Je suis tentée de te consulter à ce sujet, car il faut te rappeler à l'instant où ton âme cesserait d'avoir horreur du mal... C'est une grande expérience que je fais de ta raison, j'espère qu'elle me réussira bien [1]. » Et elle recommande au directeur de laisser sortir Auguste toutes les fois qu'il lui dira « selon la sincérité de son caractère qu'il sort pour nos affaires communes », le livrant ainsi complètement à la foi de sa parole.

Sans doute l'épreuve était grande, et cette méthode ne saurait se généraliser ; il est dangereux d'établir l'enfant juge de ses maîtres, il est des natures, et c'est le plus grand nombre, auxquelles la surveillance et la crainte sont utiles ; celles-ci sont mauvais juges dans leur cause. Cela n'empêche pas que le principe de Mme de Staël a du bon, et que sans doute elle a eu raison de l'appliquer à son fils. Le meilleur moyen de

---

jour à sa mère, que je me mis à fondre en larmes l'autre jour en entendant la musique d'un bal qu'on donnait au-dessus de nous et qui s'accordait si mal avec mes idées. »

1. Notice sur A. de Staël, p. 7.

rendre les enfants raisonnables est souvent de supposer qu'ils le sont.

Fénelon voulait que, non seulement on n'agît pas de force avec eux, mais qu'on les fît parler sur les besoins de leur éducation, pour la leur faire vouloir telle qu'ils la reçoivent. « Il faut, dira plus tard Dupanloup, leur faire aimer librement le vrai, le bien, le juste, le grand... si on veut rendre les enfants raisonnables, il faut leur parler raison, et ils l'entendent [1]. »

C'est surtout à l'égard de son fils Albert que Mme de Staël eut à employer la persuasion et la prudence, pour le préserver des égarements d'une exubérante nature. « Contrairement à son frère Auguste, homme sérieux et rassis, il était léger, bouillant, et ne voulait pas se plier à la règle, bien qu'il ne manquât pas de capacités [2]. » Il fut pour sa mère une cause de tourments et de chagrins, parce qu'elle ne pouvait lui faire entendre raison, et l'empêcher de se livrer à des imprudences. Une lettre qu'elle lui écrivit de Stockholm en 1812, à l'occasion d'une faute de jeunesse, nous renseigne sur les leçons pleines de sagesse et de dignité personnelle qu'elle savait donner [3].

« Je crois de mon devoir de vous écrire, Albert, bien qu'un sentiment de fierté m'empêchât de le faire avec tout autre qu'avec mon fils. Voici le tableau de votre conduite : vous avez insulté de la manière la plus

---

1. Dupanloup, *Traité d'éducation*, I, p. 206.
2. Lady Blennerhasset, o. c., III, 482.
3. Nous donnons cette lettre en entier, parce qu'elle n'a été publiée qu'une seule fois par la *Revue rétrospective* (1re série, t. III, 1834), et qu'elle résume assez bien la manière d'être de Mme de Staël aux différents points de vue dont nous parlons.

grossière une femme qui n'a ici ni frère, ni mari, que je protège seule, et qui, dans sa noble patrie n'aurait pas rencontré un seul homme capable d'outrager une femme, et surtout de l'outrager sans le moindre danger, ce qui réunit la faiblesse d'âme à la dureté de cœur. Vous ne lui avez pas fait depuis deux jours la moindre excuse, ni à moi non plus, et vous vivez dans ma maison, à l'abri de mon nom et de ma fortune, sans daigner me montrer aucun égard. C'est pour vous que cette conduite m'afflige, car vous devez savoir que je peux me passer de votre hommage, et vous n'êtes pas en état de connaître la mère que vous avez ; vous apprendrez dans la vie que c'est à mon nom, ou plutôt à celui de mon père qu'est dû ce que vous avez d'agrément dans le monde. Et sur quoi, je vous prie, se fonde votre arrogance? Est-ce sur votre vie passée? Vous savez ce que j'en sais. Sont-ce sur les connaissances que vous avez acquises? La considération dont vous jouissez? Les plus indulgents pour vous, disent : il est fou, cela passera. Je ne vois pas un grand motif d'orgueil dans une telle louange. Cependant la vie s'avance, et vous aliénez de vous votre mère, votre frère, votre sœur. Excepté le misérable attachement que peut vous procurer une jolie figure, je ne vous connais pas un lien. M. de Montmorency [1] est ici, vous ne le recherchez pas. Tout ce qui vous plaît, ce sont les habitudes vulgaires, la pipe, etc. Ni l'esprit de votre mère, ni la dignité de manières de votre frère, ni le charme de votre sœur ne vous attirent ; aucune idée de religion ne vous occupe. L'obéis-

---

1. Il s'agit de Mathieu de Montmorency qui était le tuteur des enfants de Staël.

sance, le respect envers votre mère que Dieu vous commande, ne vous paraît qu'un fardeau dont il faut se débarrasser le plus tôt possible. Enfin, quelle vertu et quel devoir accomplissez-vous dans la journée? Et si je mourais demain quel souvenir pourrait vous calmer sur vos rapports avec moi depuis que vous êtes au monde? Vous croyez que la vie consiste dans le plaisir ; elle est tout autre que cela. Je ne suis ni sévère, ni froide ; les plaisirs aussi, ceux du moins qui captivent l'imagination, ont eu beaucoup trop d'empire sur moi ; mais Dieu merci, je ne me serais pas couchée en paix si j'avais cru avoir blessé une personne malheureuse, et je n'aurais pu supporter une heure l'idée d'être mal avec mon père. — Albert, vous vous préparez une vie bien déplorable, non que je veuille me charger de la punition que vous méritez, je suivrai envers vous la ligne du devoir telle que je la conçois ; mais vous n'avez aucune idée, vous, de la seule chose qui fait le devoir. Vous imaginez que c'est admirable d'avoir dix-huit ans, et cinq pieds six pouces ; il y a pourtant eu quelques exemples de cette distinction-là. Vous ajoutez à tout cela l'idée que la bravoure est tout ; c'est une belle chose ; mais vous avez un malheur encore, c'est que, même dans ce genre, il vous manque cette générosité envers les faibles, ce respect pour les femmes qui fait seul de la bravoure quelque chose de chevaleresque. Jean [1] braverait la mort tout comme vous, et peut-être même avec plus de persévérance d'esprit. A quoi vous sert-il d'être le petit-fils de M. Necker, et pensez-vous que bientôt

---

1. Domestique de Mme de Staël.

ce titre qui vous protège ne vous servira d'accusation ? »

Ses reproches ne devaient pas s'arrêter là. Albert, suivant l'expression de Mme Rillet-Huber, avait mauvaise tête. Engagé au service du roi de Suède, il s'attirait sans cesse des difficultés et inquiétait sa mère. Ne pouvant l'atteindre directement, elle implorait l'intervention de Schlegel pour faire entendre au jeune homme le langage de la raison. « Dites à Albert, je vous prie, ce que vous a dit le prince pour lui ; faites-lui sentir que dans la circonstance actuelle, il y a du vrai caractère à se plier, pour avoir l'occasion de se montrer dans de grandes circonstances. Son frère n'aime pas mieux que lui tout ce qui tient à de certains préjugés, et cependant il s'y plie très bien, et réussit généralement ici [1]. »

Les avis de Schlegel ne furent pas mieux écoutés car, de son propre chef, étant chargé d'une mission à Hambourg par son général, le jeune Albert entra au service de la Russie dans le corps du colonel Tettenborn, composé de cosaques, de troupes légères et de volontaires de toutes les nations. Ce coup de tête compromettait non seulement son avenir, mais celui de son frère qui venait de s'engager également au service de la Suède. « Serait-il possible qu'il eût pris une telle résolution sur lui, écrit Mme de Staël à Schlegel [2], et lorsque le prince doit être pour nous, et que son frère a adopté la Suède. Je vous envoie ma lettre ouverte pour que vous vouliez bien la lire avant de la cacheter pour la lui remettre. L'amour-propre est

---

1. E. Ritter, o. c., 14 mai 1813.
2. *Ibid.*, Stockholm, 23 mai 1813.

son principe dans toute cette affaire ; il ne se trouve pas assez bien traité. Enfin, c'est absurde, et je vous demande votre appui pour le guider [1]. »

Un mois plus tard, elle presse encore Schlegel d'user de son influence [2]. « J'ai une lettre d'Albert qui est d'un fou ; parlez-lui donc raison... Chargez-vous de cette lettre pour Albert, et dites-lui bien que je suis décidée à ne me mêler de ses affaires qu'au service de la Suède, et d'après le consentement du Prince royal. Il croit la bravoure chose plus rare qu'elle ne l'est. »

On sait que quelques jours plus tard [3], le jeune homme était décapité en se battant en duel contre un officier de cosaques.

La douleur de sa mère fut très grande, et montre bien la place qu'occupait dans son cœur cet amour maternel dont quelques-uns de ses amis ont pu douter [4]. Les vrais, ne s'y trompèrent pas : « Quel malheureux jeune homme, écrivait Mathieu de Montmorency à Mme Necker de Saussure... Quelle mère plus malheureuse encore, ce me semble, par ce qui manque

---

1. 24 juin 1813.
2. Londres, 2 juillet 1813.
3. A la fin de juillet 1813.
4. V. Saint-René Taillandier, *Lettres de Sismondi à la comtesse d'Albany*, p. 170. On trouve un exemple de la force de l'amour maternel chez Mme de Staël dans une lettre qu'elle écrivait à Monti en août 1805, après un accident survenu à ses fils : « J'ai failli perdre hier beaucoup plus que la vie. Mon fils aîné, en pêchant sur le bord du lac, est tombé dans l'eau à l'endroit où le ruisseau qui traverse le parc se jette dans le lac, et fait comme une espèce de tourbillon dans les flots. Son frère, plus faible que lui... s'est élancé pour le suivre etc... Et je viens vous confier cette émotion, la plus vive que depuis la mort de mon père, mon cœur ait éprouvé. » Cité par J. Morosini. *Giornale storico della litteratura Italiana*, 1905.

à la pureté de ses regrets... Je sais trop comme le coup de foudre l'a frappée, au milieu de tout ce qui prépare le moins à la douleur. Des révolutions de l'âme si subites sont toujours terribles avec une imagination si vive et un cœur qui creuse la peine si profondément [1]... »

Les lettres de Mme de Staël révèlent aussi une réelle tristesse. Elle déplore l'avenir brillant dont elle aurait pu être fière : « Pauvre Albert, quelle carrière il a manquée [2] ! »; le grand vide qui s'est creusé dans sa vie : « Depuis notre séparation, écrit-elle à Schlegel, et la mort d'Albert, je me sens isolée, l'air pèse sur moi, ma santé se détruit [3] »; le bien qu'elle aurait pu lui faire : « Ce pauvre Albert avait pris le mouvement de travers, mais il en avait [4]. » Elle pensait, comme Mme Rillet-Huber, qu'à vingt et un ans, il y a encore du temps et des moyens de s'amender, et que son fils aurait été plus heureux en l'écoutant [5]. Si elle a échoué auprès de lui, ce n'est pas sa manière d'être qu'il faut accuser, mais le terrain difficile sur lequel elle travaillait, et le temps trop court dont elle a disposé. Qui sait ce qu'aurait pu sur cette nature impétueuse l'éducation de la vie, à laquelle Mme de Staël attribuait justement une influence considérable.

1. Gautier, *Mme de Staël et M. de Montmorency*, p. 255.
2. A Schlegel, juillet 1813.
3. A Schlegel, 30 novembre 1815.
4. Id.
5. Elle avait certainement pour lui beaucoup d'affection ; n'écrivait-elle pas à de Gérando, le 8 mai 1806 : « J'envoie mon fils cadet passer quelques jours à Paris avec son frère, il faut que je me prive ainsi de tous les genres de bonheur », o. c., p. 84.

III

Après le développement de la raison, celui du sentiment religieux a tenu une grande place dans le plan d'éducation de Mme de Staël. A partir de 1804 (année de la mort de Necker), elle redoubla d'attention pour leur formation religieuse. « Ils trouvaient en elle cette religion du cœur qui s'unissait à l'idée de son père et ajoutait aux affections du sang dans leur famille [1]. »

Elle s'était demandé, dans les *Lettres sur Rousseau*, si le grand pédagogue n'avait pas raison de retarder l'éducation religieuse d'Émile ; si la révélation de la divinité n'impressionnerait pas plus heureusement celui qui serait en âge de la comprendre. « Une grande idée qu'un enfant met à son niveau, qu'il rapproche de ce qu'il connaît, qu'il confond avec toutes les petites pensées de son âge, est moins auguste à ses yeux que si, pour la première fois, elle répandait des torrents de lumière sur les ténèbres de l'existence [2]. » Dans la pratique, elle n'a pas suivi le conseil du maître, mais plutôt celui de Pestalozzi qui ne veut pas retarder pour l'enfant la connaissance de Dieu [3]. Elle a donc veillé, dès leur jeune âge, sur leur instruction religieuse, suivant en cela l'exemple de sa mère qui l'avait soigneusement développée en elle.

---

1. Mme Necker de Saussure, Notice, o. c.
2. Œuv. compl., I, 39.
3. Voir *Ueber die Idee der Elementarbildung*. Il y dit, entre autre, qu'il serait aussi absurde d'attendre pour parler de Dieu à l'enfant qu'il soit en âge de le comprendre, qu'il serait absurde de ne pas lui parler de son grand-père avant qu'il sache comment les générations humaines se succèdent.

Chaque dimanche, elle lisait elle-même à ses enfants des sermons du pasteur Churchod [1]. Auguste n'avait pas neuf ans quand, pour compléter son instruction religieuse, elle le confia au pasteur Cellerier [2]. La duchesse de Broglie raconte [3] que, deux fois par semaine, il quittait Coppet pour se rendre au presbytère.

Coppet était alors très brillant, et la maîtresse de maison se rendait compte qu'un milieu plus calme eût été meilleur pour de jeunes enfants ; « elle leur expliquait souvent l'inconvénient qu'il pouvait y avoir pour des âmes jeunes et flexibles, à vivre au milieu de cette foule que son talent attirait [4]. » Elle leur faisait sentir « le vide de la vie mondaine » ; elle leur rappelait que le but de la vie était le devoir, et non pas le bonheur, et cela, même quand elle le cherchait encore pour elle. « L'atmosphère où vous vivez, leur disait-elle, n'est pas bonne pour votre âge. » Aussi, pour en combattre les mauvais effets, elle élève sans cesse leur pensée vers Dieu. Pour l'anniversaire de la mort de Necker, elle écrit à son fils aîné : « Je t'écris, cher enfant, un bien triste jour que mon départ rend plus solennel encore. J'ai pensé à toi au pied du monument que tu reverras avant moi, et où tu feras ta prière. C'est aux saintes pensées dont il est l'image que j'attache mon âme dans les moments douloureux. Crois-moi, cher ami, il n'y a qu'elles contre la vie [5]. » En 1807, elle écrit à

---

1. Son grand-père maternel.
2. Celui qui bénit son mariage vingt ans plus tard.
3. Notice sur A. de Staël, o. c., p. 24 et suiv.
4. *Ibid.* Mme Necker avait senti pour sa fille le même inconvénient, et avait soigné, à cause de cela, son éducation religieuse.
5. Mme Necker de Saussure, Notice sur Mme de Staël.

Camille Jordan : « Ce que je fais au moins, c'est soigner l'éducation de mes enfants dans ce genre (religieux) avec un tel scrupule, que j'espère laisser après moi de dignes descendants de mon père [1]. »

Si nous cherchons quels étaient les caractères de la pédagogie religieuse de Mme de Staël, nous voyons qu'elle n'eut jamais l'inquiétude et la nature un peu farouche de celle de Mme Necker, ni l'esprit superstitieux de celle de Mme de Genlis, ni la sévérité de celle de Mme Necker de Saussure. Elle resta tolérante, point dogmatique et agissante. Elle développa chez ses enfants, en même temps que l'amour de Dieu, la tolérance qui devait, à ses yeux, en être inséparable, et ses enfants partageront son opinion.

Quoique le protestantisme fût le culte héréditaire de sa famille, le catholicisme des de Broglie ne fut point un obstacle au mariage de sa fille [2]. Ce qui lui importait ce n'était pas telle ou telle croyance, mais la sincérité de l'esprit. Elle demandait avant tout, dit Lady Blennerhasset, « le sérieux de la pensée ; une sincérité entière, d'abord envers soi-même. Ce qui répugnait le plus à sa nature, c'était la raillerie, le persiflage spirituel qui abaisse les choses les plus saintes [3]. »

---

1. De Gérando, *Lettres inédites de Mme de Staël*, o. c., p. 72. — De fait, des descendants de Mme de Staël ont été prêtres et diaconesses, ce qui prouve la survivance des idées religieuses dans sa famille.

2. La jeune Albertine aurait même désiré que le catholicisme de son fiancé fût plus fervent ; elle écrivait à Benjamin Constant le 23 février 1816, de Pise : « Mon admiration pour le caractère de Victor augmente tous les jours. Son cœur est si pur que même bien qu'il ne soit pas aussi religieux que je le désirerais, il me semble impossible que la protection de Dieu ne descende pas sur lui, car il y a seulement une mésintelligence de mots entre lui et la croyance parfaite. » E. de Nolde, *Mme de Staël et B. Constant*, p. 266.

3. T. III, 399.

La religion doit être non seulement tolérante, mais agissante ; l'esprit pratique que nous avons remarqué en Mme de Staël, quand il s'est agi des intérêts matériels de ses enfants, se retrouve aussi dans leur éducation morale ; nous savons qu'elle avait échappé aux exagérations du mysticisme, qu'elle appuyait dans le christianisme sur le côté moral, par conséquent sur l'action. Si religion et morale se confondaient pour elle, surtout à la fin de sa vie, on peut penser qu'elle n'insista pas sur le dogme dans son enseignement. Nous l'avons vue rappeler à son fils Albert, l'obéissance et le respect envers sa mère, parce que Dieu le commande. Elle disait aussi à Auguste : « Il y a beaucoup à blâmer à ne point remplir de devoir actif [1]. »

Il n'est donc pas étonnant que jusqu'à dix-sept ans environ, son fils aîné ait eu « la foi aveugle », avec l'espoir de trouver plus tard des consolations dans les vérités qu'elle enseigne. « Je serais trop malheureux, disait-il, si je perdais l'espérance de devenir un jour très religieux. » En même temps, il avait si bien cette sincérité d'esprit que voulait sa mère, qu'elle pouvait, comme nous l'avons déjà dit, le livrer à sa conscience et à sa parole. A propos de mauvais exemples dont il était témoin au collège, et dont on voulait avertir le directeur, il lui écrit : « Ce serait tout à fait inutile, d'ailleurs, c'est à moi à me défendre, en lisant le cours de morale religieuse de mon grand-père, et en pensant à toi [2]. »

Devenu de plus en plus religieux avec les années, il a traduit ses croyances en actes. Après la mort de

1. Notice sur A. de Staël, o. c., p 27.
2. *Ibid.*

sa mère, il s'est consacré uniquement aux œuvres philanthropiques [1], et mieux que personne il a résumé l'enseignement de Mᵐᵉ de Staël en définissant le christianisme « une religion pratique, qui ne se révèle à l'intelligence humaine que par la prière et par l'action [2]. »

Il est facile de remarquer la grande conformité qui existe, au point de vue de la pédagogie religieuse, entre les idées de Mᵐᵉ de Staël et celles de Pestalozzi. Comme lui, elle conseille à la mère de commencer seule l'éducation religieuse de l'enfant, de lui montrer Dieu dans ce qu'il apprend, afin qu'il le connaisse, non par des raisonnements, mais par l'amour et la foi ; « celle-ci n'a pas besoin de s'appuyer sur une conception, ni sur une preuve, ni sur une explication... il faut avancer dans la piété instinctivement... [3]. »

Nous venons de voir que Mᵐᵉ de Staël considère en partie l'enseignement religieux comme devant aboutir à l'action, c'est aussi un des principes les plus chers à Pestalozzi. Il s'est élevé énergiquement contre la religion des mots (Maulreligion), il a répété que l'homme n'a pas le devoir d'être savant, mais de bien vivre, et que c'est par les circonstances de la vie quotidienne et par la nature que l'enfant apprend à connaître Dieu [4]. Mᵐᵉ de Staël a très bien compris que Pestalozzi vou-

---

1. Ceci démentirait l'appréciation de Benjamin Constant : « Nous arrivons à Louvain où je trouve Auguste de Staël. C'est un des plus fiers égoïstes que je connaisse. Il fera son chemin » (*Journal intime*, p. 13). D'autre part la notice que la duchesse de Broglie a consacrée à son frère n'est guère impartiale.
2. Notice sur A. de Staël, o. c., 96.
3. Wie Gertrude, etc... XIV, § 7.
4. Voir Léonard et Gertrude, III, § 69, et encore IV, § 72.

lait faire, comme elle, un état d'âme de la religion, et elle l'en félicite après sa visite à Yverdon. « Tout s'y passe au nom de la Divinité, au nom de ce sentiment pur, élevé et noble qui est la religion habituelle de l'âme [1]. »

1. OEuv. compl., X, 178.

CHAPITRE XV

LA DUCHESSE DE BROGLIE. — PESTALOZZI

I. Mᵐᵉ de Staël veut élever sa fille elle-même. — Opinion de Talleyrand, de Schlegel sur l'éducation collective des filles. — Comment Mᵐᵉ de Staël élève la sienne — la préserve des illusions — la rend raisonnable — témoignages de ses amis — de B. Constant, — l'instruit — la détourne de la célébrité. — Cette éducation montre les vraies idées féministes de Mᵐᵉ de Staël. — II. Mᵐᵉ de Staël fait la connaissance de Pestalozzi — sa visite à Yverdon — leur correspondance — communauté de leurs idées — Pestalozzi ne fait pas oublier Rousseau à Mᵐᵉ de Staël, il le complète — comment.

I

Madame de Staël n'a eu qu'une fille, Albertine [1], dont l'excellente nature réalisa tous les rêves maternels. En rappelant de quelle sollicitude elle a entouré cette enfant, nous pourrons peut-être compléter ce que l'on dit généralement des idées féministes de Mᵐᵉ de Staël.

Se souvenant de l'exemple de sa mère, et peut-être aussi de ce que son ami Talleyrand recommandait aux mères d'élever leurs filles [2], elle s'occupa seule de la

---

1. Née le 13 octobre 1791.
2. « Les filles ne pourront être admises aux écoles primaires que jusqu'à l'âge de huit ans. Après cet âge, l'Assemblée nationale invite les pères et mères à ne confier qu'à eux-mêmes l'éducation de leurs filles, et leur rappelle que c'est leur premier devoir. » Rapport lu à l'Assemblée constituante.

sienne. Sans compter que l'opinion de Schlegel, qui fut peut-être appelé à la donner, n'aurait pu que la détourner de tout projet d'éducation collective pour Albertine. A propos de *Jülchen Grunthal*, roman paru à Berlin en 1798, il s'est élevé nettement contre les pensionnats féminins : on peut bien affirmer, dit-il, qu'ils sont aussi « nuisibles aux individus que les cloîtres. » « L'auteur (dont il analyse le livre et qui est une femme) nous conduit du sein d'une existence simple où l'on respire l'air le plus doux et le plus pur, dans un milieu de suffisance, de sensiblerie, et des vices spéciaux qui se développent surtout dans ce genre d'établissements où les jeunes filles doivent être élevées en amas : les êtres qui peuvent le moins le supporter sont traités comme des articles de fabrique [1]. » Qu'elle s'en soit ou non inspirée, Mme de Staël s'est rangée à cet avis. « Ma mère n'a jamais voulu avoir de gouvernante pour moi, a dit la duchesse de Broglie, et elle m'a donné des leçons tous les jours dans ses plus grands chagrins [2]. » C'était

[1]. *Sämmtliche Werke*, XI, 239-240. Il ajoute : « On ne leur laisse pas recevoir l'instruction et l'éducation assez immédiatement des mains de la nature, des impressions vivantes et des expériences intérieures. ..l'autoresse touche tous les détails : on déshabille les jeunes filles du silence et de l'uniformité de la famille, et à leur place l'incessant vacarme, l'agitation, le travail qui devient bientôt chez ces jeunes créatures une souffrance et leur fait connaître le sentiment contre nature de l'ennui. Qui resterait impassible à la peinture des maladresses et déformations inouïes qu'elles doivent subir dans les grandes villes ? ... Les influences abrutissantes de la suffisance, des mauvais exemples, de la peur du ridicule doivent s'exercer dans tous ces établissements où l'éducation risque d'être traitée au point de vue de l'apparence, comme une coquetterie, un luxe sans fondement. »

[2]. Mme Necker de Saussure, *Notice sur Mme de Staël*. Les éloges que Mme de Staël a donnés plus tard à l'Institut Sainte-Catherine (Œuv. compl., XIII, p. 328) ne prouvent pas qu'elle préférât l'éducation collective pour les filles.

même une manière de s'en consoler; ne semble-t-elle pas se le rappeler dans *Corinne* lorsque celle-ci trouve tant de charmes à instruire la petite-fille d'Oswald [1]. Elle la soignait elle-même avec un inlassable dévoûment. L'enfant tombe malade à Francfort en 1797, elle s'installe à son chevet, et « la tête fut sur le point de lui tourner de douleur [2]. »

Trois ans plus tard, elle écrit à Meister : « Je viens de faire inoculer ma fille, je ne suis pas dans les temps heureux de ma vie [3]. »

Son avenir fut une de ses préoccupations les plus constantes [4]. Persuadée que le bonheur n'existe pas pour les femmes hors d'un mariage d'amour, elle n'eut jamais d'autre désir pour sa fille ; mais afin de la préserver des illusions qu'elle s'était faite, elle lui dit « que la vivacité de ses affections et de ses opinions l'avait entraînée dans des routes dangereuses dont nulle autre qu'elle n'aurait pu se tirer » [5]. C'est en sa fille surtout qu'elle développa l'amour de la raison en lui faisant, connaître la vie sous son vrai jour, en lui parlant avec franchise de tous ses projets pour elle, pour elle aussi qu'elle eut au plus haut point le sentiment de sa responsabilité. « Elle est devenue tout autrement res-

---

1. Delphine aussi s'était chargée volontiers de l'éducation de la fille de Thérèse d'Ervins, et l'innocente franchise de l'enfant lui obtint de nouveau l'estime de Léonce. V. *Delphine*, lettre XXX.

2. Mme Necker de Saussure, Notice, o. c., CCLIII.

3. *Lettres inédites à Meister*, 10 septembre 1800, p. 171.

4. Voir surtout ses lettres à Schlegel (*Lettres inédites à Meister*) et à B. Constant, E. de Nolde. *Mme de Staël et B. Constant*. Elle écrit d'Angleterre à Constant, 23 janvier 1814 : « Personnellement, je suis contente ici, mais Albertine est toute ma vie dans ce monde, et je commence à craindre qu'elle ne soit pas heureuse ici. Que ferait-elle si je mourais demain ? » (p. 160).

5. Mme Necker de Saussure, o. c., CCXLVIII.

ponsable de sa conduite, écrivait Sismondi, depuis qu'elle a une fille d'un âge et d'une figure à inspirer des passions, et de qui elle doit écarter même les mauvaises pensées [1]. »

Les amis de Mme de Staël s'accordent à reconnaître qu'elle réussit complètement ; ils vantent la raison éclairée d'Albertine, sa réserve un peu froide, si étrangère aux allures de sa mère. Benjamin Constant écrivait à Mme Récamier à propos du mariage de Mlle de Staël : « Je sais Albertine mariée, je la souhaite heureuse. Son mari est un homme excellent, et je ne lui crois pas à elle, telle que l'éducation l'a faite, un besoin impérieux de sensibilité expansive. Mme de Staël a ramené ses enfants à une raison parfaite par l'excès et les démentis de son enthousiasme [2]. » Elle-même a constaté les résultats de sa méthode, presque trop complets à son gré, quand elle écrit confidentiellement à Schlegel : « Il n'y a pas de ressources du tout dans l'esprit de mes enfants ; ils sont éteints ! Singulier effet de ma flamme [3] ! » Et à Benjamin Constant : « Tout ce que vous dites d'Albertine est vrai ; vous voyez qu'elle a de l'esprit et de la grâce, et avec cela de la beauté ; mais elle est indolente, et je ne sais pas si elle se fera comprendre par d'autres [4]. » « La jeune fille, dit Lady Blennerhasset [5], était belle, sérieuse, pieuse, et passait pour un peu sévère auprès de ceux qui ne la

---

1. Sismondi, *Lettres inédites... à Mme d'Albany*, 163.
2. *Lettres de B. Constant à Mme Récamier*, 295-296.
3. Lettres inédites à Meister, o. c., 205.
4. E. de Nolde, *Mme de Staël et B. Constant*. Londres, 10 janvier 1814, p. 153.
5. *Mme de Staël et son temps*, III, 605.

voyaient qu'à distance. Quand on la connaissait, on ne la jugeait pas ainsi [1]. »

Mme de Staël, si désireuse de voir les femmes jouer un rôle actif dans la République, influer par leurs talents sur les esprits, n'a jamais proposé ce but à sa fille ; elle ne lui a pas même conseillé de rechercher la célébrité qui s'offrait à elle, de briller dans les salons par un esprit qui ressemblait à celui de sa mère. « Même dans la conversation, tout en la trouvant très spirituelle, elle l'a détournée de l'imitation ; soit qu'elle jugeât avec raison qu'on ne pouvait que lui être inférieur dans son propre genre, soit parce que son genre ne lui plaisait pas dans une autre. » Cela ne veut pas dire qu'elle n'ait pas cultivé l'esprit de sa fille par une instruction solide. Elle a trop protesté contre l'ignorance et la frivolité des femmes pour les souffrir dans son entourage. Elle lui apprit la valeur du temps et des occupations sérieuses ; ainsi, à propos de Mme Récamier la jeune fille écrivait à son amie de Barante [2] : « Madame Récamier est jolie et bonne, mais une vie de petites coquetteries n'élève pas l'âme. Elle vaudrait beaucoup mieux si elle n'avait pas dépensé tout son temps et son cœur de tous côtés [3]. »

Elle écrivait avec charme, comme le prouvent ses lettres, sentait vivement la poésie et la déclamait avec talent. Dès l'âge de huit ans [4], sa mère lui confiait de

---

1. V. ses lettres à B. Constant (citées par E. de Nolde, *Mme de Staël et B. Constant*), dans lesquelles elle lui témoigne beaucoup d'affection.
2. Fille de Prosper.
3. *Lettres de la duchesse de Broglie*, publiées par Lévy, p. 2.
4. Mme M. de Saussure dit six ans, mais le théâtre de Coppet sur lequel Mme de Staël jouait avec ses enfants n'est organisé qu'en 1809.

petits rôles, et Mme Necker de Saussure parle de celui d'Ismaël « qu'elle embellissait de tout son charme » dans la pièce de Mme de Staël « Agar dans le désert ». D'ailleurs sa mère attribuait au théâtre une grande valeur éducative [1] ; si elle n'a pas écrit un « Théâtre d'Education » comme Mme de Genlis, elle n'en a pas moins mis une intention pédagogique dans ses pièces, par exemple dans *la Sunamite* [2], *le Bavard*, *le Fat*.

La conversation d'Albertine de Staël n'était pas inférieure à ses autres qualités; elle était assez spirituelle pour charmer les Guizot et les Lamartine. Le duc de Broglie lui-même en a fait cet éloge : « L'extrême beauté de ma femme, la supériorité de son esprit, la vivacité et l'agrément de sa conversation exerçaient sur tout ce qui l'approchait un charme irrésistible [3]. »

Ainsi Delphine et Corinne, avec leurs natures romanesques, n'ont été que des autobiographies et des manifestations intéressantes d'un talent supérieur; mais ce n'est pas dans ses romans, comme on le fait d'ordinaire, qu'il faut chercher les idées féministes de Mme de Staël, c'est à son foyer même. Ses

---

1. Non seulement pour les enfants, mais pour le peuple tout entier ; nous retrouverons cette idée dans sa pédagogie sociale.
2. La vanité maternelle punie.
3. *Souvenirs*, t. II, 67.
Mme de Staël traçait au marquis de Souza ce portrait d'Albertine : « Je vous assure qu'elle aura ce qui a pu me distinguer, avec des avantages en plus et des défauts en moins. » Cité par M. Dumoulin (*Revue hebdomadaire*, 9 octobre 1909), à propos de « l'idée folle » qui avait germé dans l'esprit de Mme de Staël de la possibilité d'un mariage entre sa fille et M. de Souza. Quelque temps avant la mort de Mme de Staël, Mme Rillet-Huber écrivait à Meister: « Elle est au comble de ses vœux, sa fortune est grande, sa fille est charmante » (Lettres à Meister, o. c., 14 février 1817, p. 242).

revendications pour la gloire et l'action politique des femmes, elle n'en n'a pas voulu dans la pratique. Elle a élevé sa fille pour la vie de famille, l'a rendue aimante, pour ceux qui savaient deviner son cœur ; très instruite, mais comme les modèles de Molière, « sachant ignorer les choses qu'elle sait ». Rien ne fait mieux l'éloge du féminisme de Mme de Staël que l'éducation de la duchesse de Broglie.

II

Quand ses enfants eurent terminé leur éducation, Mme de Staël fit la connaissance de Pestalozzi.

A la fin de l'année 1807 [1], elle recevait à Coppet le jeune baron allemand de Rennecamp qui venait de passer quelques jours à l'Institut d'Yverdon, devenu une curiosité de la Suisse. Il lui fit un récit enthousiaste de sa visite, vanta surtout la méthode du maître qui attachait plus d'importance au développement de l'esprit qu'à l'acquisition des connaissances [2]. La curiosité de la maîtresse de maison fut piquée ; elle voulut, quelques mois après, visiter Yverdon pour se rendre compte par elle-même du système de Pestalozzi. Voici le récit de sa visite par un témoin oculaire : « Un jour on vit une dame accompagnée de plusieurs personnes, qui, à en juger par l'apparence, devait être d'un haut rang... C'était la célèbre Mme de

---

[1]. Non en 1808, comme le dit Compayré (*Pestalozzi et l'éducation élémentaire*, p. 88), puisque sa visite à Yverdon a eu lieu avant le 1er janvier 1808.

[2]. Voir le rapport de Rennecamp sur Yverdon dans *Biographie Pestalozzi's*, t. III, p. 56 et suiv.

Staël, bannie de Paris, avec sa petite cour de Coppet. Sur son désir, elle fut aussitôt conduite dans la classe où l'on enseignait le calcul. Pestalozzi, à la nouvelle de cette importante visite, se hâta d'aller la saluer, mais dans quel costume ! Son extérieur était très négligé, comme d'habitude, ses cheveux en désordre et mêlés de brins de paille, ses habits mal ajustés lui donnaient l'aspect d'un homme qui ne serait pas bien dans son bon sens [1]. Mme de Staël qui s'attendait à une apparition de ce genre, trouva son attente encore surpassée, mais elle n'en laissa rien paraître. Comme le regard plein de bonté et de feu du digne philanthrope s'éclairait pendant sa riche exposition, elle ne pensa bientôt plus à son extérieur. — Leur entretien fut extraordinairement animé. — Pestalozzi avait quelque raison de croire qu'il avait été compris de la célèbre exilée. Dans son livre de *l'Allemagne* se trouve une exposition de la méthode de Pestalozzi qui prouve qu'elle avait exactement observé, et qu'elle avait compris les conceptions fondamentales de Pestalozzi [2]. »

---

[1]. Ce portrait correspond bien à celui qu'en a laissé un de ses élèves, Vuillemin, dans ses *Souvenirs*, écrits pour sa famille (ce livre n'a pas été mis en vente). — « Représentez-vous, mes enfants, un homme très laid, les cheveux hérissés, le visage fortement empreint de petite vérole et couvert de taches de rousseur, la barbe piquante et en désordre, jamais de cravate ; les pantalons mal boutonnés, tombant sur des bas, qui, à leur tour, descendaient sur de gros souliers, la démarche pantelante, saccadée, puis, des yeux qui tantôt s'élargissaient pour laisser échapper l'éclair, et tantôt se refermaient pour se prêter à la contemplation intérieure ; des traits qui parfois exprimaient une tristesse profonde, et parfois une béatitude pleine de douceur, une parole ou lente, ou précipitée, ou tendre et mélodieuse et qui s'échappait comme la foudre ; voilà quel était celui que nous nommions notre Père Pestalozzi (Vuillemin, *Souvenirs*, ch. III, p. 19).

[2]. Traduit de Morf : *Zur Biographie Pestalozzi's*, t. III, p. 57.

Quelques jours après son retour à Coppet, elle écrivit à Pestalozzi, et l'informa qu'elle avait l'intention de donner un témoignage public sur son installation qui lui avait beaucoup plu ; que s'il voulait lui faire l'honneur d'une visite, ils parleraient davantage de la question d'éducation. Pestalozzi lui répondit la lettre suivante, le 18 février 1808 [1] :

Madame,

Le contenu de votre lettre d'avant-hier a tant d'intérêt pour moi que je me suis résolu à venir à Coppet les premiers jours. L'intérêt que vous continuez à prendre pour mes vues et pour mon établissement m'est si cher que certainement je ne négligerai aucune occasion de vous prouver mon empressement de m'entretenir avec vous sur les bases de mon entreprise. Je n'ai rien qui m'intéresse plus dans ma vie et qui m'occupe comme celles-ci. Je crois être complètement convaincu qu'elles peuvent faire le bonheur d'une grande partie de mes semblables et spécialement des plus malheureux et des plus abandonnés d'entre eux [2].

---

[1]. La lettre de Mme de Staël à Pestalozzi du 12 février n'a pas été retrouvée.

[2]. C'est cette phrase que, par erreur, M. Compayré attribue à Mme de Staël, en changeant les pronoms. Il suppose qu'elle écrivit à Pestalozzi avant sa visite à Yverdon « qu'elle préparait par les compliments les plus flatteurs » : « Je suis convaincue que vos méthodes peuvent faire le bonheur d'une grande partie de vos semblables, et particulièrement des plus malheureux et des plus abandonnés d'entre les hommes..... » (Compayré, *Pestalozzi et l'Education Elémentaire*, p. 89).

M. le Directeur du « Pestalozzianum » de Zurich a bien voulu nous confirmer le renseignement suivant : qu'il n'existe qu'une lettre de Mme de Staël à Pestalozzi (qui n'a pas été retrouvée) et qu'une de Pestalozzi à Mme de Staël (celle que nous citons, et qui est également dans l'ouvrage de Morf, *Zur Biographie Pestalozzi's*, t. III, p. 57) l'original de cette lettre est au « Pestalozzianum » de Zurich. — M. le Directeur ajoute « Israël, qui a publié la bibliographie de Pestalozzi, ne connaît point d'autres lettres de Pestalozzi à Mme de Staël, ni d'elle à Pestalozzi. »

Je me trouverais infiniment heureux de vous voir nourrir les mêmes espérances. Je partage l'admiration de l'Europe pour votre personne et je me félicite de l'attention et de la bienveillance que vous accordez à mes essais et mes intentions ; j'ai une vraie envie de voir ces lignes que vous avez bien voulu écrire sur mon établissement, et vous remercie beaucoup pour la grâce de vouloir me les communiquer, ainsi que pour celle de vouloir envoyer le fils de votre secrétaire dans mon institut. Je vous envoie la note de ce que l'enfant doit avoir.

C'est monsieur votre fils qui a demandé cette note.

Dans l'espérance de vous voir dans peu de jours, je me recommande à la continuation de votre bienveillance, et j'ai l'honneur d'être avec un profond respect, Madame,

Votre humble et très obéissant,

PESTALOZZI.

Nous ne savons pas quand se fit la visite de Pestalozzi à Coppet et combien de temps il y resta ; mais il nous suffit de pouvoir affirmer qu'il y compléta l'explication de sa méthode, et renseigna, au gré de ses désirs, l'auteur de *l'Allemagne* pour son chapitre : Des institutions particulières d'éducation et de bienfaisance [1].

La pédagogie de Pestalozzi était-elle une révélation pour Mme de Staël ? dut-elle regretter de n'avoir pas fait quelques années plus tôt la connaissance du maître ? Tout ce que nous avons dit précédemment nous permet de répondre non. Elle se trouva comme en pays connu à Yverdon ; elle rencontrait en Pestalozzi un esprit de la même famille que le sien, un

---

1. *Allemagne.* Œuv. compl., XI, chap. xix.

génie primesautier guidé par l'enthousiasme. Avant de le connaître elle était son disciple par la communauté des idées. Le principe fondamental de la méthode pestalozzienne, faire de l'intuition le fondement de toute connaissance, est précisément celui de Mme de Staël ; nous l'avons vue recommander chaleureusement l'étude des langues, afin de développer « l'activité spontanée de l'esprit », de lui faire découvrir comme instinctivement les rapports des choses. « L'intuition est le principe même de l'instruction ; le fondement absolu de toute connaissance. C'est pour avoir méconnu cette vérité que la pédagogie actuelle a fait fausse route, et que tuant l'esprit même de la vérité, elle a éteint dans l'espèce humaine la force d'originalité qui en découle [1] » ; voilà la pensée de Pestalozzi, celle de Mme de Staël n'en diffère pas : « l'essentiel dans les productions de la pensée, comme dans les actions de la vie, c'est de s'assurer qu'elles partent de notre conviction intime et de nos émotions spontanées [2]. »

Toute la méthode de Pestalozzi consiste, on le sait, à organiser un « art de l'intuition », à ordonner les intuitions, à les conduire du simple au compliqué, n'est-ce pas ce principe de gradation que Mme de Staël avait remarqué dans Rousseau, qu'elle avait appliqué elle-même et qu'elle a si bien apprécié dans son chapitre des Institutions d'éducation. « Les enfants comprennent tout de degré en degré ; l'essentiel est de mesurer les progrès sur la marche de la raison dans l'enfance. Cette marche lente, mais sûre, conduit aussi loin qu'il est possible dès qu'on s'astreint à ne la ja-

---

1. Wie Gertrude, X, parag. 6.
2. Allemagne. Œuv. compl., X, 174.

mais hâter » (p. 143) et encore..... « ce qui lasse les enfants, c'est de leur faire sauter des intermédiaires, de les faire avancer sans qu'ils sachent ou croient avoir appris. » La grande place que Mme de Staël a faite à l'étude des langues dans son programme, n'a eu d'autre raison, nous l'avons remarqué, que de graduer les difficultés qui vont de la conception de la phrase à celle du charme du langage.

En résumé, il semble que Mme de Staël a surtout compris et admiré dans la méthode de Pestalozzi ce qu'elle avait déjà pratiqué vis-à-vis de ses enfants. Elle n'a pas modifié sur le sien, par exemple, son programme d'études. Tout en reconnaissant que l'Institut d'Yverdon donne de brillants résultats pour les mathématiques, elle ne conseillera pas plus qu'autrefois de les étudier, au contraire, elle voudrait qu'on appliquât la méthode de Pestalozzi « à d'autres parties de l'instruction », à l'histoire, à la littérature pour lesquelles « on n'a point observé la gradation des impressions comme celle des problèmes dans les sciences. »

Elle le félicite de donner, comme elle, une importance spéciale à l'enseignement de la musique, à cause de ses rapports avec l'ordre moral : « L'art du dessin pouvant être considéré sous des rapports d'utilité, l'on peut dire que, parmi les arts d'agréments, le seul introduit dans l'école de Pestalozzi est la musique, et il faut encore le louer de ce choix [1]. »

De même que Pestalozzi, elle étend l'intuition aux expériences de la conscience interne, et la fait servir dans l'ordre moral. On sait la place faite par Pestalozzi

---

1. Œuv. compl., X, 180.

aux sentiments d'amour et de confiance développés de bonne heure chez l'enfant ; le livre des Mères n'est que l'exposé de leur importance. Avant de l'avoir lu, Mme de Staël avait élevé ses enfants de telle façon que leur amour pour elle se confondît avec l'amour du bien, parce qu'elle croyait, avec le grand pédagogue, que « les éléments de la morale ne reposent pas sur les idées, mais sur la foi [1]. » « Aimer, a-t-elle dit, en apprend plus sur ce qui tient aux mystères de l'âme, que la métaphysique la plus subtile [2] », et son fils se défendait des mauvais exemples en pensant à elle [3].

Faut-il penser, comme on le répète généralement, qu'elle n'accorda plus de valeur au système de Rousseau, quand elle connut celui de Pestalozzi [4] ? Nous ne le croyons pas. En 1788, elle avait, nous l'avons dit, déclaré le système de Rousseau excellent en théorie, mais impraticable : « c'est l'éducation de l'espèce, plutôt que celle de l'individu........ il faut l'étudier comme ces modèles de proportion que les sculpteurs ont toujours devant les yeux... » Elle ne se contredit pas en 1810 : « Tout ce que Rousseau a dit contre l'éducation routinière, contre les mauvaises

---

1. *Ueber die Idee der Elementarbildung*, 248-270.
2. *Allemagne*, XI, 178.
3. *Notice sur A. de Staël*, p. 10.
4. « En 1788, Mme de Staël s'étonnait qu'on trouvât chimérique l'éducation d'Emile..... En 1810, elle a changé d'avis : elle déclare le plan de Rousseau impraticable. »
« A vrai dire, Mme de Staël n'apporte pas beaucoup d'originalité dans ses réflexions sur l'éducation. Tant qu'elle ne connaît que Rousseau, elle ne jure que par lui. Une fois qu'elle est initiée aux méthodes de Pestalozzi, elle n'estime plus dans Rousseau que ce qu'il a de commun avec Pestalozzi » (Compayré, *Histoire des doctrines de l'Education*, II, p. 15).

méthodes en usage est parfaitement vrai [1] ; mais, comme il arrive souvent, le remède qu'il propose est pire que le mal » ; tandis que Pestalozzi a lui-même pratiqué ce qu'il conseillait de faire ; c'est là une grande supériorité sur Rousseau, et Mme de Staël s'en est rendu compte, sans désavouer son ancienne admiration, d'autant moins que, nous l'avons remarqué en passant, elle retrouvait chez Pestalozzi plusieurs idées de l'*Emile* [2], et les approuvait.

Non seulement Pestalozzi ne lui a pas fait oublier Rousseau, mais il l'a complété, en attirant son attention sur l'éducation du peuple. Jusque là, elle ne s'en était pas occupée ; mais les pages qu'elle consacre au maître des pauvres, montrent qu'elle a bien compris le caractère populaire de son enseignement, et la nécessité de l'encourager. « L'éducation qu'il donne n'est définitive que pour les gens du peuple ; mais c'est par cela même qu'elle peut exercer une influence très salutaire sur l'esprit national » (p. 176). Elle relit avec émotion les romans populaires de Pestalozzi, visite les écoles fondées pour les enfants pauvres. « Ce qui mérite principalement l'estime des amis de l'humanité, c'est le soin que prend M. de Fellemberg dans l'éducation des gens du peuple... » Dans son dernier voyage elle s'inquiète de l'état des paysans [3], ce qu'elle n'aurait pas fait sans doute quelques années auparavant, et son fils réalisera peut-être un de ses vœux en fondant quelques années plus tard [4], non

---

1. *Allemagne.* Œuv. compl., X, p. 170.
2. Notamment la nécessité de la progression et de la liaison dans les études.
3. Voyage en Russie. V. *Dix années d'exil.*
4. Après 1830.

seulement une bibliothèque populaire, mais une école d'enseignement sur le modèle des « baby-schools » d'Angleterre [1]. A son tour, il avait été visiter Yverdon, Fellemberg à Berne, et le père Girard à Fribourg avec le duc de Broglie, preuve de l'intérêt que l'on gardait à Coppet pour les questions d'enseignement [2].

Si nous devons à l'influence de Pestalozzi les générosités des descendants de M%me% de Staël, c'est une gloire de plus pour l'illustre pédagogue.

1. Voir *Notice sur A. de Staël*, p. 69.
2. Cette visite se fit en 1829, par conséquent douze ans après la mort de M%me% de Staël et non de son vivant, comme le dit Lady Blennerhasset, III, p. 495. Voir le récit de ces visites par le duc de Broglie, *Souvenirs*, II, p. 48-62.

PÉDAGOGIE SOCIALE

CHAPITRE XVI

LES GOUVERNEMENTS INSTITUTEURS DES PEUPLES

I. Que la croyance en la perfectibilité est la base de toute tentative pédagogique. — Les gouvernements sont les vrais instituteurs des peuples — comment la plupart des ouvrages de Mme de Staël développent cette idée — sa confiance dans le succès de l'éducation par les institutions nationales — exemples. — II. De la même idée chez les pédagogues révolutionnaires : Mirabeau, Talleyrand, Condorcet. — Chez les Allemands, Fichte. — III. De la préparation nécessaire des esprits avant d'imposer l'éducation nationale — même idée chez Rousseau.

I

Mme de Staël n'intéresse pas seulement l'histoire de la pédagogie comme éducatrice de ses enfants, mais surtout parce qu'elle s'est occupée de l'éducation des peuples. Ses vues, toujours nobles et élevées, grandissent, sur ce sujet, de toute la distance qui sépare l'individu de la collectivité, et prennent une valeur sociale. L'intérêt ne s'attache plus à une famille, mais aux efforts d'un esprit généreux qui veut étendre à tous ses rêves de bonheur et de perfection.

Entourée d'hommes politiques dès sa jeunesse, témoin des bouleversements de la Révolution et de l'Empire, Mme de Staël a toujours été préoccupée du difficile problème de gouverner les peuples, et elle a cherché à le résoudre à sa manière. Nous ne nous occuperons ici que de ses idées sur la façon de rendre une nation meilleure et plus heureuse, et pour cela de la former au point de vue intellectuel et moral, c'est-à-dire de faire son éducation [1]. Son rôle dans les événements de son temps appartient à l'histoire.

Il est superflu, semble-t-il, de rappeler que toute tentative pédagogique, qu'elle soit sociale ou privée, suppose la croyance au perfectionnement de l'homme, et l'on sait que la possibilité de la perfection indéfinie de l'espèce humaine a été l'une des plus chères convictions de Mme de Staël ; elle a inspiré tous ses écrits et toute sa vie politique [2]. C'est donc parce qu'elle a cru possible d'améliorer l'humanité, qu'elle en a cherché les moyens avec tant d'ardeur et de sincérité.

Les peuples lui apparaissent comme des enfants, incapables de se conduire seuls. Susceptibles de progrès, ils n'en feront que si un mentor habile les dirige dans la bonne voie, ce mentor ce sera le gouvernement. « Les nations sont élevées par leurs gouvernements, comme les enfants par l'autorité paternelle,

---

1. Et c'est pour cela que nous ne parlerons pas de ce qui touche à la politique proprement dite : forme du gouvernement, constitution à adopter, division des pouvoirs, etc.

2. « Que deviendrait l'être estimable que tant d'ennemis persécutent, si l'on voulait lui ôter l'espérance la plus religieuse qui soit sur la terre, les progrès futurs de l'espèce humaine. » *De la Littérature...* Discours préliminaire. Œuv. compl., IV, 68.

écrit-elle en 1796 [1] » ; en 1810 son opinion n'a pas changé : « Les gouvernements sont les vrais instituteurs des peuples [2]. »

On ne saurait trop insister sur l'importance de cette idée au point de vue qui nous occupe, et les nombreux historiens de Mme de Staël ne lui ont pas donné toute l'attention qu'elle mérite ; elle est le principe de toute sa pédagogie sociale, et la plupart de ses ouvrages n'en sont qu'une longue démonstration. Préserver une nation des passions fatales à son bonheur, lui donner des règles qui maintiennent la liberté de tous sans opprimer personne, c'est le rôle du gouvernement, comme c'est celui de l'instituteur vis-à-vis de ses élèves ; voilà ce qu'elle voulait expliquer dans la seconde partie du livre *de l'Influence des Passions* et ce qu'elle a essayé de faire dans son ouvrage *des Circonstances actuelles*... Comment un gouvernement peut-il moraliser une nation à l'aide des hommes de lettres, c'est la thèse même du livre *De la Littérature*... Enfin *l'Allemagne* peut aussi se ramener à cette idée qu'un peuple est élevé par son gouvernement : c'est parce que les Allemands ont manqué d'organisation politique qu'ils sont arrivés peu à peu au degré d'abaissement intellectuel du xviie siècle et qu'ils comptent si peu dans l'Europe militaire du xixe [3]. Ils seront libres et forts, le jour où le pouvoir aura utilisé, organisé toutes les richesses du pays, et créé en lui une unité morale. « Les institutions peuvent seules

---

1. *De l'influence des Passions.* Introduction, Œuv. compl., III.
2. *Allemagne.* Œuv. compl., X, 159.
3. On sait que Mme de Staël parle de l'Allemagne de 1803, et aussi de 1807 et 1808 (dates de ses voyages).

former le caractère d'une nation [1]. » C'est avec cette pensée que Mme de Staël a composé les divers chapitres de son livre : les arts, les lettres, la religion de l'Allemagne, avec elle aussi qu'elle a écrit les *Considérations sur la Révolution française*, s'efforçant de montrer quels fruits les gouvernements instituteurs peuvent tirer des principes de la Révolution pour former les esprits. L'ancien régime a été cause de la perversion morale de toute une partie de la France de 89 [2] ; une nouvelle constitution, comme celle de l'Angleterre par exemple, pourra seule réparer le passé [3].

Mme de Staël en est absolument convaincue. Sa confiance dans la toute-puissance morale des institutions nationales semble avoir été inébranlable. Elle a douté, nous l'avons vu [4], du succès de l'éducation pour tel ou tel individu. Son propre exemple, celui de son fils Albert, suffisaient d'ailleurs à lui prouver que certaines natures rompent le moule, en dépit des influences les plus attentives. Ses doutes n'existent plus quand il s'agit de la collectivité ; ils ne doivent même pas exister, seul « l'esprit sauvage se défie de l'éducation [5] » et « l'effet du gouvernement n'est pas incertain comme celui de l'éducation particulière [6]... » ; « les chances du

---

1. *Allemagne*. OEuv. compl., X, chap. II. Des mœurs et du caractère des Allemands.
2. « Les fureurs des révoltes donnent la mesure des vices des institutions, et ce n'est pas au gouvernement qu'on veut avoir, mais à celui qu'on a eu longtemps qu'il faut s'en prendre de l'état moral d'une nation. » A. Sorel, *Mme de Staël* (Collect. des grands écrivains, p. 188).
3. « C'est un beau spectacle que cette constitution vacillante encore en sortant du port comme un vaisseau qu'on lance à la mer... » *Considérations*, XII, p. 103 et suiv.
4. *Pédagogie individuelle*.
5. *De la Littérature*. OEuv. compl., IV, 447.
6. *Influence des Passions*. Introduction, 109.

hasard subsistent par rapport au caractère d'un homme, tandis que dans la réunion d'un certain nombre, les résultats sont toujours pareils [1] ». Elle n'admet aucune exception, « le grand nombre en tout genre amène des résultats toujours semblables et toujours prévus [2] ». Les autres influences sur le caractère des peuples sont bien secondaires à côté de celle des institutions. « Les religions et les lois décident presque entièrement de la ressemblance ou de la différence de l'esprit des nations. Le climat peut encore y apporter quelques changements, mais l'éducation générale des premières classes de la société est toujours le résultat des institutions politiques dominantes [3]. » L'histoire est là pour le prouver, et les exemples abondent dans l'œuvre de Mme de Staël [4] : ainsi le calme et la force d'âme des Romains viennent du sentiment du respect qui était la base de leurs institutions [5] ; c'est à la constitution anglaise qu'il faut attribuer tous les traits du caractère de la nation, son amour de la liberté, son esprit pratique, son humour [6] ; l'esprit français, fait de finesse et de gaîté, était le résultat des institutions monarchiques [7].

---

1. *De l'influence des Passions.* Œuv. compl., IV, p. 210. Voir tout le paragraphe, « depuis « il faut observer que les circonstances... » jusqu'à « bonheur public. »
2. *De la Littérature.* Œuv. compl., IV, p. 264.
3. *Ibid.* Œuv. compl., V, 367 et suiv.
Or les premières classes de la société sont les plus importantes, puisqu'elles dirigent les autres.
4. En particulier dans le livre *De la Littérature.* C'est dans cet ouvrage que nous les choisissons ; mais on pourrait en trouver dans l'*Allemagne* et dans les *Considérations sur la Révolution.*
5. *De la Littérature,* IV, 1re partie, chap. v.
6. *Ibid.*, chap. x.
7. *Ibid.*, chap. xviii.

Enfin, faites des institutions nouvelles, comme les directeurs de collèges font des règlements, et vous créerez un esprit nouveau, « qu'est-ce qu'un caractère national, si ce n'est le résultat des institutions et des circonstances qui influent sur le bonheur d'un peuple [1]. »

II

Cette croyance n'est pas personnelle à Mme de Staël, c'est celle de tous les sociologues de la fin du XVIIIe siècle. En la partageant, elle nous donne une preuve de plus qu'elle est de son temps et en reflète le véritable esprit.

Tout renouveler par la nation, représentée par ses citoyens les plus éclairés, par les lois qu'ils auront faites, créer un esprit national, c'était l'idéal politique de Rousseau [2], de tous les penseurs de la Révolution qui se préoccupaient de pédagogie sociale. La Révolution avait remplacé le sujet par le citoyen indépendant, le principe d'autorité dans le gouvernement par celui de liberté, il fallait donc apprendre aux générations à se conduire elles-mêmes et à tirer parti de toutes les énergies de leur nature affranchie. Le passé ne pouvait pas fournir de modèles, il fallait créer de toutes pièces, de là les nombreuses et intéressantes tentatives d'éducation nationale faites par les hommes d'État de 1789 à 1815 ; toutes, comme celle de Mme de

---

1. *De la Littérature.* Œuv. compl., IV, 366.
2. V. sa théorie de la souveraineté nationale dans le *Contrat social*, et les *Considérations sur le gouvernement de Pologne.*

Staël, sont empreintes d'une invincible confiance en la bonté native de l'individu et en la possibilité d'améliorer l'avenir. Ainsi, Mirabeau ne pensait pas autrement qu'elle, lorsqu'il composa son *Traité sur l'Education publique*, où il conjure les législateurs français de s'en occuper, sous peine de mettre la liberté en péril [1].

Talleyrand [2], qui a si souvent méconnu les sentiments généreux de Mme de Staël, a été pendant toute sa carrière politique en communauté d'idées avec elle. Dans ses rapports sur l'Instruction publique, lus à l'Assemblée Constituante, les 10, 11 et 19 septembre 1791, la préoccupation de renouveler par le gouvernement l'esprit de la nation est évidente. Le gouvernement, d'après lui, doit répandre les lumières de l'enseignement, pour former des hommes libres, capables d'échapper à la tyrannie d'un seul, et même à la domination trop exclusive d'une seule classe de la société, cultivée au détriment des autres ; pour faire comprendre et aimer la constitution qui doit « jeter ses racines dans l'âme de tous les citoyens » ; pour produire des sentiments nouveaux, et cela parce

---

1. Ce traité a été retrouvé dans les papiers de Mirabeau, quand il fut mort, et publié par son médecin Cabanis en 1791. Il se compose de quatre discours réunis sous le titre : « Travail sur l'éducation publique. »

2. Au début de la Révolution, Talleyrand « formait la gauche » dans le salon de Mme de Staël. En 1796, c'est grâce à elle qu'il obtint du Directoire le ministère des relations extérieures. Enfin, nommé par Louis-Philippe plénipotentiaire en Angleterre, il réussit à réaliser l'alliance de l'Angleterre et de la France qui avait été une des plus chères espérances politiques de Mme de Staël. Nous retrouverons plusieurs fois au cours de ce chapitre des idées communes à Mme de Staël et à Talleyrand au point de vue de la pédagogie sociale.

que l'esprit humain est indéfiniment perfectible, et que le but de l'éducation est de « mettre les hommes en toute valeur », pour l'utilité de la société [1].

Condorcet développe aussi la même idée dans son rapport sur l'organisation générale de l'Instruction publique [2], mais avec plus d'ampleur et de profondeur philosophique. Comme Mme de Staël, il ne perd jamais de vue que l'esprit humain s'achemine vers un progrès constant, et cette préoccupation élargit ses vues. A côté de l'éducation individuelle, il voit sans cesse l'éducation nationale qui doit tendre au bonheur et au perfectionnement de l'espèce ; celle-là embrasse toute la vie, parce qu'à tout âge les intelligences peuvent s'enrichir.

Pour Condorcet l'enseignement de l'âge mûr est une source de progrès [3], un moyen d'éclairer les esprits, de les préserver des préjugés, de contribuer à cette marche ascendante de l'humanité vers une ère idéale qu'il salue d'avance avec de généreuses illusions [4].

1. Voir Dumesnil, *Pédagogie Révolutionnaire*, p. 75 à 107, le rapport de Talleyrand.
2. Lu à l'Assemblée législative les 20 et 21 avril 1792.
3. Il recommande les conférences publiques faites à tous les adultes par les instituteurs.
4. « Il viendra un temps... où aucune erreur générale ne sera plus à craindre, où toutes les causes qui appellent l'intérêt ou les passions au secours des préjugés, auront perdu leur influence, où les lumières seront répandues avec égalité et sur tous les lieux d'un même territoire, et dans toutes les classes d'une même société... mais ce temps est encore éloigné ; notre objet devait être d'en accélérer l'époque, et, en travaillant à former ces institutions nouvelles nous avons dû nous occuper sans cesse de l'instant heureux où elles deviendront inutiles. » — Voir Condorcet : Rapport et projet de décret sur l'organisation de l'Instruction publique (édit. Compayré).

Le projet de Condorcet sert de base à ceux des orateurs de la Convention : Romme, Lanthenas, Lepelletier, etc. ; les moyens qu'ils proposent sont plus ou moins praticables ; il y a des erreurs et des utopies dans le plan de chacun ; mais ces détails ne doivent pas nous occuper ici. Ce qui nous intéresse c'est l'esprit de ces projets de réforme ; il est remarquablement le même chez tous les révolutionnaires, tous veulent confier à la République le soin de former l'unité morale de la nation selon les besoins nouveaux, de développer en elle, à côté des vertus domestiques, les vertus sociales que l'ancien régime avait méconnues.

Et ce n'est pas en France seulement que le besoin de rénovation se fait sentir, que l'on attend d'institutions nouvelles l'avènement de la justice et de la liberté. L'esprit de Rousseau et de la Révolution a pénétré toute l'Allemagne à la fin du xviiie siècle ; il n'est donc pas étonnant de retrouver les idées de Mme de Staël chez les sociologues d'Outre-Rhin [1], comme chez nos révolutionnaires de France. Le même maître leur a enseigné la valeur de la liberté, et la revendication des droits de la nature humaine.

Ainsi le *Traité pédagogique* de Kant, qui intéresse surtout la pédagogie individuelle atteint, par voie de conséquence, la pédagogie sociale, puisque le philosophe donne pour fin dernière à l'éducation le perfectionnement de l'espèce, auquel il croit avec tout son siècle. « C'est dans le problème de l'éducation, dit-il, que gît le grand secret de la perfection de l'humanité. — Il est doux de penser que la nature humaine sera

---

[1]. Par exemple chez Kant, Fichte, Basedow, Pestalozzi.

toujours de mieux en mieux développée par l'éducation, et qu'on arrivera à lui donner la forme qui lui convient par excellence... Peut-être l'éducation deviendra-t-elle toujours meilleure, et chacune des générations qui se succéderont fera-t-elle un pas de plus vers le perfectionnement. Conduire l'espèce humaine à sa destination, tel est l'idéal [1]. »

C'est par cette espérance que Kant se rencontre avec Mme de Staël. Elle a dû retrouver dans le petit volume du savant [2], non seulement cette doctrine de la nécessité du progrès intérieur qui a influencé sa vie morale, mais aussi sa croyance en la perfectibilité, sans laquelle le monde lui semblait une énigme inexplicable [3].

Fichte a encore plus d'idées communes avec elle au point de vue qui nous occupe. Il part aussi de ce principe que l'homme est perfectible, et qu'il est possible, au moyen d'une éducation bien dirigée, d'opérer le relèvement moral, non seulement de quelques individus, mais d'une nation entière. Fichte ne considère pas l'homme en dehors de la vie sociale, elle lui paraît nécessaire au sujet libre ; pour lui « le concept d'homme est un concept de genre », c'est pourquoi il se préoccupe surtout de régénérer la collectivité. Cette régénération, c'est à l'État qu'il appartient de

---

1. *Traité pédagogique de Kant*, traduction Barni, p. 44.
2. Paru en 1803.
3. « L'éducation est pour Kant un constant effort, une ascension volontaire, une évolution progressive vers un idéal qui doit devenir toujours plus conscient et plus élevé. Contrôle autocratique, constitutionnalisme, enfin autonomie, telles sont, pour ainsi dire, les différentes étapes, les phases successives par lesquelles il veut que l'éducation fasse passer chaque candidat à l'humanité. » Duproix, *Kant et Fichte*, p. 128.

la faire, comme le démontrent les célèbres discours à la Nation ; il a le droit et le devoir d'intervenir pour se charger du peuple, de fonder des établissements pour l'élever, de le transformer peu à peu par l'enseignement ; alors la nation retrouvera son indépendance et l'on aura une génération d'hommes libres.

Il n'entre pas dans notre plan de rappeler les moyens pratiques proposés par Fichte pour atteindre ce but : Pestalozzi donné comme modèle [1], travail manuel des élèves pour pourvoir à leur subsistance, éducation commune des deux sexes, etc... Remarquons seulement la puissance qu'il attribue à l'État pédagogue, la similitude de sa pensée avec celle de Mme de Staël et des législateurs de notre Révolution [2]. Tous reconnaissent que l'État seul peut élever une nation et qu'il a pour cela un pouvoir invincible et un droit indiscutable, que le meilleur moyen de régénérer une société, c'est de s'emparer des enfants, de les séparer autant que possible des êtres corrompus qu'ils sont destinés à remplacer, et de leur inculquer des idées régénératrices.

1. Mme de Staël rappelle dans l'*Allemagne* (Œuv. compl., X, p. 64), que Fichte attendait la régénération de la nation allemande de l'Institut de Pestalozzi, ce qui prouve qu'elle a lu les *Discours à la Nation*.

2. Cette remarque a été faite par Guillaume dans son article sur Fichte du *Dictionnaire de Pédagogie* : « Qu'est-ce au fond que le système éducatif de Fichte, sinon celui que proposèrent à la Convention les Lepelletier, les Robespierre, les Romme ; les mêmes idées sur la toute-puissance de l'éducation, sur le droit de l'État de s'emparer de la jeune génération pour la jeter dans le moule d'où elle devait sortir transformée. »

III

Madame de Staël, tout en pensant de même, fait cette restriction importante, qu'avant d'organiser l'enseignement public, *il faut préparer les esprits à le recevoir*, comme les autres réformes. Elle considère comme dangereux de contrarier l'opinion, « dès qu'on la précède ou qu'on la combat, il faut avoir recours au despotisme [1] ».

Elle ne nie pas la valeur du moyen, au contraire, elle le place seulement au second rang, et salue d'avance, avec le même enthousiasme que Condorcet, l'âge d'or qu'il doit amener. « Quand l'instruction publique fera de tous les hommes, si cela est possible, des amis sages et éclairés de la liberté, non seulement alors vous pourrez tout élire, mais presque, pour ainsi dire, vous passer de gouvernement [2]. » Elle veut que l'on agisse avec lenteur pour arriver plus sûrement au but, et que l'on confie aux écrivains le soin de préparer les esprits. « L'instruction publique est un moyen d'influencer l'esprit national, qui doit suivre et jamais précéder son mouvement. D'abord, à moins d'une tyrannie sans exemple, les pères n'enverront point leurs enfants aux écoles publiques, s'ils ne sont pas convaincus des vérités qu'on y prêche.... Le gouvernement saute donc deux intermédiaires en voulant influencer l'esprit public par l'éducation nationale [3]. »

---

1. *Des Circonstances actuelles*, p. 164.
2. *Ibid.*, p. 176.
3. *Ibid.*, p. 190.

Rousseau aussi s'était préoccupé de l'étape nécessaire, « il a toujours insisté sur la conservation des institutions existantes, soutenant que leur destruction ne fait qu'ôter les palliatifs en laissant les vices, et substituer le brigandage à la corruption [1]. » Il a demandé de retourner par degré à l'imitation de la nature, de réformer la société à l'aide des éléments du présent. « Je veux, dit-il, au début du *Contrat social*, chercher si dans l'ordre civil il peut y avoir quelque règle d'administration légitime et sûre, en prenant les hommes tels qu'ils sont et les lois telles qu'elles peuvent être [2]. » Et encore, « le sage instituteur ne commence pas par rédiger de bonnes lois en elles-mêmes, mais il examine auparavant si le peuple auquel il les destine, est propre à les supporter [3] ». C'est pourquoi il s'est préoccupé d'organiser la patrie avant l'enseignement national. C'est par le contrat social qu'il faut commencer, ensuite les lois seront inflexibles dans la République, elles seront même substituées à l'homme, puisqu'il y aura « aliénation totale de chaque associé », et alors il sera possible de créer l'éducation publique. Son importance est loin d'échapper à Rousseau, puisqu'il attend d'elle « la gloire et le sort de la nation » [4], mais en pédagogie, comme en politique, il est évolutionniste et non pas révolutionnaire.

Dans les *Considérations sur le gouvernement de Pologne*, la ressemblance des idées de Rousseau et de Mme de Staël est particulièrement frappante ; d'abord

---

1. *Dialogues*, Œuv. compl., II, 96.
2. Œuv. compl., V, 306.
3. *Contrat social*. Œuv. compl., V, 329. Il répète la même idée dans les *Considérations sur le Gouvernement de Pologne*, chap. I.
4. Œuv. compl., III, 251.

en ce qui concerne l'éducation de la nation par le gouvernement, et ensuite la nécessité de préparer le gouvernement à son rôle d'éducateur.

Que le gouvernement doive former la nation, cela est évident pour Rousseau ; il s'est efforcé de le démontrer aux Polonais [1]. Ce ne sont pas les frontières géographiques qui forment une patrie, « ce sont les institutions nationales qui forment le génie, le caractère, les goûts et les mœurs d'un peuple, qui le font être lui, et non pas un autre [2]. »

Mais ces institutions n'auront leur efficacité que si le peuple les aime et si elles pénètrent le cœur même des citoyens. Rousseau n'a pas commis la faute des législateurs de la Révolution de vouloir imposer au pays des institutions qu'il n'était pas préparé à recevoir. Il a compris que le devoir et l'intérêt ne suffisent pas pour faire obéir les hommes, qu'il faut encore une autre force, l'amour ; « aimant la patrie, ils la serviront par zèle et de tout leur cœur ; .... ils obéiront aux lois et ne les éluderont pas, parce qu'elles leur conviendront, et qu'elles auront l'assentiment interne de leur volonté [3]. » Alors ils accepteront sans peine le contrôle de l'État pour l'éducation de leurs enfants ; ils les enverront aux collèges, aux jeux publics, la loi pourra régler les détails de l'enseignement, et la nation se

---

[1]. « Moïse a bien su faire de son peuple une race qui ne peut s'assimiler à aucune autre, les lois de Lycurgue ont bien créé ce type de Spartiate que l'histoire admire ; pourquoi la législation polonaise ne créerait-elle pas « le polonais », avec sa physionomie particulière, distinctive de celle des autres peuples. » Voir le *Gouvernement de Pologne*, chap. II, passim., et chap. III, p. 244 et suiv.

[2]. Cette phrase est reproduite presque dans les mêmes termes par Mᵐᵉ de Staël dans l'*Allemagne*. Œuv. compl., X, p. 46.

[3]. *Considérations sur le Gouvernement de Pologne*. Œuv. compl., III, 286.

renouveler peu à peu. Mais sans ces sages précautions, il ne faut rien attendre, même des meilleures lois ; « vous aurez corrigé quelques abus qui vous blessent, pour en introduire d'autres que vous n'aurez pas prévus [1]. »

On voit que Mme de Staël a été le fidèle disciple de Rousseau en demandant, elle aussi, une préparation des esprits à la liberté et à certaines réformes. Comme lui elle a rêvé d'abord d'une sorte de République de Contrat social dans laquelle le Gouvernement serait tout-puissant, parce qu'il dirigerait la nation à l'aide d'une constitution appropriée à l'esprit public [2]. C'est surtout dans son ouvrage « *Des Circonstances actuelles, et des principes qui doivent fonder la République en France* », qu'elle a montré comment elle entendait cet état modèle; mais elle l'a eu sans cesse devant sa pensée en écrivant ses autres ouvrages ; dès 1795 [3], ses conseils d'éducation sociale s'adressent, tantôt à la République future dont elle voudrait doter la France, tantôt au gouvernement actuel qui doit s'efforcer d'en hâter l'avènement. Elle le conjure de ne pas abandonner la tâche commencée, de faire supporter la dictature des institutions, en attendant qu'elles aient assez transformé les citoyens pour que les révolutions deviennent impossibles [4]. « Alors on pourra changer et non bouleverser, il y aura à la fois la liberté de la marche et la sûreté de la direction [5]. »

1. *Considérations sur le Gouvernement de Pologne*, chap. IV, de l'Éducation, p. 251.
2. « On ne gouverne bien que ceux qui vous aiment. » *De la Littérature*. Œuv. compl., IV, 51.
3. *Réflexions sur la Paix intérieure*.
4. Voir *Des Circonstances actuelles*, p. 164 et suiv.
5. *Ibid.*, p. 165.

Dans tous les cas, elle place toujours le peuple devant son gouvernement, comme l'enfant devant ses maîtres, « parce qu'une nation présente le caractère d'un homme, et que la force du gouvernement doit agir sur elle comme la puissance de la raison d'un individu sur lui-même [1] ».

1. *De l'Influence des Passions.* Introduction. Œuv. compl., III.

CHAPITRE XVII

ÉDUCATION MORALE

I. Idéal de la nouvelle République — l'éducation publique est un devoir des gouvernements envers les peuples — comment ils doivent l'entendre. — II. Mme de Staël et la liberté d'enseignement — même opinion chez Mirabeau — l'enseignement doit être populaire — comment Mme de Staël a donné son opinion dans les questions d'enseignement. — III. Place qu'elle accorde à la raison dans l'éducation morale de la nation — passions à combattre. — IV. Religion d'Etat. — V. La politesse — son importance.

I

Quels sont les moyens que Mme de Staël a proposés pour atteindre ce grand but « d'élever la nation française » ?

Tout d'abord, la République moderne n'aura pas le même idéal que celles des temps anciens. Celles-ci cherchaient surtout à exciter les sentiments utiles à la collectivité, et cela par tous les moyens possibles, même au détriment de l'individu [1].

Mais les progrès de l'esprit humain ont modifié l'art

---

1. « Les législateurs entretenaient jusqu'à l'intérieur du pays une agitation favorable aux passions, pour que l'opinion soit toujours préoccupée des affaires publiques, et que des sacrifices au bien général, fréquemment renouvelés aux yeux de tous, entretiennent le patriotisme à l'état de sentiment exalté. » Voir le chap. de l'Opinion publique dans les *Circonstances actuelles*.

social ; ils ont permis à l'individu de se développer, de se procurer des jouissances en dehors du gouvernement, de ne plus lier ses intérêts aux siens, et même de les considérer comme opposés. Il faut donc tenir compte de ce nouvel état de choses, respecter l'égoïsme légitime, en diminuant le plus possible le nombre des sacrifices personnels.

Sans doute, le véritable progrès consiste dans le sacrifice de plus en plus complet de l'individu au bien général ; il serait inexact de penser que Mme de Staël ne l'a point vu ; mais elle parle pour la France, dans des circonstances données, et les concessions qu'elle conseille de faire à l'individualisme ne sont qu'un moyen passager pour fonder d'abord la République et arriver par elle aux destinées les plus élevées de l'humanité.

Mme de Staël ne prévoit pas d'ailleurs que ces destinées puissent jamais être en opposition avec le bonheur de l'individu ; ce serait contraire aux lois de la morale, fondement de toute pédagogie sociale ou privée. Devançant Spencer [1] et Nietzche, elle a proclamé énergiquement les droits de chaque citoyen en face de l'Etat, d'autant plus volontiers que Napoléon faisait alors bon marché de sa liberté personnelle, mais plus philosophe peut-être que les précédents, elle a vu dans la loi morale la solution de tous les conflits. « En France, dit-elle, c'est le respect de l'existence particulière, de la fortune privée qui seul peut faire aimer la République [2]. » Le gouvernement devra abandonner les moyens efficaces dans l'antiquité, « ne

---

1. Voir L'Individu contre l'Etat, p. 40 et 117.
2. Des Circonstances actuelles, p .94.

pas exiger, ne pas peser, prendre pour guide une morale préservatrice, plutôt qu'un système de dévoûment qui devient féroce, lorsqu'il n'est pas volontaire [1]. »

De son côté, la nation doit se prêter à son rôle d'écolier vis-à-vis du pouvoir, c'est-à-dire qu'elle doit demander, par la voie de l'opinion, à être réformée.

Et qui fera naître cette opinion et cette bonne volonté, sans lesquelles toute éducation nationale risquerait d'échouer ? Les écrivains [2].

Mme de Staël s'est longuement étendue sur le rôle éducateur des écrivains. Sans parler du livre qu'elle consacre presque en entier à cette question [3], elle y revient dans tous ses ouvrages [4]; il lui semble qu'elle n'insistera jamais assez pour faire comprendre aux gouvernants quel merveilleux instrument ils ont entre les mains, s'ils savent s'en servir [5]. Ce serait nous éloigner des limites de cette étude de la suivre dans les développements de cette question ; rappelons seulement qu'elle supplie les « penseurs » de faire œuvre utile en aidant le gouvernement, ce qu'ils n'ont pas fait sous l'ancien régime, de ne pas s'égarer dans des raisonnements abstraits qui n'ont aucun rapport avec la réalité, mais de prêcher la morale, de demander des réformes, afin que le public les désire.

En donnant une influence prépondérante aux écri-

---

1. *Des circonstances actuelles*, p. 95.
2. Aujourd'hui elle aurait dit les journalistes ; il semble bien qu'elle veuille se servir des écrivains comme on se sert de la presse, pour modifier l'opinion.
3. *De la Littérature*.
4. Surtout dans ses ouvrages politiques.
5. Ce style de l'âme est un des premiers moyens de l'autorité dans un gouvernement libre. *De la Littérature*. Œuv. compl., IV, 558.

vains, le gouvernement républicain aura franchi ce premier intermédiaire que Mᵐ de Staël et Rousseau demandaient de respecter : l'opinion ; les institutions pourront être établies. Lesquelles ?

Celles précisément dont Mᵐ de Staël avait redouté l'établissement prématuré, entre autres l'éducation publique.

II

Elle n'hésite pas à dire que « l'éducation publique est un devoir des gouvernements envers les peuples. »

Comment doivent-ils exercer ce devoir ? Est-ce en monopolisant l'enseignement entre leurs mains ? La question avait été agitée plusieurs fois pendant la Révolution, et l'on sait que les réformateurs, tout en étant d'accord sur le devoir nouveau qui incombait à l'État, lui avaient donné des applications diverses. Pour la Chalotais, par exemple, il suffisait que l'enseignement laïcisé s'adressât aux classes élevées de la société, sous le contrôle de l'État ; pour Talleyrand, elle devait s'étendre à tous ; pour Romme le monopole semblait préférable. « Il faut, dit Mᵐ de Staël, que la nation éclairée demande des institutions républicaines, l'éducation publique, et fonde elle-même ces établissements sous la protection du gouvernement. »

D'après cela, elle admettait la liberté complète de l'enseignement sous la surveillance du pouvoir[1].

---

[1]. « C'est une belle idée de nos pères d'avoir rendu les établissements d'éducation tout à fait libres. » *Allemagne*, Œuv. compl., X, p. 162.

C'était la solution des plus libéraux, celle qu'avait demandée Condorcet dans ses rapports des 20 et 21 avril 1792 : « La première condition de toute instruction étant de n'enseigner que des vérités, les établissements que la puissance publique y consacre doivent être aussi indépendants qu'il est possible de toute autorité, et comme néanmoins cette indépendance ne peut être absolue, il résulte du même principe qu'il faut ne les rendre indépendants que de l'assemblée des représentants du peuple. »

En 1816, Mme de Staël demande encore la liberté de l'enseignement, mais avec cette restriction importante que le clergé ne doit pas avoir seul le droit d'enseigner, ce qui était l'avis de la majorité des représentants de la nation. « Doit-on remettre l'éducation publique aux prêtres exclusivement ? Le pays le plus religieux de l'Europe, l'Angleterre, n'a jamais admis une telle idée ; on n'y songe ni dans l'Allemagne catholique, ni dans l'Allemagne protestante [1]. »

Elle redoute de donner trop d'influence au clergé qui « veut surtout du pouvoir », et qui a l'esprit de corps. Elle n'en veut pas plus que de l'armée à qui elle le compare [2], et qui est un danger pour la liberté. Il semble qu'elle ait pour « les corps intermédiaires » la même aversion que Rousseau. « Le corps des prêtres, dans une nation où il fait corps, doit, ou faire partie de l'Etat, lui devoir son existence, courir les mêmes dangers que lui, ou être intéressé à son renversement [3]. »

---

1. *Considérations sur la Révolution*. Œuv. compl., XII, 90.
2. Voir ce qu'elle dit de l'armée dans les *Considérations*, p. 320 et suiv.
3. *Des Circonstances actuelles*, p. 207.

Mirabeau avait déjà émis la même opinion devant l'Assemblée nationale. Sans vouloir la laïcisation complète de l'enseignement, il se méfiait de l'instruction donnée par le clergé, et pour la même raison que Mme de Staël, parce qu'il a l'esprit de corps. « Sans rejeter entièrement les congrégations, disait-il, qui sans doute, ont à certains égards plusieurs avantages, je voudrais les voir employer avec ménagement ; je voudrais qu'on se mît en garde contre l'esprit de corps, dont elles ne seront jamais exemptes [1]. »

Mme de Staël pense encore que le clergé n'a plus, comme au moyen âge, le monopole de la science : « le temps est passé où, sous le rapport de l'instruction, les prêtres étaient supérieurs aux autres hommes [2] » ; il faut donc leur laisser enseigner la religion, et qu'ils se consacrent aux fonctions de leur ministère. « Le clergé est plus nécessaire aux soins des malades et des mourants qu'à l'enseignement même, excepté en ce qui concerne la connaissance de la religion [3]. »

Non seulement l'enseignement doit être plus laïque que sous l'ancien régime, mais plus populaire. L'amitié de Mme de Staël pour Talleyrand n'est peut-être pas étrangère à cette opinion ; un des premiers en effet, le diplomate avait attiré l'attention sur la nécessité de l'enseignement du peuple ; « une instruction générale bien distribuée, avait-il dit, peut seule empêcher, non pas la supériorité des esprits qui est nécessaire, et qui même concourt au bien de tous, mais le trop grand empire

---

1. Mirabeau, *Discours et opinions*. Discours sur l'instruction publique prononcé devant l'Assemblée constituante, les 10, 11, 19 octobre 1791.
2. *Considérations*. Œuv. compl., XII, 90.
3. Œuv. compl., XII, 364.

que cette supériorité donnerait, si l'on condamnait à l'ignorance une classe quelconque de la société [1]. » Mme de Staël, à son tour, voudrait que l'on portât remède à l'ignorance populaire, et s'indigne de la voir progresser. « Nous rougirions de comparer l'Angleterre et l'Allemagne avec la France, sous le rapport de l'instruction universelle. Quelques hommes distingués cachent encore notre misère aux yeux de l'Europe, mais l'instruction du peuple est négligée à un degré qui menace toute espèce de gouvernement [2]. »

Cependant l'information pédagogique de Mme de Staël est encore très superficielle ; elle ne connaît pas ses voisins, Pestalozzi et de Follemberg, ignore Charles Bonnet dont l'*Essai de Psychologie*, paru à Genève dès 1783, contenait des idées pédagogiques intéressantes, en contradiction avec celles de Rousseau, et même de Pestalozzi [3] ; elle ne précise aucun des moyens à prendre pour égaler les nations voisines, semble mettre sur le même pied l'Angleterre et l'Allemagne; or l'enseignement populaire était beaucoup plus développé dans l'une que dans l'autre. La Société nationale pour l'avancement de l'éducation des pauvres, en Angleterre ne date que de 1811 [4] ; jusque-là les enfants du peuple ne fréquentaient que les écoles du dimanche [5], où l'on avait organisé assez médiocrement

---

1. Rapport sur l'Instruction publique lu les 10 et 11 septembre 91.
2. *Des Circonstances actuelles*, p. 89.
3. V. Oskar W. Fritzsche, *Die pädagogisch-didaktischen Theorien Charles Bonnets*, p. 78-79, 84 et suiv. Il entendait fonder l'art de l'éducation uniquement sur la psychologie.
4. « The National Society for promoting the education of the Poor in the principles of the Established Church » fut fondée par Bell en 1811.
5. Elles avaient été fondées en 1780 par Robert Raikes, et prirent

l'enseignement mutuel, et où la lecture de la Bible était la principale occupation, tandis qu'en Allemagne, dès le milieu du XVIIIe siècle, de nombreuses tentatives avaient été faites pour instruire pratiquement le peuple et les classes moyennes à l'aide des Realschule [1].

L'œuvre de Pestalozzi fut pour Mme de Staël une révélation de ce que l'on pourrait faire pour les enfants du peuple. Sans être tout à fait de l'avis de Fichte [2], elle s'est rendue compte de la portée sociale d'une telle initiative, et c'est comme patriote qu'elle a félicité Pestalozzi : « L'éducation qu'il donne n'est définitive que pour les gens du peuple, mais c'est par cela même qu'elle peut exercer une influence très salutaire sur l'esprit national [3]. »

Sans doute elle n'a pas une idée très exacte des besoins intellectuels de la classe populaire [4], mais elle sait que les lumières hâtent l'avènement de la morale et fondent la République, et qu'il faut les répandre très largement, sans redouter leur influence ; cela, par humanité, autant que par patriotisme. « Ce n'est pas assez de s'occuper des gens du peuple sous un point

---

un nouveau développement en 1805 par la « British and Foreign School Society ». V. l'*Histoire de la pédagogie anglaise* par Parmentier, p. 249 et suiv.

1. Hecker en fonda une à Berlin dès 1747. V. au sujet de ces écoles, Baumeister, *Handbuch der Erziehungs und Unterrichtslehre für höhere Schulen*, I, p. 195 et suiv., et pour l'histoire des écoles suisses, que Mme de Staël a tout à fait ignorée, et Rein, *Encyclopädisches Handbuch der Pädagogik*, t. VIII, 1re partie, art. Schweizerisches Schulwesen.

2. V. *Allemagne*. Œuv. compl., X, p. 178.

3. *Ibid.*, 179.

4. « Les gens du peuple sont un état intermédiaire entre les sauvages et les hommes civilisés » (*Allemagne*, 179).

de vue d'utilité, il faut aussi qu'ils participent aux jouissances de l'imagination et du cœur... (176) ; le nécessaire en tout genre a quelque chose de révoltant, quand ce sont les possesseurs du superflu qui le mesurent (177) ; il faut, comme Fellemberg, cultiver « l'âme du peuple » avec désintéressement, développer son intelligence et sa sagesse pour servir le progrès.

Par conséquent, ce que l'on a fait jusqu'ici en France est insuffisant, la République doit se tracer un autre programme. Mme de Staël le demandait dans son livre *de la Littérature* : « On doit propager de tous ses efforts l'instruction générale » ; dans les *Considérations* elle est plus pressante encore : « Il faut établir et multiplier les écoles dans lesquelles, comme en Angleterre, on apprend aux enfants pauvres à lire, écrire et compter. Il faut des collèges pour enseigner les langues anciennes, et des universités pour porter plus loin encore l'étude de ces belles langues et celle des hautes sciences[1]. » C'est l'indication des trois divisions de notre enseignement.

Il est regrettable que Mme de Staël n'ait donné que brièvement son opinion sur les questions qui intéressent l'enseignement ; elle l'a fait du moins avec une précision qu… a montre parfaitement fondée. Mais nous aurions aimé qu'à l'exemple de son ami Talleyrand et des autres pédagogues de la Révolution, elle ait tracé un programme complet d'éducation, à l'aide duquel le gouvernement devrait s'efforcer de façonner l'esprit public.

A défaut d'une méthode, elle a au moins indiqué

---

1. *Considérations*. Œuv. compl., XII, 364.

l'idéal à atteindre, et c'est peut-être le meilleur. On ne saurait d'ailleurs demander à une femme du monde la précision d'un spécialiste ; à lui d'entrer dans les détails, et guidé par l'expérience professionnelle, de montrer la marche à suivre. La pédagogie de Mme de Staël ressemble un peu à la philosophie des poètes ; ils ne la formulent pas en langage métaphysique, c'est le travail de leurs interprètes ; de même les dix-huit volumes de Mme de Staël ne livrent bien toutes leurs richesses au sujet de la pédagogie sociale, qu'à celui qui en sollicite les textes.

III

Il comprend d'abord que pour elle, l'individu ne saurait être la fin de l'éducation ; si une nation lui représente « le caractère d'un homme », elle ne sépare pas non plus l'idée d'homme de celle de nation, elle voit dans l'enfant le futur citoyen, et le bien de l'Etat est le but qu'elle assigne aux pédagogues ; c'est parce que Pestalozzi et de Fellemberg rendent service au pays, autant qu'à une classe malheureuse qu'ils doivent nous servir de modèles. Elle-même a su allier ses ambitions maternelles à de plus hautes encore ; la vocation toute philanthropique de son fils Auguste montre qu'elle lui a fait comprendre la valeur d'une vie consacrée à l'humanité. Mais il ne faut pas oublier que l'individualisme de Mme de Staël s'allie à son étatisme, que pour elle, vouloir le bien de l'Etat, c'est vouloir celui de l'individu, et réciproquement ; par conséquent, ce qui est bon pour l'individu isolé le sera aussi pour la collectivité ; elle appliquera au peuple entier ses principes d'éducation privée.

Ainsi, les passions font le malheur des individus, elles feront aussi celui des nations ; l'âme d'un peuple a besoin de calme, comme celle d'un adolescent, et de même que la direction des passions forme la principale difficulté de l'éducation individuelle, de même « les passions sont la plus grande difficulté des gouvernements[1]. » Le seul problème des constitutions est donc de connaître jusqu'à quel degré on peut exciter ou comprimer les passions, sans compromettre le bonheur public, car on ne peut les supprimer.

C'est pour cela qu'elle a conseillé aux gouvernants de ne pas s'embarrasser de théories métaphysiques, mais de les remplacer par une science sociale, basée sur l'expérience, qui leur permette de calculer le retour et les effets probables des passions dans un même pays[2].

Contre quelles passions le gouvernement devra-t-il diriger ses efforts ? Contre celles qui peuvent faire le plus de ravages dans un pays et qui en ont fait déjà : l'esprit de parti, le désir de la gloire, la vengeance, l'envie..., etc.

Il était facile après la Révolution d'élever les jeunes générations selon l'esprit d'un parti ; le pays était divisé, des haines étaient nées, et cet état de choses pouvait avoir pour l'avenir de graves conséquences. Mme de Staël a finement analysé les ravages de l'esprit de parti, parce qu'elle en a souffert. Il n'est rien de plus à craindre, à son avis, que l'aveugle entêtement,

---

1. *Influence des passions.* Œuv. compl., III, 108.
2. Voir 1re partie, ch. II.

« la frénésie d'âme » qu'il communique à ses victimes ; il est antisocial, retardataire ; les jeunes devront être exempts de tous préjugés, en se faisant, comme Descartes, une méthode indépendante de toutes les routes déjà tracées. Or, « quand la pensée est une fois saisie de l'esprit de parti, ce n'est pas des objets à soi, mais de soi vers les objets que partent les impressions [1]. »

La passion de la gloire, noble en elle-même, lui paraît devoir être l'objet d'une surveillance intelligente dans une République, parce qu'elle peut se tourner du côté des armes. Il ne faut en aucune façon favoriser les vocations militaires, vanter les qualités guerrières, mais viser au contraire à supprimer l'armée [2]. Il n'est pas prouvé que les vices humbles, les vertus obscures ne rendent pas plus de services aux hommes, et c'est la vie pacifique qu'il faut faire aimer. « L'enthousiasme qu'inspire la gloire des armes est le seul qui puisse devenir dangereux à la liberté [3]. » Former de futurs soldats, ce serait créer un corps à part dans l'État, l'armée a un esprit dangereux, l'esprit de corporation, et « rien n'est plus contraire à la liberté que l'esprit militaire [4]. »

---

1. Voir de l'*Influence des Passions*. Œuv. compl., III, 165 et suiv.
2. V. de l'*Influence des Passions*, chap. I, et des *Circonstances actuelles*, chap. V. Les passages sur l'esprit de conquête sont évidemment dirigés contre Napoléon.
3. *De la littérature*. Œuv. compl., IV, 459.
4. Note du livre des *Circonstances actuelles*, p. 311 : « Que les soldats ont un rapport avec les prêtres, celui de ne pas croire devoir se servir de leur raison. » — Voir aussi *Considérations*..., VI, 8. On sait que Montesquieu trouvait l'esprit de l'armée incompatible avec celui d'une république et conseillait de la détruire, et que Rousseau n'en voulait pas non plus, parce que les corps intermédiaires empêchent la volonté générale, celle du peuple, de prévaloir. Mme de Staël se souvient de ses maîtres, autant que de Napoléon, en écrivant contre l'armée.

Ces idées sur l'armée semblent d'abord assez superficielles ; Mme de Staël voit que l'ambition d'un seul, d'un Napoléon par exemple, peut entraîner tout un peuple dans le malheur, et qu'il faut détruire l'esprit de conquête, parce que la guerre est une chose atroce ; mais tous les problèmes qu'entraîne la suppression de l'armée elle ne se les pose pas, ou plutôt elle semble les résoudre, de la même manière que Rousseau [1] : chaque citoyen confie à l'Etat sa sécurité personnelle, et l'Etat doit le protéger, le défendre, sans jamais lui imposer la guerre offensive ; seulement, pour Rousseau la guerre naît de l'état social, pour Mme de Staël elle naît surtout de l'ambition personnelle, mal dirigée par l'éducation.

Ce n'est donc pas dans l'anti-patriotisme qu'il faut élever les générations, mais dans l'anti-militarisme et le pacifisme ; comme Rousseau elle semble concilier ces deux opinions [2], et d'ailleurs il n'y a pas entre elles antinomie.

Si les jeunes gens ne peuvent ambitionner la gloire des armes, ils doivent désirer pourtant être utiles à leur pays. Mme de Staël est bien d'avis de ne pas détruire entièrement la passion de la gloire, parce qu'il est nécessaire que certains esprits soient encouragés à travailler ; le bien de la société n'est pas un excitant suffisant pour tous. Alors on favorisera les vocations d'orateurs et d'écrivains en en faisant comprendre l'utilité sociale ; si elles étaient considérées,

---

1. Toutefois elle n'entre pas dans les détails des *Considérations sur le gouvernement de Pologne*, par ex. sur les milices que Rousseau propose de substituer aux armées permanentes.
2. V., à ce sujet, Rodet, *Les idées politiques de Rousseau et le Contrat social*, p. 230-231.

ainsi qu'il en a été jusqu'à présent, comme bonnes seulement à occuper les loisirs et à distraire l'esprit, elles perdraient toute valeur et tout intérêt, même elles entretiendraient dans les esprits une sotte vanité.

Mᵐᵉ de Staël admet donc une certaine émulation [1], qui n'excite pas la rancune et la jalousie, qui fasse ambitionner les talents dans le seul espoir d'être utile, et cette rivalité-là doit exister entre adultes aussi bien qu'entre collégiens. Il est impossible de vouloir niveler les réputations sans dégrader les caractères, il faut des distinctions ; non plus celles que donne la naissance, comme dans une monarchie, mais celles que donne la valeur personnelle. Et de plus, il est désirable que quelques-uns s'élèvent au-dessus des autres, afin de donner à leurs camarades, et plus tard à tout le peuple un sujet d'admiration, parce que l'admiration est nécessaire aux âmes ; elle les fait sortir de leur égoïsme, et nous savons que, pour Mᵐᵉ de Staël, tout ce qui nous arrache à nous-mêmes est cause de vertu. Ce qu'elle souhaite, c'est de créer une élite intellectuelle qui, comme un corps professoral de choix, gouvernera par l'ascendant de son savoir. Le talent doit servir à diriger les autres, et « la gloire des grands hommes est le patrimoine d'un pays libre [2]. »

Sans doute des raisons personnelles se mêlent à l'opinion de Mᵐᵉ de Staël ; « elle avait la passion effrénée du pouvoir, et ne pouvant l'exercer par elle-même, elle voulait du moins conseiller ceux qui

---

[1]. Elle attachait de l'importance aux succès scolaires de ses fils.
[2]. *De la littérature*, chap. de l'Emulation. Œuv. compl., IV, 458.

l'exerçaient [1], le succès de ses ouvrages, la persécution même qu'ils lui attiraient lui apprenaient bien le chemin de la renommée ; mais elle a cru sincèrement aussi que la meilleure chose à ambitionner pour un pays est le règne de la science et de la vertu [2], l'absence de passions. En répandant l'instruction à profusion, en encourageant le talent, il sortira peut-être des écoles quelques surhommes qui s'imposeront aux autres, les conduiront, non par la force, comme un César ou un Napoléon, mais par l'ascendant de leur raison et de leur savoir.

IV

L'éducation des petits républicains devra être non seulement raisonnable, mais religieuse. Mme de Staël avait donné trop d'importance à la religion dans l'éducation de ses enfants, pour ne pas lui en donner aussi dans sa pédagogie sociale. Elle recommande avec instance à la future république de s'intéresser à l'établissement d'une religion d'Etat, dans laquelle seront élevés les futurs citoyens. « Quand les volontés sont soumises au despotisme, le besoin d'une autre force se fait moins sentir ; mais c'est dans une République qu'une religion est nécessaire [3]. — Pourquoi cela ?

Parce qu'elle aidera le gouvernement à unifier l'opi-

---

1. Gautier, *Mme de Staël et Napoléon*, p. 393.
2. Et aucun de ceux qui l'étudient ne peut douter de cette sincérité.
3. *Des Circonstances actuelles*, 296.

nion et à moraliser le grand nombre ; l'amour de la patrie peut n'être pas un guide suffisant dans les grands Etats.

Necker avait déjà montré dans son livre *de l'Importance des Idées religieuses*, que la religion est la base nécessaire de toute éducation sociale [1] ; peut-être Mme de Staël se souvient-elle de l'opinion de son père [2]. Il est plus probable qu'elle a subi l'influence de Benjamin Constant qui l'entretenait de son ouvrage de « *La Religion* [3] », dans lequel il vante son utilité sociale.

« N'éteignez pas, dit-il, les convictions qui servent de base aux vertus des citoyens [4]. » Comme B. Constant [5], « elle distingue le sentiment religieux des formes religieuses, et constate qu'il est nécessaire à la nature humaine, indépendant des dogmes qui sont l'ouvrage de l'homme [6]. »

Mais le sentiment religieux, que chaque individu peut adapter à son caractère, est chose trop vague pour la masse, c'est pourquoi la République devra choisir une religion positive ; laquelle ?

Le rétablissement du catholicisme est impossible, parce qu'il rappellerait les souvenirs de la tyrannie. Restent le culte des Théophilanthropes et le protestantisme.

Après avoir montré les avantages de la théophilan-

---

1. Chap. I. Sur le rapport des idées religieuses avec l'ordre public.
2. Surtout dans les passages qu'elle consacre à l'opinion religieuse (*Considérations*, chap. VII).
3. Commencé vers 1800.
4. Préface de l'ouvrage.
5. *De la religion considérée dans sa source et ses formes*, chap. II.
6. Voir les *Considérations...*, chap. des Religions.

thropie, Mme de Staël ne conseille pas de l'adopter comme religion d'Etat, parce que fondée pendant la Révolution, la secte a une mission politique trop évidente, et trop peu de gens la prennent au sérieux [1].

Le culte protestant reste donc celui de l'avenir. D'abord il est le plus favorable à la liberté et à l'égalité, à cause de son organisation, des luttes qu'il a soutenues contre tous les pouvoirs dans l'ordre hiérarchique et intellectuel, c'est-à-dire contre les évêques et contre les dogmes. — Il a une origine ancienne, tout en étant indépendant des partis. — Il est la meilleure arme pour se défendre du pouvoir absolu et du catholicisme qui en est le soutien [2].

Une lettre de M. de Lebensei à Delphine [3] complète le plaidoyer, en exposant surtout les avantages du protestantisme pour l'individu. Mme de Staël recommande de ne pas agir brusquement sur les esprits, en matières de religion, comme d'enseignement ; de convaincre par la raison, d'éclairer le peuple « par degré sur les absurdités des dogmes ; en le dirigeant vers des opinions plus simples et plus relevées, on le détachera plus sûrement de la religion catholique [4]. »

L'État entretiendra donc un culte, le plus simple

---

1. Les théophilanthropes professaient le pur déisme. Ils eurent pour fondateurs d'Aubermesnil, Chemin, Mandar, Valentin Haüy ; pour protecteur, La Réveillère-Lepaux. Établi en 1796 à Paris, et pratiqué publiquement dans les églises, ce culte fut tourné en ridicule. En 1800 (21 oct.) un arrêté y mit fin, en interdisant aux Théophilanthropes l'usage des édifices nationaux. Mme de Staël écrivait ce qui les concerne très probablement en 1799.
2. V. chap. des Religions dans le livre *Des circonstances actuelles*.
3. Lettre XVI. Œuv. compl., VI, 315 et suiv.
4. *Des circonstances actuelles*..., p. 219.

possible, mais aussi de la morale la plus élevée. Il y aura un ministre par établissement d'enseignement (puisque Mme de Staël a réservé aux prêtres l'instruction religieuse), un autre par village, qui inspirera le respect et instruira le peuple, alors « la classe sans fortune ira dans les églises dont elle ne sera point forcée de payer le ministre..... l'État aura dans sa main toute l'influence du culte entretenu par lui, et cette grande puissance qu'exercent toujours les interprètes des idées religieuses sera l'appui du gouvernement républicain [1]. »

Mme de Staël se souvient de Rousseau, à son insu peut-être, en cherchant à organiser en France le culte protestant [2]. Lui aussi avait voulu une religion d'État dans laquelle tous les enfants seraient élevés, et il avait jugé impossible de les rendre à la fois républicains et catholiques. Il aurait voulu que religion et état soient confondus en un seul pouvoir, comme dans l'antiquité, comme dans le Mahométisme, afin que tout conflit soit écarté.

Mais Mme de Staël trouve à ce système le tort « de noyer le vrai culte de la divinité dans un vain cérémonial..... de rendre les hommes crédules et superstitieux. » Elle propose un système mixte : que chaque citoyen, après avoir adhéré à la religion d'État et en y restant fidèle, puisse professer des opinions religieuses particulières dont l'État ne s'occupe pas. En

---

1. *Des circonstances actuelles*, p. 223 et 224.
2. Elle partage aussi l'aversion de B. Constant pour le catholicisme ; mais son protestantisme, soutien de l'autorité pédagogique de l'État, est plus défini que celui de son ami ; il y a aussi moins de contradiction dans la manière dont elle le comprend au point de vue social et au point de vue privé.

demandant une religion propre à maintenir l'influence du gouvernement, elle entend bien laisser à chaque citoyen sa part de liberté et de croyances, pourvu que la morale n'en soit point atteinte [1].

C'est encore Rousseau, plus que Constant, qui l'inspire quand elle demande de n'enseigner qu'un minimum de dogmes. « Les dogmes de la religion civile doivent être simples, avait-il dit [2], en petit nombre, énoncés avec précision, sans explications, ni commentaires. » Il faut rallier seulement pour le culte, dit à son tour Mme de Staël, « les idées religieuses que le sauvage comme l'homme civilisé, le prêtre comme le philosophe, l'ignorant comme le savant, saisissent également. C'est donc aux principes de la religion naturelle qu'il faut rappeler toute religion pratique en France [3]. »

De 1799 (date de composition des *Circonstances actuelles*) à 1816 (*Considérations sur la Révolution française*), la pensée de Mme de Staël s'est modifiée. Elle a assisté au triomphe du catholicisme avec le Concordat ; elle a vu les inconvénients de l'idée religieuse mise au service des desseins politiques, elle a vu le clergé aux ordres de Bonaparte, et s'est demandé s'il est bon qu'il y ait une religion d'État.

Cette hésitation est déjà sensible dans *l'Allemagne* où elle loue les Allemands de la profondeur de leurs sentiments religieux, de ce qu'ils les mêlent à

---

1. « Les magistrats n'ont aucune autorité sur les âmes, et pourvu qu'on soit fidèle aux lois de la société de ce monde, ce n'est point à eux à se mêler de ce qu'on deviendra dans l'autre, où ils n'ont aucune inspection. Si l'on perdait ce principe de vue, les lois faites pour le bonheur du genre humain en seraient bientôt le tourment... » (Lettres de la Montagne). Œuv. compl., III, 134.
2. *Contrat social*. Œuv. compl., III, 328.
3. *Des Circonstances actuelles...*, p. 220.

leurs écrits et à leur vie [1]. Elle est même de l'avis de Montesquieu en constatant les avantages de la multiplicité des religions dans une même nation ; elle a eu l'avantage en Allemagne « de rendre la religion catholique plus tolérante que dans tout autre pays » [2]; à force de se voir, de se connaître, les ennemis finissent par sympathiser. « Dans les opinions religieuses, comme dans les opinions politiques, on se fait de ses adversaires un fantôme qui se dissipe presque toujours par leur présence, la sympathie nous montre un semblable dans celui qu'on croyait son ennemi [3]. »

En 1816, Mme de Staël reconnaît franchement qu'elle a fait erreur, que l'enseignement de l'État doit être neutre et la religion individuelle. « Il ne faut pas, dit-elle, diriger la religion vers un but politique..... En vérité, les nations n'ont de piété sincère que dans les pays où la doctrine de l'Église n'a point de rapport avec les dogmes politiques, dans les pays où les prêtres n'exercent point de pouvoir sur l'État, dans les pays enfin où l'on peut aimer Dieu et la religion chrétienne de toute son âme, sans perdre, et surtout sans obtenir aucun avantage terrestre par la manifestation de ce sentiment [4]. » — C'est pourquoi elle loue l'Assemblée

---

1. *Allemagne.* Œuv. compl., XI, 448-40.
2. *Ibid.*, 639.
On sait que Montesquieu trouvait bon qu'il y ait plusieurs religions dans l'État, afin d'établir la tolérance et qu'elles se corrigent entre elles. « Il n'y en a aucune qui ne prêche la soumission et ne prescrive l'obéissance, toutes sont donc utiles à l'État. » V. *Lettres Persanes*, CXVIII.
Dans l'*Esprit des Lois*, il semble se contredire et redouter au contraire la multiplication des sectes. V. Faguet, *Politique comparée de Voltaire, Montesquieu, Rousseau*, p. 174 et suiv.
3. *Allemagne.* Œuv. compl., X, 439.
4. *Considérations...* Œuv. compl., t. XIII, 273 et 276.

Constituante d'avoir proclamé la liberté des cultes, et replacé la religion dans le sanctuaire de la conscience [1].

C'est d'ailleurs ce qu'elle avait fait pour elle-même ; la religion est devenue de plus en plus pour elle affaire de foyer, elle s'est efforcée de la faire pénétrer dans le cœur de ses enfants, sans se soucier de celle du gouvernement ou de la majorité, « s'élevant ainsi, dit Sorel, au-dessus des intérêts de la vie, des coteries et des cabales du monde [2]. »

V

A côté de ces grandes questions de monopole de l'enseignement, du règne de la raison, de la religion, qui sont capitales pour tout gouvernement éducateur du peuple, Mme de Staël en a traité de plus secondaires, telle que la politesse ; mais à peine peut-on les qualifier de secondaires, puisqu'elle les lie au succès des plus grandes causes.

Tout éducateur, digne de ce nom, doit se préoccuper de donner à ses élèves ces formes extérieures de la politesse et du bon ton qui sont comme le reflet de toutes les habitudes acquises, de la formation de l'esprit et du caractère. Mme de Staël voudrait que la République n'ait garde d'oublier ce devoir, parce que « l'urbanité des mœurs est d'une grande importance littéraire et politique [3]. »

---

1. V. *Considérations*, chap. IV.
2. A. Sorel, *Mme de Staël*, p. 137.
3. *De la Littérature*, chap. II ; du goût et de l'urbanité des mœurs. Œuv. compl., IV, 413.

Il y avait exagération à cet égard sous la monarchie. Des formules multipliées et vaines réglaient tous les rapports des Français entre eux, et le sentiment y était tout à fait étranger ; la jalousie grandissait entre les différentes classes, et seule la vanité était satisfaite, « la politesse classait au lieu de réunir [1]. » De plus, la puissance du ridicule était devenue tyrannique, et elle peut paralyser les élans de certaines âmes timides et empêcher les meilleurs sentiments de se manifester.

Par réaction, on n'a plus appris à la nouvelle génération les usages mondains, « une vulgarité révoltante » s'est introduite dans les manières, et cela est funeste à la société et même à la morale. Ceux qui sont au pouvoir, les maîtres, doivent commencer par donner le bon exemple en s'interdisant toute grossièreté dans les paroles, en étant soucieux de leur dignité, parce que « les défauts de la puissance sont contagieux..... En France surtout, il semble que le pouvoir non seulement influe sur les actions, sur les discours, mais jusque sur la pensée intime [2]. » Or, si la grossièreté se répandait dans la nation, les âmes seraient bientôt avilies, parce qu'on s'habitue aux mauvaises plaisanteries, à la bassesse des expressions, comme à la vue du sang.

Mais tandis que, sous l'ancien régime, les usages tenaient lieu souvent des sentiments, il faudrait que sous la République, où toutes les classes seront confondues, la politesse devienne « la parure de la vérité », que le goût naturel, l'aisance règnent partout, que la

---

1. Œuv. compl., V, p. 417-19.
2. *De la Littérature.* Œuv. compl., IV, 420.

délicatesse du langage ne serve plus à offenser les mœurs. Mme de Staël pense même que l'ancien esprit français, fait d'élégance, de finesse, de gaîté, est appelé à disparaître sous la République, parce que le genre de vie doit changer.

Enfin, pourquoi attache-t-elle tant d'importance à ce léger avantage de la politesse? Elle-même a prévu la question. « Si la politesse est la juste mesure des relations des hommes entre eux, si elle indique ce qu'on croit être et ce qu'on est, si elle apprend aux autres ce qu'ils sont, ou ce qu'on les suppose, un grand nombre de sentiments et de pensées se rallient à la politesse [1]. » Et voici quelques-unes des raisons qui la recommandent tout spécialement aux éducateurs.

Elle peut cacher l'immoralité : « les convenances sont l'image de la morale », elles aident à la pratiquer, la vulgarité est inspirée par des sentiments vicieux.

Elle peut adoucir l'esprit de parti, et cela est fort important en République; elle permet de se voir, de se supporter, même de se fréquenter tout en ayant des idées différentes. Pas de vie sociale possible sans la politesse. Elle aide à conserver sa réputation, sa considération dans l'opinion d'autrui; elle prépare la conviction et l'affection, maintient la dignité et le respect vis-à-vis des femmes.

Il semble aussi que cette ardeur à défendre la politesse et les usages tienne à l'éducation et aux goûts aristocratiques de Mme de Staël; elle voudrait vivre au milieu de gentlemen, il y a chez elle une répugnance de race pour les gens mal élevés. Ainsi nous l'avons vu faire un tort sérieux à son fils Albert de

---

[1]. *De la Littérature.* Œuv. compl., IV, 433.

fumer la pipe ; elle condamnait, comme inconvenant, le détail de la pipe de tabac dans la *Louise* de Voss [1], et quand elle s'est demandé si elle n'épouserait pas Chamisso, la fatale pipe s'est encore présentée au travers de ses projets.

Si l'avenir est aux hommes de talent, Mme de Staël estime qu'il l'est également à ceux qui sauront imposer du respect par la dignité et l'élégance de leurs manières ; la politesse les aidera à gouverner ; « l'autorité est l'inconvénient nécessaire d'un très grand bien ; mais le dépositaire de cette autorité doit toujours s'en justifier en quelque sorte par ses manières, comme par ses actions..... Ce qu'il est impossible de supporter, ajoute-t-elle encore, c'est une éducation grossière que trahit chaque expression, le ton de la voix, l'attitude du corps, tous les signes de la vie [2]. »

Rousseau, sans attacher autant d'importance à la politesse, et peut-être parce qu'il n'a pas été témoin des excès de la démocratie, lui a cependant reconnu une valeur éducatrice et sociale très importante. Il ne voulait pas que l'on apprît à Émile des usages et des formules qui ne servent qu'à dénaturer le sens des mots et à masquer l'arrogance [3], mais que l'urbanité soit l'expression de sentiments véritables : « ce n'est pas le terme dont il se sert, qui m'importe, mais bien l'acception qu'il y joint [4]. »

---

1. Lady Blennerhasset, o. c., III, 40.
2. Il y a dans ces réflexions sur la politesse des allusions à Napoléon et à son entourage dont les manières soldatesques ne rappelaient pas la cour de Louis XVI.
3. Comme celles que l'on apprenait aux enfants riches.
4. *Emile*, liv. II, 37.
Nisard en avait conclu que Rousseau supprime la politesse. V. *Histoire de la littérature française*, IV, 445-446.

Ainsi, dans la pensée de Mme de Staël, comme dans celle de Rousseau, la sollicitude des législateurs doit s'étendre jusqu'aux moindres manifestations de l'esprit national ; elle a une très haute idée de leur rôle, elle les voudrait éminents, capables « de changer pour ainsi dire la nature humaine, et de substituer en chacun une existence et une force morale toutes nouvelles, à l'existence physique et à la force indépendante qu'il a tenues de la nature [1]. »

---

[1]. G. Dumesnil : *L'âme et l'évolution de la Littérature*, I, p. 388.
On pourrait d'ailleurs retrouver chez Mme de Staël la plupart des idées de Rousseau sur le législateur, et appliquer à sa pédagogie sociale ce que M. Dumesnil dit du *Contrat*, qu'il traite surtout « des conditions selon lesquelles un dogme moral peut et doit prévaloir dans l'ordre politique et social », or, c'est au législateur qu'il appartient de déterminer ces conditions. V. Rousseau. Œuv. compl., I, 655, et G. Dumesnil, p. 387 et suiv., *Compléments de la doctrine du Contrat Social*.

CHAPITRE XVIII

ÉDUCATION INTELLECTUELLE

I. Le programme de Mme de Staël est donné d'une manière incomplète — importance qu'elle donne à la formation littéraire — — aux romans en particulier. — II. Rôle du théâtre — de la tragédie — de la comédie. — III. La musique — les fêtes nationales — même opinion au sujet des fêtes chez les pédagogues de la Révolution.

I

Si nous nous demandons quel programme préconise Mme de Staël pour former des esprits républicains, il semble que ce soit surtout l'étude des lettres. Nous avons vu quelle importance elle y attachait pour la formation intellectuelle, et même morale de ses enfants ; cette importance reste la même quand il s'agit de toute la nation.

Mme de Staël n'est pas entrée dans les détails d'un emploi du temps ; elle a dit seulement qu'il était nécessaire de façonner l'esprit des futurs citoyens, et a donné quelques principes généraux pour montrer comment elle entendait y parvenir à l'aide des lettres.

Elle recommande d'abord le choix des lectures, bien écrites, d'un style noble et élégant, pour donner l'impression du beau. « Les expressions grossières avilissent et les objets dont on parle et celui qui s'en sert... et quelle éducation pour la génération future que ces affreux discours d'un style bas et sanguinaire ! A cet âge où les idées et les sentiments viennent seulement par ce qu'on entend, comme on organise l'enfance à la cruauté [1] ! » Il faut lui faire lire des romans inspirés, non par un merveilleux usé, ou par les pauvretés de l'histoire [2], mais par la réalité, par « tout ce qui dans la nature peut servir de leçon ou de modèle [3]. » Ces romans doivent enseigner la morale avec adresse et discrétion, comme Richardson, comme Fielding, sans avoir « l'inconvénient des instituteurs que les enfants ne croient pas, parce qu'ils ramènent tout à la leçon qu'ils veulent donner, et que les enfants, sans pouvoir s'en rendre compte, savent déjà qu'il y a moins de régularité dans la véritable marche des événements [4]. »

Les romans risquent-ils de donner à la jeunesse des idées fausses sur l'homme et la vie, comme on le dit souvent ? Cela est vrai de ceux qui sont mauvais, comme des tableaux qui imitent mal la nature, mais lorsqu'ils sont bons, rien ne donne une connaissance aussi intime du cœur humain, et ils sont bons, c'est-à-dire moraux, à la seule condition de laisser une impres-

---

1. *Des circonstances actuelles*, p. 201.
2. « Ce genre (du roman historique) détruit la moralité de l'histoire..... et n'atteint point à la moralité du roman. » *Essai sur les Fictions*. Œuv. compl., III, 12.
3. *Ibid.*, 13.
4. *Candide, Zadig, Memnon*, ont cet inconvénient. — Pour Mme de Staël la leçon directe et la thèse s'opposent aussi aux lois de l'esthétique.

sion profonde de haine pour le vice et d'amour pour la vertu. Le récit lui-même a peu d'importance [1].

Mais comme la peinture de l'amour peut être dangereuse à certains moments de la vie, en faisant naître cette passion, il faut élargir le cadre des romans, rechercher ceux qui peignent l'ambition, l'orgueil, l'avarice ; ils éclairent les cœurs et les préservent des funestes effets de ces vices. Mme de Staël insinue même que si la littérature romanesque avait été plus parfaite, si elle avait entretenu plus de facultés d'émotion et de sensibilité, on n'aurait pas été témoin de tant de cruautés pendant la Révolution. Il est probable qu'elle eût mis dans les bibliothèques des lycées ces romans qu'elle a élevés au-dessus de tous, parce qu'ils ont su faire parler la passion : Pope, dans l'*Épître d'Abeilard*, *Werther*, *la Nouvelle Héloïse*, *Clarisse Harlowe*, etc.... L'important est de captiver les âmes, de faire naître en elles des sentiments exaltés qui les fassent sortir d'elles-mêmes, enfin de leur présenter « une grande idée morale mise en action et rendue dramatique [2] » pour influencer leur vie.

---

[1]. « La moralité des romans tient plus au développement des mouvements intérieurs de l'âme qu'aux événements qu'on y raconte. » *Essai sur les Fictions*. Œuv. compl., III, 18. Dans les *Lettres sur Rousseau*, à propos de la *Nouvelle Héloïse*, Mme de Staël disait déjà : « La véritable utilité d'un roman est dans son effet, bien plus que dans son plan, dans les sentiments qu'il inspire plus que dans les événements qu'il raconte. Pardonnons à Rousseau si, à la fin de cette lecture, on se sent plus animé d'amour pour la vertu. »
Elle a défendu Delphine par les mêmes raisons (but moral de Delphine) ; et Werther aussi: *Allemagne*, ch. xxviii. Œuv. compl., X. On voit combien l'opinion de Mme de Staël a été constante et motivée au sujet des romans.

[2]. C'est la définition que Mme de Staël a donné du roman dans les *Lettres sur Rousseau*.

II

Madame de Staël rêvait encore toute une formation de la jeunesse et des adultes au moyen du théâtre ; elle-même jouait avec ses enfants les pièces qu'elle composait et celles de nos classiques, parce qu'elle attribuait à ces représentations une grande valeur éducative, surtout pour le sentiment. Elle voudrait que la tragédie soit un agent actif d'éducation nationale, que le gouvernement organise des fêtes, comme celles d'Interlaken [1], des représentations auxquelles tout le peuple puisse applaudir ; mais à condition que le genre tragique subisse quelque réforme. « Le théâtre de la France république, se demande-t-elle, admettra-t-il, comme le théâtre anglais, les héros peints avec leurs faiblesses, les vertus avec leurs inconséquences, les circonstances vulgaires à côté des situations les plus élevées ? Enfin, les caractères tragiques seront-ils tirés des souvenirs ou de l'imagination de la vie humaine, ou du beau idéal ? »

La réponse à ces questions se trouve dans la seconde partie du livre *de la Littérature* [2]. Les sujets tirés de l'antiquité ou de la mythologie ne doivent pas avoir d'intérêt pour des citoyens éclairés ; les sujets historiques ont aussi leur côté faible, parce que les personnages sont environnés de circonstances qui nuisent à leur véracité, et sont pris dans les rangs princiers. Ce qui instruit et moralise le mieux un peuple républicain, ce sont donc les sujets tirés de la vie ordinaire, à condition d'en écarter la bassesse et la vulgarité. Ils

1. *Allemagne.* Œuv. compl., X, 184.
2. Chap. v à ix.

permettent « de remuer l'âme », non pas dans un but stérile, « le principe de l'utilité se retrouve dans ce genre comme dans tous les autres [1] », mais pour lui faire aimer la vertu et la patrie. On peut peindre le cœur humain plus énergiquement que l'ont fait nos grands tragiques, on peut inspirer aux républicains des sentiments nouveaux, et leur aider par la tragédie à suivre la marche philosophique du siècle ; c'est en cela que consiste le rôle éducatif de l'art [2].

Mme de Staël attribuait une valeur bien moindre à la comédie au point de vue pédagogique ; elle trouvait qu'en France « l'esprit moqueur » n'a pas besoin d'être exercé, et que si l'on ne peut pas détruire ce sentiment exagéré du ridicule, il faut tâcher de l'utiliser pour les progrès de la philosophie et de la raison, en veillant sur les sujets des comédies. Par exemple que tout ce qui touche au gouvernement soit respecté. Si l'ordre politique est le résultat de la volonté générale, il serait étrange de le livrer à la moquerie ; ce sont les institutions contraires à la raison qui prêtent à rire, c'est l'opposition entre « ce qui doit être et ce qui est » qui a permis le succès de Voltaire [3].

S'il n'est plus possible de rallier ni les magistrats, ni les institutions, si les usages sociaux eux-mêmes sont tellement en conformité avec la raison qu'ils échappent au ridicule, de quoi riront les gens dans la nouvelle République ? Mme de Staël a répondu indi-

---

1. *De la Littérature.* Œuv. compl., IV, 494.
2. Mme de Staël a composé elle-même des tragédies dont nous n'avons pas à parler ici ; toutes peignent des situations émouvantes et des sentiments passionnés, et prouvent que l'opinion de Mme de Staël sur le théâtre a été constante.
3. « Les Grecs ne se moquaient ni de leurs institutions, ni de leur religion. » *De la Littérature,* 431.

tement à l'objection, en conseillant aux auteurs comiques de ne prendre pour sujets de plaisanterie que les vices du cœur humain, comme l'a fait Molière dans *l'Avare, Tartufe, le Misanthrope*. Mais comme la haute comédie suppose une étude approfondie de l'âme, l'impression qu'elle laisse est souvent triste, et il semble bien que la comédie, avec la liberté restreinte que lui laisse Mme de Staël, disparaîtrait des écoles et des théâtres républicains.

III

A ce programme, dont les grandes lignes ne sont qu'indiquées, il faudrait ajouter la musique, à laquelle Mme de Staël attache une grande valeur, à cause des sentiments qu'elle inspire [1]. Elle l'a jugée utile, non seulement pour ses propres enfants et ceux des classes élevées, mais pour tout le peuple, trouvant que « c'est une grande barbarie [2] » d'en priver toute une portion de la race humaine, et de plus une faute pédagogique. Cet art de pur agrément calme les âmes et les moralise ; en excitant les mêmes impressions chez les auditeurs d'un même morceau par exemple, il crée entre eux un lien favorable aux relations sociales. « Les anciens prétendaient que les nations avaient été civilisées par la musique, et cette allégorie a un sens très profond, car il faut toujours supposer que le lien de la société s'est formé par la sympathie ou l'intérêt, et certes la première origine est plus noble que l'autre [3]. »

1. Voir plus haut l'énumération de ces sentiments, p. 170.
2. *Allemagne.* Œuv. compl., X, 180.
3. *Ibid.*

Mme de Staël loue Pestalozzi et de Fellemberg d'avoir compris le rôle social de l'art et d'enseigner la musique dans leurs écoles populaires. Dans l'enseignement musical elle comprend aussi les chants, si propres à entretenir des sentiments divers et qui restent parmi nos meilleurs souvenirs d'écoliers ; eux aussi sont un lien de concorde et d'apaisement ; ainsi en Suisse, grâce à de Fellemberg, « on entendra dans la campagne les louanges divines chantées avec des voix simples, mais harmonieuses, qui célébreront à la fois la nature et son auteur [1]. »

La manière dont un peuple comprend et exécute la musique entretient son esprit national ; ainsi les Allemands mettent « de l'esprit dans leurs ouvrages », les Italiens « ne conforment les airs aux paroles que d'une manière générale [2]. »

Mme de Staël n'était pas éloignée de demander aussi des fêtes, auxquelles tout le peuple puisse prendre part et où se renouvellerait son amour de la liberté. La nature, la musique en feraient les frais comme à Interlaken [3].

Attendrir tous les cœurs ensemble, unir dans les mêmes plaisirs les différentes classes, n'est-ce pas faire œuvre d'éducation sociale ? Ces fêtes seraient l'occasion de rappeler les souvenirs du passé, de chanter la liberté, le bonheur de vivre ; elles créeraient entre les compatriotes des sentiments de camaraderie, comme les fêtes scolaires en créent entre les enfants.

L'influence de Talleyrand est sensible dans tout ce

1. Œuv. compl., X, 181.
2. Id., XI, 158.
3. V. Œuv. compl., X, ch. xx.

programme. Lui aussi voulait instruire la nation par le théâtre et la moraliser par des fêtes nationales ; elles lui semblaient, comme à son illustre amie, un excellent moyen de faire régner la fraternité. « Nos fêtes... porteront l'empreinte de cette bienveillance universelle qui embrasse le genre humain... « Elles seront laïques, et rappelleront quelque grand souvenir national, surtout l'avènement de la liberté, le jour où, les armes à la main, la nation entière a juré la sainte alliance de la liberté et de l'obéissance à la loi, et celui du jour mémorable où l'égalité sembla naître tout à coup de la chute de tous les privilèges [1]. »

D'autres révolutionnaires partageaient d'ailleurs les mêmes idées. Lakanal dans son Rapport à la Convention recommandait de ne pas négliger l'étude des belles-lettres moralisatrices. « Ce sont elles qui ouvrent l'esprit au jour de la raison, et le cœur à l'impression du sentiment. Elles substituent la moralité à l'intérêt, elles exercent le jugement, ... etc. » Dans son Rapport à la Plaine, il consacrait aussi, sous l'inspiration de Siéyès, tout un chapitre aux fêtes qu'il multiplie étrangement : fêtes de canton, de district, de département, fêtes nationales, etc... On voit donc combien les idées de Mme de Staël sur ce sujet ont été aussi celles de son temps [2].

---

[1]. V. Rapport à l'Assemblée Constituante, 10, 11, 19 septembre 1791.

[2]. Mme de Staël n'a pas parlé dans son programme d'études du rôle des Universités dans la République. Elle se contente de renvoyer à l'étude de Villers (v. cette étude dans la *Revue internationale de l'enseignement*, 1883), de louer l'indépendance dont jouissent les Universités allemandes et l'universalité des connaissances qu'elles donnent aux étudiants ; mais elle semble craindre qu'elles ne les préparent pas à l'action. V. *Allemagne*, 1re partie, ch. xvii, Œuv. compl., IX.

CHAPITRE XIX

ÉDUCATION DES FEMMES

I. On doit les élever suivant l'esprit de la Constitution, pour qu'elles agissent sur l'opinion — les moraliser — les détourner de la célébrité. — II. La société actuelle est trop sévère pour elles — Mme de Staël ne se préoccupe pas du sort des femmes en dehors du mariage — même idée chez Rousseau — opinion de Mme Necker de Saussure — elle indique un progrès. — III. Résumé.

I

La question de l'éducation des femmes prend une importance nouvelle dans une république. Mme de Staël attire énergiquement l'attention des législateurs et des philosophes sur le sort qui leur est fait, parce que des réformes s'imposent. « Dans l'état actuel, elles (les femmes) ne sont ni dans l'ordre de la nature, ni dans l'ordre de la société [1] ». Si elles se bornent à pratiquer les vertus domestiques, on les opprime comme des esclaves ; si elles attirent l'attention par d'autres mérites, on leur en fait un crime ; elles ne peuvent échapper à ces deux alternatives, et par conséquent au malheur. Depuis la Révolution surtout, constate Mme de Staël, il y a une tendance à rendre les femmes médiocres à tous points de vue. Le pays n'a rien à y gagner.

---

1. Œuv. compl., IV, 463.

Comment devront être dirigées utilement les futures réformes ? Il faudra d'abord « élever les femmes suivant l'esprit de la constitution [1]. » A Sparte, on les accoutumait aux exercices de la guerre ; à Rome, on exigeait d'elles des vertus austères et pacifiques ; sous la monarchie, les distractions mondaines les absorbaient tout entières, et on le tolérait.

Le gouvernement républicain, ayant surtout à cœur de régner par les lumières et le progrès, devra encourager l'instruction des femmes, leur faire un esprit très cultivé, dans l'intérêt général, pour qu'elles puissent agir sur l'opinion ; étant en dehors des intrigues politiques, elles peuvent mieux juger selon la justice et la loi morale [2]. Elles ont eu peut-être trop d'influence sur l'opinion dans l'ancien régime, mais l'abus sera moins à craindre si elles interviennent avec discernement, ce qu'elles feront quand elles seront mieux éclairées. « S'il n'existait plus en France de femmes assez éclairées pour que leur jugement pût compter... l'opinion de la société n'aurait plus aucun pouvoir sur les actions des hommes [3]. »

Les femmes sont aussi plus dangereuses en étant ignorantes et frivoles, qu'en étant un peu ambitieuses et pédantes ; « elles gâtent la société, au lieu de l'embellir ; elles y introduisent une sorte de niaiserie dans les discours et de médisance, de coterie... [4] » Elles se

---

1. Œuv. compl., IV, 468.
2. « Éclairer, instruire, perfectionner les femmes, comme les hommes, les nations comme les individus, c'est encore le meilleur secret pour tous les buts raisonnables, pour toutes les relations sociales et politiques auxquelles on veut assurer un fondement durable. » *De la Littérature*. Œuv. compl., IV, 472.
3. *Ibid.*, p. 470.
4. *Ibid.*, 471.

dégoûtent même de leurs devoirs plus facilement que les autres, ne s'intéressent pas à leur intérieur, « même leurs enfants leur deviendraient moins chers, lorsqu'elles ne seraient plus en état de diriger leur éducation. »

De plus, elles ne savent pas être libres ; « comme les nations sans lumières, elles changent très souvent de maîtres... elles avilissent ceux qu'elles aiment [1]. » Il ne faut donc pas redouter pour les femmes les inconvénients d'une culture étendue. L'intérêt du pays et de la morale le demandent, car l'instruction des femmes doit avoir pour but, non seulement de les éclairer, mais de les moraliser ; d'ailleurs l'instruction est par elle-même moralisatrice : « ou la morale serait une idée fausse, ou il est vrai que plus on s'éclaire, plus on s'y attache [2]. »

De quoi faut-il surtout instruire les femmes ? Mme de Staël n'a donné que les matières du programme : littératures, histoires, langues, science politique, et il est assez vaste pour que les futures républicaines puissent y trouver l'emploi de leurs plus belles facultés, et se préparer à leur rôle en l'apprenant.

II

Il y a toutefois une précaution à prendre en instruisant les femmes ; celle de les prémunir contre le désir d'acquérir de la gloire grâce à leurs talents, parce que ce serait les vouer au malheur. Ici, ce n'est plus l'intérêt

---

1. Œuv. compl., IV, 471.
2. *Ibid.*, 469.

de la société qui est en jeu, mais leur bonheur personnel. La destinée naturelle des femmes n'est pas la célébrité ; si l'une d'elles veut sortir de la voie commune, elle s'expose aux plus cruelles atteintes, de la part des femmes d'abord, qui ne font jamais alliance avec elle pour la soutenir, et la regardent avec une curiosité malveillante ; de la part des hommes ensuite, étonnés de la voir entrer en rivalité avec eux, et qui ne savent la juger « ni avec la générosité d'un adversaire, ni avec l'indulgence d'un protecteur [1]. » Alors elle reste sans défense, elle ne peut pas même répondre aux attaques, parce que ce serait un nouveau moyen de faire parler d'elle, et par conséquent de s'attirer de nouveaux blâmes : « les femmes sentent qu'il y a dans leur nature quelque chose de pur et de délicat bientôt flétri par les regards du public ; l'esprit, les talents, une âme passionnée, peuvent les faire sortir du nuage qui devrait toujours les environner, mais sans cesse elles le regrettent comme leur véritable asile [2]. »

Il est évident que Mme de Staël est inspirée ici par sa propre expérience ; elle veut du moins en faire profiter les autres femmes, et leur épargner des souffrances qu'elle a cruellement ressenties ; et il reste qu'elle pose bien en principe l'injustice de l'ordre social, et qu'elle le voudrait autre dans la République. Les femmes n'y seraient point élevées en vue de la gloire, mais si l'une d'elles devenait célèbre par ses écrits, elle n'aurait pas à redouter le ridicule ou la haine.

Pourquoi même, dans un état libre, ne ferait-on pas servir les femmes à l'avancement des lumières, en les

1. *De la Littérature.* Œuv. compl., IV, 475.
2. *Ibid.*, 477.

instruisant largement ; « peut-être serait-il naturel que dans un tel état, la littérature proprement dite devînt le partage des femmes, et que les hommes se consacrassent uniquement à la haute philosophie [1].

Il faudrait aussi que l'ordre social soit tel que les femmes puissent mettre d'accord leur sort et leurs sentiments, que les jeunes filles, élevées pour aimer, n'aient pas pour unique destinée un mariage de convenance ; que l'opinion ne blâme pas celles qui trouvent le bonheur en dehors des règles conventionnelles [2]. Mme de Staël n'a pas indiqué de moyens immédiats pour changer le mode d'éducation féminine. Les réformes qu'elle demande seraient le résultat d'une œuvre de longue haleine, à laquelle contribueraient le gouvernement, par des lois libérales, les écrivains, en agissant sur l'opinion, les familles surtout, en élevant les femmes selon les idées nouvelles. L'éducation de la jeune fille séparée de sa mère n'a jamais paru possible à Mme de Staël, c'est pourquoi elle n'en a pas parlé [3]. Les personnages de ses romans ne connaissent les monastères, où l'on élevait les femmes du xviiie siècle, que comme maisons de retraites pour les âmes déçues.

Mme de Staël ne s'est pas préoccupée non plus, au sujet des femmes, des questions qui intéressent les sociologues d'aujourd'hui ; elle n'a pas cherché à ré-

---

1. *De la Littérature.* Œuv. compl., IV, 477. — En Angleterre, au début de ce siècle, la littérature proprement dite était cultivée presque exclusivement par les clergymen et les femmes.

2. Idée développée dans *Delphine* et *Corinne* où Mme de Staël oppose la loi morale aux lois sociales.

3. Nous avons rappelé cette idée à propos de l'éducation de la duchesse de Broglie.

soudre le problème de leur destinée en dehors du mariage, fidèle en cela à son maître Rousseau. Toutefois leur accord n'est qu'apparent ; Rousseau n'a que des vues intéressées en réclamant l'affranchissement de la femme [1], tandis que Mme de Staël croit sincèrement travailler à son indépendance. C'est peut-être Condorcet qui partageait le mieux ses vues sur cette grave question ; il avait demandé à l'Assemblée constituante d'instruire les femmes, « pour qu'elles servent au progrès des lettres [2] », soit en faisant des observations critiques, soit en composant des livres élémentaires, et aussi afin de les rendre plus aptes à leur rôle de mères et d'épouses. « Quelle autorité pourrait avoir la tendresse maternelle, si l'ignorance dévouait les mères à devenir pour leurs enfants un objet de ridicule ou de mépris [3] ? »

Avec une connaissance plus approfondie des besoins de son sexe, Mme Necker de Saussure devait, quelques années plus tard [4], compléter la pensée de sa cousine. Elle demandera que l'on se préoccupe de la destination des femmes en dehors du mariage, et que toute leur éducation ne se borne pas à ce point de vue unique, sous peine de former des êtres moralement incomplets. « Il y a bien des dons étrangers à l'état d'épouse dans la femme [5] » ; ce sont ceux-là que l'on ne cultive pas assez. La femme a le droit d'être élevée pour elle-même, parce que sa véritable destinée, comme celle de l'homme,

---

1. « Si elles se conduisent mal, ce sont nos institutions qui en sont cause, et la société est trop sévère pour celles qui suivent la loi naturelle. » Rousseau. Œuv. compl., t. IV, p. 14.
2. Voir le rapport de Condorcet, o.c.
3. Ibid.
4. 1828.
5. *Education progressive*, II, 264.

est le perfectionnement. La femme trouve très bien à exercer ses sentiments et son intelligence en dehors du mariage ; « il importe donc que l'éducation développe chez la jeune fille des facultés qui lui donneront la perspective la plus assurée de sagesse, de bonheur, d'utilité, de dignité, quel que soit son sort [1]. »

Madame Necker de Saussure dénonce avec indignation l'égoïsme du plan de Rousseau et de ceux qui pensent comme lui [2], réduire les devoirs des femmes à plaire aux hommes, c'est restreindre singulièrement leur vocation, et en faire des êtres malheureux, parce qu'elles croiront leur existence manquée et inutile si elles ne trouvent pas à se marier ; et Mme Necker de Saussure prophétise que le nombre des célibataires ira en augmentant, à cause des crises économiques, et qu'il est plus nécessaire que jamais d'ouvrir aux jeunes filles de nouvelles perspectives : « la moitié du genre humain n'est pas mariée, ou ne l'est plus... dans la classe indigente les femmes se suffisent par elles-mêmes en majorité ; il faut donc se persuader que le mariage est pour la femme l'état naturel, et non nécessaire [3]. »

C'est la première fois peut-être que le problème de la destinée des femmes a été exposé avec tant de largeur de vue. Mme Necker de Saussure ne s'est pas contentée de la théorie, on ne peut que renvoyer le

---

1. *Education progressive*, II, 257.
2. « Si l'on veut voir l'égoïsme de l'homme dans tout son jour, dit-elle, écoutons Rousseau : toute l'éducation des femmes doit être relative aux hommes ; leur plaire, leur être utile, se faire aimer et honorer d'eux ; les élever jeunes, les soigner grands, les conseiller, leur rendre la vie agréable et douce, voilà les devoirs des femmes dans tous les temps, et ce qu'on doit leur apprendre dès l'enfance. »
3. *Education progressive*, I, 256.

lecteur aux excellents conseils qu'elle donne aux femmes pour tirer le meilleur parti d'elles-mêmes dans toutes les situations ; il sentira que la question de l'éducation féminine a été résolue dans le sens du progrès, depuis les revendications de Mme de Staël.

III

Il ne semble pas, d'après ce qui précède, que le titre de pédagogue puisse être contesté à Mme de Staël.

Tout en connaissant les systèmes de son temps, elle a su rester originale en élevant ses enfants, s'inspirer d'abord d'elle-même en servant de son mieux leurs intérêts. Elle a été utilitaire, comme le voulaient l'époque troublée qu'elle traversait et sa situation de veuve. Elle voulait que ses fils fissent honneur à leur nom, et que sa fille fût « un ornement de son sexe », comme l'a appelée Mme Necker de Saussure.

En même temps, elle a imprégné l'éducation de ses enfants de l'esprit rationaliste qu'elle unissait à une vibrante sensibilité. Elle a, dans leur vie, plus que dans la sienne, fait une place prépondérante à la raison. Elle les a rendus plus religieux que ne le voulaient Rousseau, Mme d'Epinay, Condorcet, Talleyrand... à cause de l'influence de M^{r} et de Mme Necker, mais elle a, comme ses contemporains, remplacé le principe d'autorité par celui de libre examen, en abandonnant les dogmes.

Malgré des différences sensibles, ce que l'on retrouve dans sa pédagogie intellectuelle, comme dans celle de *l'Allemagne*, c'est qu'il faut exercer par l'usage, et en graduant les difficultés, l'esprit de l'enfant, qu'il faut réduire le plus possible le rôle du maître à être un évocateur, un guide de l'intuition, songer d'abord à provoquer l'activité, à encourager l'initiative. Elle a suivi les réformateurs français, et plus encore les Basedow, Camp, Salzmann, Pestalozzi, etc... parce qu'elle était de leur temps, et qu'à son insu, un même esprit la dirigeait, l'esprit de vérité qui va au fond des choses pour se rapprocher de la nature, sans souci des traditions.

Quant à sa pédagogie sociale, elle n'est que l'extension de sa pédagogie individuelle. Tout ce qui entrave la liberté de l'individu ne lui paraît pas compatible avec les principes d'une éducation républicaine : le citoyen doit être libre d'enseigner sous le contrôle de l'État, de s'instruire largement, d'avoir sa religion, ses biens; les femmes ne doivent pas être esclaves des coutumes et de l'opinion.

Mme de Staël a cru sincèrement que « l'avènement de la démocratie, la souveraineté du peuple et la liberté de conscience, n'étaient pas des faits incompatibles avec une société vraiment organisée [1] », et que l'État devait organiser cette société en s'appuyant sur la morale, seul terrain d'entente universelle ; pour elle, plus encore que pour certains penseurs de nos jours, la question sociale a été une question morale.

Sans entrer dans les détails d'un programme d'enseignement ou de règlements d'écoles, elle a voulu convaincre les gouvernements qu'ils ont sur les peuples le même pouvoir que l'instituteur sur les enfants

---

[1]. Delvaille, *La vie sociale et l'éducation*, p. 48.

qu'on lui confie, et le même devoir que lui de prendre soin de leur formation morale. Ils n'ont pas le droit de s'en désintéresser, parce que les institutions sont toutes-puissantes dans un pays. Quand ils n'agissent pas directement par la création d'écoles, ils doivent s'assurer par une surveillance active que leur œuvre n'est pas entravée.

Mais l'État ne doit-il voir dans l'enfant qu'un citoyen à former, et sacrifier à l'intérêt de la nation celui de l'individu ; c'était la conception de quelques révolutionnaires trop ardents, ce n'est pas celle de Mme de Staël. Elle est un des représentants de la tradition individualiste du xviiie siècle, elle voit dans l'État un moralisateur, et aurait dit volontiers comme Kant qu'il doit seulement « monter la garde autour des droits de l'individu [1] ».

En résumé, on pourrait extraire des ouvrages de Mme de Staël, un petit manuel de pédagogie gouvernementale se ramenant à quelques principes très clairs et très élevés : supériorité de l'ordre moral sur toute organisation politique — nécessité d'organiser la société selon les principes de cet ordre moral, pour répondre à un idéal nouveau —, nécessité d'une éducation développant dans l'individu l'initiative intellectuelle et le sentiment de sa liberté.

---

[1]. *Doctrine du droit*, 2e partie, trad. Barni, p. 188.

CONCLUSION

En quittant Mme de Staël, notre impression générale, ainsi que le dit M. Faguet [1], ne prend pas la forme d'un système.

Elle apparaît surtout comme un esprit très sincère s'attachant successivement à ce qu'il croit la vérité.

Un maître, Rousseau, s'empare d'elle au début de sa vie et lui fait trouver dans la croyance absolue au sentiment une direction intellectuelle et morale. Elle laisse de côté toute métaphysique qui prétend, comme celle des philosophes encyclopédistes, expliquer l'homme et l'univers par la connaissance rationnelle et scientifique, et s'abandonne à la recherche du bonheur, qui est en même temps celle de la vérité et de la vertu. Ne nous inquiétons pas de l'inconnaissable, des problèmes insolubles sur lesquels discutent les philosophes, suivons la nature ; la loi morale est fondée sur ses droits, et en particulier sur le droit au bonheur, et le bonheur se trouve dans le don de nous-mêmes par l'amour. Ne blâmons pas ceux qui, ne pouvant atteindre leur destinée, échappent par la mort volontaire à une vie de tourments. Telle est, dans

---

1. *Politiques et moralistes du XIXe siècle*, p. 183.

son ensemble, la première étape de la doctrine philosophique de Mme de Staël, c'est une variante de celle de Rousseau.

La seconde étape apporte d'abord peu de changements aux idées précédentes, avec le livre *de l'Influence des Passions, de la Littérature* et *Delphine*. On retrouve chez Mme de Staël le même souci de délaisser « l'ancienne métaphysique », cause des excès révolutionnaires, une tentative, inspirée par des idéologues, pour en constituer une nouvelle fondée sur l'expérience, la même confiance dans le sentiment source de bonheur et de vérité. La loi morale est indépendante de la religion, de la politique, des constructions de la raison ; mais, à cause des déceptions de sa vie, Mme de Stael conclut à une opposition entre la loi naturelle et la loi sociale, elle conseille de se contenter du minimum de bonheur que peuvent donner les divertissements, ou d'endurer tous les tourments de Delphine.

La révélation de l'Allemagne, la mort de son père, amènent une troisième étape dans les idées de Mme de Staël. Elle trouve dans le kantisme l'explication du problème de la connaissance qu'elle avait souhaitée, la confiance au sentiment confirmée par les déductions de la raison, mais en morale l'Impératif catégorique lui semble insuffisant ; elle place dans la religion le fondement de la loi morale, et trouve, dans une sorte de mysticisme raisonnable, l'apaisement qu'elle avait cherché.

Ces idées ne trouvent guère leur application dans la pédagogie de Mme de Staël. Elle s'inspire avant tout pour élever ses enfants du discernement maternel, guidé par l'expérience ; son programme d'études net, pratique et très motivé, témoigne d'une incontestable compétence pédagogique. Et comme ses vues dépassent toujours l'intérêt individuel, Mme de Staël s'inquiète de la manière dont les gouvernements doivent élever les peuples, et présente sous forme de pédagogie sociale la plupart de ses conseils politiques. Il faut la placer parmi les sociologues qui ont tenté de renouveler l'esprit public selon les idées de la Révolution.

C'est donc plutôt, en définitive, une succession de doctrines et une ascension d'âme que nous avons trouvées dans les œuvres de Mme de Staël. Elle n'est pas philosophe s'il faut, pour l'être, professer une doctrine dont toutes les parties fortement liées constituent un ensemble cohérent ; mais, à ce prix, Locke ou Berkeley, Jacobi ou Nietzsche le seraient-ils ?

Elle l'est, par les habitudes de son esprit ; elle recherche les causes, remonte jusqu'à elles avant de proposer, par exemple, une solution pour quelque question sociale ; par son esprit de synthèse qui généralise les idées, juge de haut et d'ensemble, rapproche les opinions contraires pour essayer de les concilier ; par les résultats auxquels elle est parvenue, sans doute elle n'est pas arrivée à une doctrine très coordonnée, nous avons relevé dans l'histoire de ses idées des contradictions, qu'expliquent les circonstances de sa vie privée.

Il y a des emprunts dans ses doctrines, et cependant ses multiples acquisitions ne l'empêchent pas d'être originale. Jamais elle n'adopte complètement les idées d'un auteur, pas même de ceux dont elle est le plus éprise, pas même de Necker. Elle ne s'inspire de Rousseau qu'avec d'immenses réserves, n'adopte ni l'idéal de bonheur qu'il propose aux femmes, ni le plan d'éducation de *l'Emile*, ni les vues politiques du *Contrat social*. Elle peut bien partager les opinions de ses amis, Talleyrand, Constant, de Gérando, Villers, Schlegel ; jamais sa raison ne subit le joug aussi entièrement que son cœur.

Nous la trouvons elle-même jusque dans ses incursions sur les philosophies française, anglaise et allemande ; avec une merveilleuse souplesse, elle se retrouve dans le dédale obscur de la métaphysique pour se faire des croyances et une morale ; elle a utilisé, en les développant, les théories des maîtres, et cela suffit sans doute pour qu'elle ait été philosophe.

Et de plus, si cette philosophie n'est point un système théorique, n'est-elle pas formée en partie des étapes vécues d'une philosophie du bonheur ? leur lien et leur originalité consistent à trouver ce bonheur dans des formes successives de l'oubli de soi, depuis l'amour passionné qui sacrifie l'individu à l'objet aimé, jusqu'à la résignation qui accepte même la souffrance, pour s'unir aux lois générales de l'humanité et aux vues du Créateur ; aussi, si l'on voulait caractériser la doctrine de Mme de Staël d'une façon extérieure et toute scolastique, on pourrait sans doute l'appeler un éclectisme, mais ce qui est bien plus intéressant, c'est d'atteindre le principe de cet éclectisme. Or, une philosophie qui, tout en étant conciliatrice, s'inspire d'abord de l'oubli de soi, et s'efforce sous cette loi suprême de conduire au bonheur l'homme ou la société, ne mérite-t-elle pas le nom d'idéalisme pratique ou, si l'on peut sans anachronisme lui appliquer cette dénomination, de pragmatisme ou d'humanisme.

Vu :

Lyon, le 8 avril 1910.
Le doyen de la Faculté des Lettres
de l'Université de Lyon,
L. CLÉDAT.

Vu et permis d'imprimer :

Le Recteur,
Président du Conseil de l'Université,
JOUBIN.

INDEX ALPHABÉTIQUE

DES PRINCIPAUX NOMS PROPRES

A

Ancillon, 34, 44, 62 n. 1, 68, 69, 70 n. 1, 131, 138.
Achille, 53.
Aubermesnil, 263 n. 1.
Agar, 221.
Almanach des Muses, 187.
Arndt, 62.
Armide, 53.
Apollon, 192.
Atheneum, 187.
Alexandre (empereur), 134.

B

Bacon, 38, 40, 70 n. 2.
Baudus, 17 n. 1.
Baldensperger, 25 n. 2.
Bardili, 24 n. 2.
Basedow, 181 n. 1, 180, 198, 239 n. 1, 288.
Barante (Prosper de), 220.
Bentham, 82.
Berkeley, 293.
Bernhardi (Sophie), 189.
Bernard (Mlle), 157.
Bernardin de Saint-Pierre, 3, 57, 151, 182.
Blennerhasset (lady), 69, 92, 109, 119, 136 n. 4, 156, 212, 219.
Bonaparte, 265.
Broglie (duc de), 136 n. 2, 212, 221, 230.
Broglie (duchesse de), 153, 165, 180, 196, 211, 214 n. 1, 217, 222.
Bonnet (Charles), 253.
Bœttiger, 33 n. 3.
Boehm (Jacob), 139 n. 1.
Boufflers (Mme de), 16 n. 2.
Bonstetten, 46 n. 1, 133, 137, 191.
Buffon, 2, 76 n. 4.
Byron, 94.

C

Cabanis, 19 n. 1, 30, 237 n. 1.
Camp, 189, 288.
Calderon, 187.
Catherine II, 151.
Chênedollé, 16, 26.
Champcenetz, 93 n. 2.
Chateaubriand, 94.
Charles-Auguste, 113, 189.
Chazet (de), 157.
Constant (Benjamin), 16, 17 n. 26, 44, 47 n. 1, 80 n. 3, 112, 121 n. 3, 132, 137, 140 n. 1, 165, 191, 197 n. 1, 212 n. 2, 214 n. 1, 216, 218 n. 4, 219, 262, 264 n. 2, 265, 294.
Condillac, 2, 16, 23, 28, 31, 67, 71.
Condorcet, 21, 23, 151, 169 n. 1, 177, 231, 238, 239, 242, 251, 285, 287.
Coppet, 136, 137, 190, 191, 211,

220 n. 4, 222, 223, 224, 225, 230.
Comte (Auguste), 101.
Compayré, 222 n. 1, 224 n. 2.
Custine, 190 n. 1.
Cellerier, 211.
César, 201.
Chamisso, 270.
Chemin, 263.
Churchod, 211.

D

Dalembert, 2, 76 n. 2, 152.
Décade philosophique, 24 n. 1.
Descartes, 40, 41, 70 n. 2, 195, 258.
Destutt de Tracy, 19 n. 1, 28 n. 1, 60.
Deffand (Mme du), 2, 76 n. 2, 79 n. 2.
Divonne (baron de), 132.
Diderot, 2, 22, 76 n. 2, 161, 169 n. 1, 195.
Diogène, 6.
Disterweg, 189.
Duclos, 152.
Dupanloup, 204.
Durkheim, 20 n. 2.
Dugaldt-Stewart, 39 n. 2, 40.
Dumarsais, 182.
Dumesnil (Georges), 271 n. 1.

E

Eichhorn, 24 n. 2.
Engel, 127 n. 1.
Empaytaz, 132 n. 2.
Epinay (Mme d'), 150, 152, 157, 167, 287.
Ezéchiel, 137.

F

Faguet, 69, 291.
Fénelon, 131, 142, 199, 204.
Fellemberg (de), 229, 230, 253, 255, 256, 278.
Fichte, 26 n. 1, 32, 33, 37 n. 4, 45, 46, 61, 62, 73, 189, 231, 239 n. 1, 240, 241, 254.
Fielding, 273.
Fontaine (pasteur), 132.
Francke, 188.
Frédéric II, 34 n. 2, 188.
Frénilly (baron de), 157.
Frœbel, 189.
Foster, 190 n. 1.
Ferrand (Mlle), 2 n. 1.

G

Gautier (Paul), 136 n. 2, 152 n. 4.
Galiani, 3.
Garve, 127 n. 1.
Genlis (Mme de), 150, 152, 169, 177, 190, 212, 221.
Geoffrin (Mme), 79 n. 2.
Gérando (de), 16, 17, 19 n. 22, 26, 29, 30, 31, 33, 34 n. 35, 44, 60, 64 n. 1, 67, 71, 103, 104, 119 n. 1. 122 n. 1, 134, 140, 141, 186, 209 n. 5, 294.
Gerlach (de), 185.
Girard (père), 230.
Gibbon, 76 n. 2.
Guibert, 221, 78 n. 1.
Gœthe, 32, 59, 94, 113, 114 n. 1, 119, 186, 187.
Guyon (Mme), 132 n. 2, 136.
Grimm, 3.

H

Haussonville (comte d'), 155.
Haydn, 55, 180.
Haüy (Valentin), 263 n. 1.
Hegel, 69, 189.
Hecker, 188.
Herder, 189, 254 n. 1.
Herbart, 189.
Henri de Prusse, 34 n.
Helvétius, 100 n. 3, 101, 104, 195.
Hobbes, 38.
Hohenstauffen, 87 n. 2.
Holbach (baron d'), 2.

Houdetot (Mme d'), 3.
Hume, 103.
Humboldt, 16, 26, 187.

I

Inchbald, 195 n. 2.
Interlaken, 275, 134 n. 2, 278.
Ismaël, 221.

J

Jacobi, 24 n. 1, 32, 33, 37 n. 1, 45, 47, 48, 113, 123, 125 n. 3, 126, 127, 129, 144, 293.
Jordan (Camille), 16, 31 n. 2, 143 n. 4, 212.
Joret 33 n. 2.

K

Kant, 16, 17, 24, 25, 26, 27, 28, 29, 30, 32, 33, 34, 35, 41, 42, 43, 44, 45, 46, 47 n. 1, 48, 49, 52, 56, 57, 59, 60, 61, 62, 63, 64, 65, 66, 67, 68, 69, 70 n. 1, 71, 74, 100 n. 1, 113, 117, 123, 124, 125, 126, 127, 128, 129, 189, 239, 240, 289.
Kmorring, 189 n. 1
Kœnigsberg, 125.
Kœner, 62.
Koster, 186.
Krüdener (Mme de), 117, 131, 132, 133, 134, 136, 137, 139, 140 n. 1, 143, 186.

L

Lakanal, 270.
La Chalotais, 169 n. 1, 250.
La Boëtie, 119.
Lacretelle, 132 n. 4.
Lamartine, 94, 121, 221.
Langalleric, 121 n. 3, 132.
La Réveillère-Lepaux, 263 n. 1.
Legendre, 93 n. 2.
Léon X (pape), 135.

Lanthenas, 239.
Lespinasse (Mlle de), 2, 79 n. 2, 80 n. 1.
Locke, 11, 17, 21, 23, 27, 28, 29, 31, 38, 39 n. 1, 41, 71, 293.
Luxembourg (la maréchale de), 3, 76 n. 2.
Levy-Bruhl, 20 n. 47 n. 4.
Louvet, 93 n. 2.
Leibnitz, 41.
Louis-Philippe, 237 n. 2.
Louis XVI, 270 n. 2.
Luther, 57 n. 1, 135 n. 1, 144.
Lepelletier, 239, 241 n. 2.
Lezay, 16, 26.
Lycurgue, 244 n. 1.

M

Mandar, 263 n. 1.
Maistre (abbé de), 113.
Marmontel, 152.
Meister, 4, 35, 151, 167, 179, 185, 186, 218, 221 n. 3.
Mendelssohn, 127 n. 1.
Michelis (Caroline), 189, 190 n. 1.
Milton, 53, 173.
Mirabeau, 151, 231, 237, 247, 252.
Moïse, 244 n. 1.
Molière, 222, 277.
Mozart, 180,
Moultou, 4, 76 n. 4.
Montesquieu, 20 n. 3, 28 n. 3, 258 n. 4, 266.
Michelet, 64.
Martin Saint-Léon, 137, 139 n. 1.
Moraves (les frères), 139.
Monti, 110 n. 4, 208 n, 4.
Montaigne, 169, 182.
Montmorency (Mathieu de), 93 n.1, 111 n. 4, 114, 128 n. 1, 132, 137, 143, 205 n. 1, 208.
Müller, 188.
Musset, 94.
Moulinié, 132.

N

Naigeon, 2.
Narbonne, 80 n. 2, 93 n. 1.
Napoléon, 165, 177, 248, 258 n. 4, 259, 261, 270 n. 2.
Necker (M^r), 3 n. 77, 86, 110 n. 4. 112, 121, 132 n. 4, 156 n. 3, 157, 163, 164, 165, 180, 183, 206, 210, 211, 282, 287, 283.
Necker (Mme), 12, 73, 76, 77, 79, 149, 152, 154, 155, 157, 158, 159, 212, 287.
Necker de Saussure (Mme), 75, 76 n. 1, 83, 89 n. 2, 93 n. 1 111 n. 4, 128 n. 1, 149, 150, 152, 153, 158, 164, 166, 167, 169, 170, 173, 194, 197, 200, 202, 208, 212, 220 n. 4, 221, 280, 285, 286, 287.
Nisard, 270 n. 2.
Nietzsche, 248, 293.
Nils von Rosenstein, 163 n. 2.
Niemeyer, 189.
Novalis, 54.

O

Oehlenschlaeger, 134, 191.

P

Paul (saint), 132.
Pascal, 37, 87, 96 n. 1, 104, 120, 146, 169.
Pope, 274.
Pestalozzi, 150, 152, 166, 168, 184 n. 3, 175, 181 n. 1, 183, 189, 194, 210, 214, 216, 222, 223, 224, 225, 226, 227, 228, 229, 230 239 n. 1, 241, 253, 254, 256, 278, 288.
Platner, 26 n. 1.
Protagore, 6.
Pyrrhon, 6.
Pougens, 17 n. 2.

R

Ramsay (chevalier de), 142 n. 3.
Raynal, 2.
Reid, 39 n. 40.
Renaud, 53.
Rennecamp (baron de), 222.
Récamier (Mme), 137, 191 219, 220.
Reinhold, 24 n. 2.
Reuterholm, 131.
Ribbing (de), 93 n. 1.
Rillet Hubert (Mme), 207, 209, 221 n. 3.
Rivarol, 93 n. 2.
Richardson, 273.
Rocca, 119 n. 1, 147 n. 2.
Rœderer, 95, 164 n. 2.
Rossi (comte de), 113.
Romme, 239, 241 n. 2, 250.
Roquevillard, 119.
Robespierre, 241 n. 2.
Rousseau (J.-J.), 1, 2, 3, 4, 5, 6, 9, 10, 11, 12, 13, 15, 18, 19, 22, 28 n. 3, 35, 37, 47 n. 2, 64, 65, 68, 68, 73, 76, 78, 79, 80, 83, 84, 85, 86, 92, 98, 102, 103, 109, 128, 130, 145, 149, 150, 152, 154, 155, 160, 161, 162, 166, 167, 174 n. 3, 181 n. 1, 182, 196, 199, 216, 226, 228, 229, 231, 236, 239, 243, 244, 245, 250, 253, 258 n. 4, 259, 264, 265, 270, 271, 274, 280, 285, 286, 287, 291, 292, 294.
Rochow, 188.

S

Salzman, 189, 288.
Schlegel, 33, 44, 45, 46 n. 1, 80 n. 3, 136, 137 n. 1, 185, 186, 187, 188, 189, 190, 191, 192, 193, 195 n. 2, 197 n. 1, 207, 208, 209, 216, 217, 219, 294.
Schiller, 32, 113, 187, 188, 190.
Schelling, 26 n. 33, 44 n. 45, 46, 47 n. 1, 69, 189,
Schardt (Sophie de), 136.

Sécheron, 132.
Shaftesbury, 103.
Schubert, 54,
Schleirmacher, 188.
Shakespeare, 187.
Siéyès, 279.
Sismondi, 136, 191.
Smith, 39 n. 2, 40, 103.
Sorel (Albert), 75, 267.
Spencer, 248.
Stein (baron de), 34.
Staël (baron de), 87 n. 4, 131, 163.
Staël (Auguste de), 133 n. 3, 165, 166, 179, 180, 182 n. 3. 183, 192, 193, 202, 203, 204, 213, 214 n. 1, 256.
Staël (Albert de), 194, 204, 206, 207, 208, 209, 213, 234, 269.
Staël (Albertine de), 165, 216, 217, 218 n. 4, 219, 221.
Sainte-Beuve, 76, 77 n. 1, 94, 108.
Stolberg, 139.
Sulzer, 127 n. 1.
Suède (roi de), 163.
Spectateur du Nord, 17 n. 2.
Spinoza, 48 n.
Schérer, 154.
Souza de, 112, 120, 122 n. 3.

T

Tacite, 156 n. 4.
Talleyrand, 80 n. 3, 93 n. 1, 151, 165, 216, 231, 237, 258, 252, 255, 278, 287, 294.
Tronchin, 157.
Tieck, 187.
Tettenborn, 207.

V

Villers (Charles de), 16, 17, 23, 24, 25, 26, 27, 28, 29, 30, 32, 34, 39, 40, 44, 64, 67, 68, 71, 108 n. 3, 127, 176, 179, 185, 186, 279 n. 2, 294.
Voltaire, 1, 2, 3, 28 n. 3, 40, 94, 194, 276.
Volland (Mlle), 2, n. 2.
Vogt (baron de), 132.
Vinet, 154.
Voss, 270.

W

Wanceros, 192 n. 3.
Weimar, 32, 71.
Werther, 52 n. 87, 94, 274.
Wittmer, 25 n. 2, 29 n. 2.
Werner (Zacharias), 116, 131, 132, 134, 135, 136.
Wieland, 32, 136.
Windenberger, 160 n. 3.

Y

Yverdon, 215, 216, 222, 224 n. 2, 225, 227, 230.

LISTE ALPHABÉTIQUE DES OUVRAGES CITÉS

Année Littéraire, 1756. Réfutation de Rousseau par Fréron.
Ancillon, *Mélanges de Littérature et de Philosophie*, 2 vol. Paris, 1809.
Le titre exact est : *Mélanges de littérature et de philosophie*, contenant des essais sur l'idée et le sentiment de l'infini ; sur les grands caractères ; sur le naïf et le simple ; sur la nature de la poésie et la différence de la poésie ancienne et moderne ; sur le caractère de l'Histoire et sur Tacite ; sur le scepticisme ; sur le premier problème de la philosophie ; sur les derniers systèmes de métaphysique en Allemagne.
Baldensperger, *Gœthe en France*. Paris, 1904.
— *Revue critique d'histoire et de littérature*, 3 décembre 1908, art. L. Wittmer, *Ch. de Villers.*
Bernardin de Saint-Pierre, *Études de la nature*, éd. Aimé Martin, 1784, t. I.
Baumeister, *Handbuch der Erziehungs und Unterrichtslehere fur höhere Schulen*. Munchen, 1895.
Beaudoin, *Vie de J.-J. Rousseau*, 2 vol. Paris, 1891.
Blennerhasset (lady), *Mme de Staël et son temps*, 3 vol., trad. A. Dietrich. Paris, 1890.
Boutroux (Emile), *Science et Religion*. Paris, 1908.
— *Études d'histoire de la philosophie*. Paris, 1897.
Bonstetten, *Lettres à Friderike Brun*, 2 vol. 1873.
Bourget (Paul), *Études et Portraits*, t. II. Paris, 1905-1906.
Bordeaux (Henri), *Les Roquevillard*. Paris, 1903.
Broglie (le duc de), *Souvenirs*, 4 vol., 1785-1870, édit. 1886.
Broglie (duchesse de), *Lettres* publiées par Calman Lévy. Paris, 1902.
— Notice sur A. de Staël, en tête de l'édition de ses œuvres complètes.
Bousquet (Gabriel), *Essai sur la politique de Mme de Staël* (brochure), Aix, 1903.
Brunetière, *Manuel de la Littérature française*.
Cabanis, *Rapports du physique et du moral de l'homme*, 2 vol. Paris, 1805.

Chuquet, *Souvenirs du baron de Frénilly*. Paris, 1908.
— *J.-J. Rousseau* (collect. des grands écrivains). Paris, 1906.
Condorcet, *Rapport et projet de décret sur l'instruction publique*, édit. Compayré.
Condorcet, *Œuvres complètes*, publiées par A. Condorcet, O'Connor, F. Arago. 12 vol., t. I.
Constant (Benjamin), *Journal intime*, publié par Melegari.
— *De la Religion considérée dans sa source, ses formes et son développement*, 5 vol. Paris, 1826.
Compayré, *Histoire des doctrines de l'éducation en France*, 2 vol.
— *Pestalozzi et l'éducation élémentaire* (brochure).
Gérando (de), *Histoire comparée des systèmes de philosophie*. 3 vol., 1804.
— *Mémoire sur la génération des connaissances humaines*, présenté à l'Académie de Berlin. 1802.
— *Lettres inédites de M*^{me}* de Staël et de M*^{me}* Récamier*.
Destutt de Tracy, Discours sur la philosophie de Kant, prononcé aux séances des 7 et 30 floréal, an X.
Delvaille, *La vie sociale et l'éducation*. Paris, 1907.
Dictionnaire de pédagogie, art. Fichte, Schlegel.....
Diderot, *Œuvres complètes*. Londres, 1772, t. III.
— Supplément au voyage de Bougainville.
Dupanloup, *Traité d'éducation*, 2 vol.
Dumesnil (Georges), *La pédagogie révolutionnaire*. Paris, 1883.
— *L'âme et l'Évolution de la Littérature*, 2 vol. Paris, 1903.
Dumoulin (Maurice), Oswald et Corinne, Mme de Staël et M. de Souza, (*Revue Hebdomadaire*, 9 octobre 1909).
Duproix, *Kant et Fichte et le problème de l'éducation*. Paris, 1897.
Dumarsais, *Exposition d'une méthode raisonnée pour apprendre la langue latine*, 1 vol. 1797.
Düntzen, *Zwei Bekerhte, Zacharias Werner et Sophie de Schardt*, 1 vol. Leipzig, 1873.
Fichte, *Sämmtliche Werke*, 8 vol. Berlin, 1845.
Fritzche, *Die pädagogisch — didaktischen Theorien Charles Bonnets*. Langensalza, 1905.
Faguet (Emile), *Politiques et moralistes du XIX*^{e} *siècle*, 1re série.
Fénelon, *Œuvres complètes*, édit. Hachette.
Fontaine (Léon), *Le théâtre et la philosophie au XVIII*^{e} *siècle*. Paris, 1878.
Eynard, *Vie de M*^{me}* de Krüdener*, 2 vol.
Epinay (Mme d'), *Mémoires et correspondances*, 3 vol. 1818.
Gautier (Paul), *Madame de Staël et Napoléon*. Paris, 1903.
— *Mathieu de Montmorency et M*^{me}* de Staël*. Paris, 1909.
— *Revue des Deux Mondes*, 15 mars 1906, art. C. de Villers.
Gribble, *Madame de Staël and her Lovers*. London, 1907.

Geffroy, *Gustave III et la cour de France*, 2 vol.
Genlis (Mme de), *Mémoires*.
— *Adèle et Théodore*.
Grimm, *Correspondance Littéraire*.
Gaultier, *Le sens de l'art* ; préface par E. Boutroux. Paris, 1907.
Goncourt, *Portraits du XVIIIe siècle*.
Guyau, *La morale anglaise contemporaine*. Paris, 1895.
Haussonville (d'), *Le salon de Mme Necker*, 2 vol.
Hoffding, *Rousseau und seine philosophie*.
Hermenjat, *Werther et ses frères*. Lausanne, 1892.
Herriot, *Mme Récamier et ses amis*, 2 vol. Paris, 1904.
Isler, *Briefe an Charles de Villers*.
Janet (Paul), *Fénelon* (Collection des grands écrivains français).
Jacobi, *Sämmtliche Werke*, 6 vol. Leipzich, 1819-1820.
Joret (Ch.), Mme de Staël et Berlin (*Revue d'histoire littéraire de la France*, 1902).
Kant, *Critique de la Raison pure*, trad. Barni.
— *Critique de la Raison pratique*, trad. Picavet.
— *Traité pédagogique*, trad. Barni.
— *Doctrine du droit*, trad. Barni.
Key Ellen, *De l'amour dans le mariage*, préface de G. Monod. Paris, 1908.
Lacretelle, *Testament philosophique et littéraire*.
Lanson, *Manuel de la Littérature française*.
Lenormant (Mme), *Mme de Staël et la grande duchesse Louise*.
— *Coppet et Weimar*.
La Chalotais, *Essais d'éducation nationale*, 1763 (brochure).
Lesage, *Gil Blas*.
Leslie (Stephen), *The Utilitarians*.
Levy-Bruhl, *La philosophie de Jacobi*. Paris, 1894.
— *L'Allemagne depuis Leibnitz*, 1890.
Lyon (G.), *Enseignement et Religion*. Paris, 1907.
Maistre (Joseph de), *Mémoires et Correspondances*, 1 vol.
Michaud, *Biographie Universelle*, 45 vol. 1812-1865.
Mirabeau, *Discours et opinions*, 3 vol. 1790.
Montmorand (de), *Les états mystiques* (*Revue de philosophie*, 1905).
Mercure de France, octobre 1755. Réfutation de Rousseau, par Ch. Bonnet.
Montesquieu, *Les Lettres persanes*.
— *L'Esprit des lois*.
Morf, *Zur Biographie Pestalozzi's*, 3 vol.
Necker, *De l'importance des opinions religieuses*, 2 vol. 1788.
Necker de Saussure (Mme), *Education progressive*, 2 vol. 1828.
— Notice sur Mme de Staël, en tête de l'édition de ses *Œuvres complètes*, publiées par A. de Staël.
Nourrisson, *J.-J. Rousseau et le Rousseanisme*. Paris, 1903.

Nisard, *Histoire de la Littérature française*, 4 vol.
Nolde (E. de), *M*^{me} *de Staël and B. Constant*. London. 1907.
Nolen, Les maîtres de Kant (*Revue philosophique*, 1889).
Ollion (Henri), *La philosophie générale de John Locke*. Paris, 1908.
Pascal, *Pensées*, édit. Brunschwig.
Pestalozzi, *Sämmtliche Werke*, 9 vol., édit. Müller, 1873.
Picavet, *Les Idéologues*. Paris, 1891.
Pinloche, *Pestalozzi*. Paris, 1902.
Poincaré (Lucien), *La physique moderne et son évolution*. Paris, 1906.
Parmentier, *Histoire de la pédagogie anglaise*. Paris, 1901.
Revue Bleue. Mai et juin 1905. Lettres de Mme de Staël à Nils von Rosenstein publiées par L. Maury.
Revue internationale de l'Enseignement, 1883, art. sur les Universités allemandes.
Revue internationale de l'Enseignement, 1895-96, art. Espinasse sur le système de Rousseau.
Revue Rétrospective. Série III, 1834.
Regnault de Warins, *L'esprit de M*^{me} *la baronne de Staël-Holstein*, 2 vol. Paris, 1818.
Revue d'histoire littéraire de la France, Janvier-mars 1910. Billion : Mme de Staël et le mysticisme.
Rodet, *Les idées politiques de Rousseau et le contrat social*; préface d'E. Faguet. Paris, 1909.
Rouge (Frédéric), *La genèse du romantisme allemand*. Paris, 1904.
Roberty (E. de), *Morale Sociale*. Recueil de leçons professées au collège libre des sciences sociales.
Rein (W.), *Encyclopädisches Handbuch der Pädagogik*, t. VII.
Rousseau (J.-J.), *Œuvres complètes*, 13 vol., édit. Hachette.
Riehl, *Der philosophische Kritizismus*, 1907.
Saint-René-Taillandier, *Lettres de Sismondi à Madame d'Albany*.
Sainte-Beuve, *Portraits de femmes*.
— *Causeries du lundi*, t. IV.
Schlegel (Wilhelm), *Sämmtliche Werke*, 12 vol. Leipzig, 1848.
Ségur (de), Julie de Lespinasse (*Revue des Deux Mondes*, juillet 1905).
Strekeisen-Moultou, *J.-J. Rousseau, ses amis et ses ennemis*, 2 vol.
Sorel (Albert), *Madame de Staël* (Collection des grands écrivains français). Paris, 1901.
Spencer, *L'individu contre l'État*, trad. Gerschel, 1888.
Staël (Mme de), *Œuvres complètes*, publiées par le duc de Broglie et le baron de Staël, 17 vol. Paris, 1820.
Staël (Mme de), *Des circonstances actuelles qui doivent terminer la Révolution française*, édit. Vienot. Paris, 1906.
Staël (Mme de), *Œuvres complètes*, éd. Treuttel et Würtz. Paris, 1844.

Staël (Mme de), *Lettres inédites à H. Meister*, publiées par E. Ritter et Usteri. Genève, 1903.

Staël (Mme de), Lettres à Monti, publiées par Morosini (*Giornale della litteratura italiana*, 1905).

Talleyrand, Rapport sur l'Instruction publique, fait au nom du comité de constitution, septembre 1791.

Taine. *Ancien Régime*.

Vaz de Carvalho (Mme), Vida do Duque de Palmella. Lisbonne, 1898.

Villers (Charles de), *Exposé des principes fondamentaux de la philosophie transcendantale*, 1802.

Vuillemin, *Souvenirs*. Genève, 1860 (n'a pas été mis en vente).

Wittmer (Louis), *Charles de Villers, sa vie et ses œuvres*. Genève, 1908.

Weber, *Histoire de la philosophie Européenne*.

Windenberger, *La République confédérative des Petits États (Essai sur le système de politique étrangère de J.-J. Rousseau).* Paris, 1899.

TABLE DES MATIÈRES

Introduction.. I

PREMIÈRE PARTIE

LES IDÉES PHILOSOPHIQUES

CHAPITRE I

INFLUENCE DE ROUSSEAU

Le parti de Voltaire et celui de Rousseau sont représentés dans le salon de M™° Necker — préférence de Germaine Necker pour Rousseau — pourquoi. — I. Ce que lui apprend Rousseau au point de vue philosophique — insuffisance de la raison pour nous donner la certitude; elle est dans le sentiment — insuffisance de la raison comme règle morale — sa puissance négative. — II. Dans les *Lettres sur Rousseau*, M™° de Staël admet le sentiment comme source de certitude. — Dans le livre de l'*Influence des Passions* elle garde la même opinion, malgré une apparente contradiction... 1

CHAPITRE II

INFLUENCE DES IDÉOLOGUES

I. Les connaissances philosophiques de M™° de Staël sont complétées par ses amis — Le livre *de la Littérature* — opinion de l'auteur sur la valeur de la raison — elle cherche à constituer une nouvelle métaphysique fondée sur l'expérience — même idée chez de Gérando. — II. Relations entre M™° de Staël et Ch. de Villers; livre de celui-ci sur la philosophie de Kant — M™° de Staël défend ses opinions contre Villers. — III. Résumé de ses idées sur le problème de la connaissance avant l'*Allemagne*...... 16

CHAPITRE III

DE L'ALLEMAGNE

I. L'information philosophique de Mme de Staël se complète en Allemagne — ses fréquentations — ses lectures — Elle ne s'intéresse en métaphysique qu'au problème de la connaissance — pourquoi. — II. Elle passe en revue la philosophie anglaise, la trouve trop scientifique ; la philosophie française, trop superficielle — le persiflage. — III. Elle explique la philosophie de Kant qui la satisfait : Kant unit la philosophie idéaliste et la philosophie expérimentale. — IV. Opinion de Mme de Staël sur Fichte, Schelling, Jacobi — en quoi elle se sépare de ce dernier 32

CHAPITRE IV

UTILISATION DU KANTISME

I. Mme de Staël montre comment la nouvelle philosophie peut être utile : en littérature — la nature sera représentée dans ses rapports avec l'âme — condamnation du naturalisme — supériorité du roman sur les autres genres, il étudie l'âme — abolition des règles. — II. Séparation du beau et de l'utile. — III. Le kantisme et les sciences ; comment il peut être utile à leur développement — condamnation de la spécialisation. — IV. Le kantisme et l'esprit national — il est insuffisant pour former une nation....... 49

CHAPITRE V

COMMENT Mme DE STAEL COMPREND LE KANTISME

I. Sans entrer dans le détail — ce qui lui rappelle la doctrine de Rousseau : relativité de la connaissance ; réfutation du matérialisme. — II. Elle voit en lui un conciliateur du sensualisme et de l'idéalisme — justesse des vues de Mme de Staël sur la tendance générale de la philosophie allemande — cette tendance est idéaliste. — III. Résumé 63

DEUXIÈME PARTIE

LES IDÉES MORALES ET RELIGIEUSES

CHAPITRE VI

LE BONHEUR DANS L'AMOUR

I. Comment les idées morales de Mme de Staël complètent ses idées philosophiques. — Son programme dans les *Lettres sur Rousseau* — le bonheur dans l'amour. — L'amour rend vertueux, comment. — II. Idées de Rousseau sur le bonheur; elles diffèrent de celles de Mme de Staël. — Idées de Necker sur le même sujet. — III. Question du suicide — comment Mme de Staël la résout... 73

CHAPITRE VII

LE BONHEUR DANS LES DIVERTISSEMENTS

I. Difficulté de rencontrer le véritable amour — il vaut mieux chercher le bonheur dans les divertissements : la philosophie, l'étude, la bienfaisance; ils ne donnent qu'un minimum de bonheur. — II. Mme de Staël proclame dans le livre *De la Littérature* l'indépendance de la loi morale — elle naît de nos instincts élevés — ressemblance de ses idées avec celles des moralistes anglais. — III. Opposition de la loi morale et des lois sociales ; elles sont contraires au bonheur de l'homme, à la pitié — pour les femmes surtout elles sont trop sévères — nécessité du divorce. — IV. Idées religieuses de Delphine — son opinion sur la souffrance.. 90

CHAPITRE VIII

LE BONHEUR DANS LA VERTU. — IDÉES RELIGIEUSES

I. Nouvelles influences subies par Mme de Staël dans *Corinne* — sa tolérance — Elle fait une place à l'amour dans la religion — elle unit la religion à la raison et à la loi morale — II. Pensée de la vie future — culte des morts. — détachement de la vie ; comment la douleur l'opère en nous...................... 112

CHAPITRE IX

NOUVEAU FONDEMENT DE LA LOI MORALE

I. M™° de Staël n'admet plus de morale indépendante — elle trouve Kant trop sévère — Jacobi trop sentimental. — II. La religion fondement de la loi morale — pourquoi elle mérite de l'être — elle fait la part de la loi et du sentiment — elle explique la douleur 123

CHAPITRE X

LE MYSTICISME

I. Fréquentations mystiques de M™° de Staël — M™° de Krüdner ne l'influence pas — Zacharias Werner — comment sa doctrine et sa personne intéressent M™° de Staël. — II. Le sentiment de l'infini fondement de toutes les religions — même idée chez Ancillon — manière analogue dont M™° de Staël comprend les philosophies et les religions — elle ne comprend pas tout Fénelon. — Comment sa religion dépasse celle du Vicaire Savoyard — — III. Acceptation de la douleur — grandeur de la résignation — sur quels sentiments philosophiques et religieux elle est fondée 131

TROISIÈME PARTIE

LES IDÉES PÉDAGOGIQUES

PÉDAGOGIE INDIVIDUELLE

CHAPITRE XI

COMMENT M™° DE STAEL A ÉTÉ PÉDAGOGUE

I. Fréquentations pédagogiques de M™° de Staël — M™° Necker de Saussure. — M™° de Staël aime les enfants — son sexe et son pays la prédisposent à être pédagogue — II. Influence de M™° Necker — comment M™° de Staël a subi l'influence de sa mère, et comment elle a réagi contre elle. — III. Idées pédagogiques des *Lettres sur Rousseau* — M™° de Staël se sépare de Rousseau — caractère pratique de sa pédagogie 149

CHAPITRE XII

ÉDUCATION INTELLECTUELLE

I. M⁽ᵐᵉ⁾ de Staël a adopté la formation littéraire pour ses enfants — défauts de la formation scientifique ; elle empêche le développement de l'imagination — même idée chez M⁽ᵐᵉ⁾ Necker de Saussure — les sciences n'ont pas d'application dans la vie pratique — elles rendent absolus — les lettres exercent mieux tout l'esprit. — II. Pour M⁽ᵐᵉ⁾ de Staël la formation littéraire comprend surtout l'étude des langues — ses avantages — le latin — les langues vivantes — leurs avantages. — La musique ; sentiments qu'elle développe en nous. — III. Comment M⁽ᵐᵉ⁾ de Staël donne ses leçons — éveille l'attention — exige l'effort — développe la sincérité intellectuelle........................... 167

CHAPITRE XIII

SCHLEGEL

I. Recherches pour trouver un précepteur — M. Gerlach — recherches de Ch. de Villers — Comment M⁽ᵐᵉ⁾ de Staël connut Schlegel. — II. Son caractère — ce qu'elle trouve surtout en lui — leurs relations — ses rapports avec les enfants de Staël... 185

CHAPITRE XIV

ÉDUCATION MORALE

I. Confiance restreinte de M⁽ᵐᵉ⁾ de Staël en l'éducation ; — elle s'occupe elle-même de l'éducation morale de ses enfants — cherche à y faire dominer la vérité. — II. la raison — comment — elle évite toute affectation — rejette les procédés de l'étude amusante — exige l'obéissance. — Mêmes idées chez M⁽ᵐᵉ⁾ Necker de Saussure. — Comment elle lutte contre la sensibilité de son fils aîné — reproches à son fils Albert. — III. Elle développe de bonne heure le sentiment religieux chez ses enfants — veut une religion tolérante — pratique. — Mêmes idées chez Pestalozzi.......... 194.

CHAPITRE XV

LA DUCHESSE DE BROGLIE. — PESTALOZZI

I. M⁽ᵐᵉ⁾ de Staël veut élever sa fille elle-même — Opinion de Talleyrand, de Schlegel sur l'éducation collective des filles. — Comment

Mme de Staël élève la sienne — la préserve des illusions, la rend raisonnable — témoignages de ses amis — de B. Constant — elle l'instruit — la détourne de la célébrité. — Cette éducation montre les vraies idées féministes de Mme de Staël. — II. Mme de Staël fait la connaissance de Pestalozzi — sa visite à Yverdon — leur correspondance — communauté de leurs idées. — Pestalozzi ne fait pas oublier Rousseau à Mme de Staël — il le complète — comment.. 216

PÉDAGOGIE SOCIALE

CHAPITRE XVI

LES GOUVERNEMENTS INSTITUTEURS DES PEUPLES

I. Que la croyance en la perfectibilité est la base de toute tentative pédagogique. — Les gouvernements sont les vrais instituteurs des peuples ; — la plupart des ouvrages de Mme de Staël sont le développement de cette idée — sa confiance dans le succès de l'éducation par les institutions nationales — exemples. — II. De la même idée chez les pédagogues révolutionnaires : Mirabeau, Talleyrand, Condorcet. — Chez les Allemands — Fichte. — III. De la préparation nécessaire des esprits avant d'imposer l'éducation nationale — même idée chez Rousseau...................... 231

CHAPITRE XVII

ÉDUCATION MORALE

I. Idéal de la nouvelle république — l'éducation publique est un devoir des gouvernements envers les peuples — comment ils doivent l'entendre. — II. Mme de Staël et la liberté d'enseignement — même opinion chez Mirabeau — l'enseignement doit être populaire — comment Mme de Staël a donné son opinion dans les questions d'enseignement. — III. Place qu'elle accorde à la raison dans l'éducation morale de la nation — passions à combattre. — IV. Il doit y avoir une religion d'Etat — variations d'opinions de Mme de Staël sur ce point. — V. La politesse — son importance.
247

CHAPITRE XVIII

ÉDUCATION INTELLECTUELLE

I. Le programme de M⁽ᵐᵉ⁾ de Staël est donné d'une manière incomplète — importance qu'elle donne à la formation littéraire — — aux romans en particulier. — II. Rôle du théâtre. De la tragédie. — De la comédie. — III. La musique — les fêtes nationales — même opinion au sujet des fêtes chez les pédagogues de la Révolution 272

CHAPITRE XIX

ÉDUCATION DES FEMMES

I. On doit les élever selon l'esprit de la constitution — pour qu'elles agissent sur l'opinion — les moraliser — les détourner de la célébrité. — II. La société actuelle est trop sévère pour elles — M⁽ᵐᵉ⁾ de Staël ne se préoccupe pas du sort des femmes en dehors du mariage — même idée chez Rousseau. — Opinion de M⁽ᵐᵉ⁾ Necker de Saussure — elle indique un progrès. — III. Résumé   280

CONCLUSION.. 291
Index des noms propres...................................... 297
Table alphabétique des ouvrages cités....................... 303
Table des matières.. 309

MACON, PROTAT FRÈRES, IMPRIMEURS

www.ingramcontent.com/pod-product-compliance
Lightning Source LLC
Chambersburg PA
CBHW060356170426
43199CB00013B/1885